经济管理教学
案例集

江西师范大学商学院《经济管理教学案例集》编委会◎编

CASE STUDY ON ECONOMICS &
BUSINESS EDUCATION

经济管理出版社
ECONOMY & MANAGEMENT PUBLISHING HOUSE

图书在版编目（CIP）数据

经济管理教学案例集/江西师范大学商学院《经济管理教学案例集》编委会编. —北京：经济管理出版社，2016.8

ISBN 978-7-5096-4658-8

Ⅰ. ①经…　Ⅱ. ①江…　Ⅲ. ①经济管理—案例—高等学校—教材　Ⅳ. ①F2

中国版本图书馆 CIP 数据核字（2016）第 241801 号

组稿编辑：申桂萍
责任编辑：高　娅
责任印制：黄章平
责任校对：雨　千

出版发行：经济管理出版社
　　　　　（北京市海淀区北蜂窝 8 号中雅大厦 A 座 11 层　100038）
网　　址：www. E-mp. com. cn
电　　话：（010）51915602
印　　刷：三河市延风印装有限公司
经　　销：新华书店
开　　本：720mm×1000mm/16
印　　张：16.75
字　　数：317 千字
版　　次：2016 年 8 月第 1 版　2016 年 8 月第 1 次印刷
书　　号：ISBN 978-7-5096-4658-8
定　　价：59.00 元

经济管理教学案例集
编 委 会

改革开放拉开了中国经济快速发展的大幕。中国经济取得的巨大成就与经济管理学科培养出大批专业人才密不可分。与此同时，经济管理学科也在中国经济发展中取得了长足的进步，在高等院校的学科建设中具有重要的地位。

案例教学法是适应经济管理教育教学实践和创新创业型人才培养需要而日益兴起的先进教学范式，在经济管理学科人才培养中举足轻重。它围绕教学目的，把经济管理实践中的真实情境加以典型化，供学生在理论学习中进行思考，帮助学生在独立研究和相互讨论中培养、提高分析能力和决策能力。

江西师范大学商学院办学门类涵盖管理学和应用经济学两大学科，形成了本科和研究生层次的人才培养体系，在教学改革，尤其是案例教学方面积累了丰富的经验。为进一步强化案例教学在专业教学和专业建设中的作用，提高经济管理专业的教学质量，学院坚持积极引导并组织教师深入企业调研，把鲜活的原创性案例引入课堂。为凝练案例开发与教学的成果，学院将教师近年来在教学中使用的原创案例编辑成《经济管理教学案例集》，希望对经济管理本土化案例的开发做出贡献。

《经济管理教学案例集》分为企业管理篇、市场营销篇、人力资源篇、国际经贸篇、电子商务篇和创新创业篇。案例基本结构包括正文和使用说明两大部分。本案例集致力于体现以下特点：

（1）专业性。案例生动描述了企业实践，展现了专业方向特点。案例通过分析专业常见问题或热点问题，引导学生运用经济管理专业理论进行探讨分析，情境化地帮助学生深化对经济管理理论的理解，具有很强的专业性。

（2）原创性。案例均为江西师范大学商学

PREFACE
前言

院经济管理学科教师在对企业进行全面、细致的调研基础上，围绕教学目标精心编撰而成，体现了他们长期积累的教学思想，是理论知识与社会实践的智慧结晶。案例获得企业正式授权同意，具有高度的原创性。

（3）生动性。案例除了阐述背景、事件、人物、时间等要素外，还特别注重情节描写的生动性和决策过程的矛盾性，追求生动有趣，以激发读者浓厚的阅读兴趣，力求避免教科书式的平淡乏味。

（4）典型性。案例描述了一个或多个典型的经济管理实践问题，具有理论代表性。这些问题没有最佳答案，需要学生通过讨论提出优化思路和方案。案例分析的结论对经济管理理论具有示范性，对经济管理实践具有解释性和启示性。

本案例集试图对经济管理案例教学的创新发展做出贡献。它把经济管理学科发展的最新动态、常见问题和热点问题以鲜活的案例形式展现，在教学中激发学生学习兴趣，引导学生积极思考，巩固专业理论知识，提升专业能力。编撰教学案例集是开展经济管理学科教学的基础性工作。要想做好这项工作，需要编撰者付出宝贵的时间和辛勤的努力，更需要企业的大力支持。为此，谨向参与本案例集编撰工作的专家、学者以及参与出版工作的同仁表示敬意和感谢，向为案例编写提供调查支持和授权的企业表示衷心的感谢！

本案例集可作为高等院校经济管理专业本科和研究生层次的案例教学参考书，也可供经济管理实践者和理论研究者参考。由于水平有限，书中难免有错误、遗漏之处，恳请读者批评指正。

江西师范大学商学院《经济管理教学案例集》编委会
2016 年 7 月

CONTENTS

目录

企业管理篇

市场营销篇

人力资源篇

国际经贸篇

电子商务篇

创新创业篇

企业管理篇

江西沛公堂生物科技有限公司
主营业务的选择①

摘　要： 本案例以一个曾经成功的矿老板李总的故事为背景，描写了李总在2008年全球金融危机爆发的情况下，通过经济形势分析、行业分析以及产品分析等手段顺利实现投资转型的分析决策过程，从而有利于人们学习如何进行环境分析，以及如何决策。

关键词： 决策；产品；沛公堂公司

一、案例正文

（一）引言

2008年，美国次贷危机爆发，继而引发全球金融危机，并很快演变成世界性的经济危机，世界经济一片萧条。覆巢之下无完卵，中国也无法独善其身，深陷其中，企业纷纷倒闭或关停。没有关门的企业，有的仍然在苦苦挣扎，希望能够挺过寒冬，有的干脆退出原有行业，选择新的行业，希望找到一条新的生存之道，李总就是其中的一位。

（二）李总的选择

多年的职业生涯，使李总练就了处变不惊的本领。他干脆什么事都不做，只是到各处走动走动。经过一段时间的观察，他发现虽然经济形势不太好，但是，普通老百姓除了口袋紧了一些外，生活照样过得有滋有味，尤其是各地的广场舞

---

① 本案例由江西师范大学商学院的刘善庆老师撰写，版权归作者所有。

大行其道，到处都有各种健身养生的讲座、书籍。虽然文化水平不高，但是李总认为自己的市场感觉很好。各地的游历，使李总对健身养生行当的兴趣越来越高，自己干脆办了一张健身卡，加入其中，希望通过亲身经历增加对这个行业的了解。就这样，李总一边享受这种悠闲的生活，一边不断地思考这个行业。他发现，中老年人非常注重养生，比较喜欢参加各种健身活动。虽然李总本人也是中年人，但是，由于自己以前从事行业的特殊性，很难有专门的时间参与其中。而且，由于自己只有小学文化，加之平时很忙，几乎没有时间读书。现在有时间了，不妨看看书。他走进书店，买了不少自己感兴趣的书，其中很大部分就是各种养生健身方面的；再上上网，看看网上的热点话题。对李总来说，读书、上网等学习的收获是很大的。因为，书本、网络的信息告诉他养生健身是个社会热点话题，印证了他的实际观察。

虽然，理性和直觉都告诉他，养生健身事业当时很热，是个值得投资的行业。但是，多年的商战使他养成了谨慎投资的习惯。李总并没有轻易决定，他还要问问朋友和专家的意见。于是，他又发挥自己社交面广的优势，经常请朋友喝茶聊天，表面上天南海北，实际上就是一个目的，探寻朋友们对养生健身行业的看法。归结起来就是两点：第一，养生是中国的传统文化，古已有之。养生文化的历史几乎与中华文化的历史一样久远。上至帝王将相，下至平民百姓，无论男女，没人不讲究、没人不知道、没人不喜欢。道教就是养生教。从某种角度讲，一部帝王将相史，就是一部养生健身史。不少帝王还因此丢掉了性命。一些道士因为精通养生术而获得帝王青睐。第二，养生事业正当其时。具体又体现在两个方面，一是由于养身健身需要长期坚持，不仅需要毅力、耐力，还需要一定的经济实力。经过几十年的发展，中国经济已经越过了温饱阶段，正在进入小康阶段，老百姓的收入已经能够支付养生健身的各种开支了。虽然有经济危机的影响，但是，老百姓对生活充满信心，不会捂紧口袋过日子，只要适合他们，他们还是会掏钱。二是不是每个年龄段的人都注重养生。一般来讲，年轻人不太注重养生，中老年人比较重视养生。当下的中国正处于这样一个阶段，即中老年人口数量庞大，正在向老年社会迈进。由于计划生育导致独生子女的负担普遍较重，这个阶段的老年人非常注重养生，希望自己身体健康，减轻子女负担。为此，他们愿意花钱养生。

经过多年的研究，李总认为养生保健业历史悠久，既具有深厚的群众基础，又具有很强的针对性，是个值得投资的行业。于是，他最后下定决心转行，选择了一个全新的行业——养生保健业。

2014年，他注册成立了江西沛公堂生物科技有限公司。真是不看不知道，一看吓一跳。与房地产、矿山等行业具有某些"垄断"特征不同，养生保健行业更加市场化，是个完全竞争的行业。行业里面鱼龙混杂，情形非常复杂；产品众多，高低不一，而且严重过剩。一句话，虽然表面看热热闹闹，里面却是水深火热。此情此景，何去何从？李总为此伤透了脑筋。有时他真想干脆金盆洗手，退隐江湖。

但是，李总是不会轻易认输的。既来之则安之。投身其中后，李总又请教了多方专家，对这个行业进行诊断。专家建议他有时间出国走走，顺便散散心，也看看中国人出国旅游的情况。说到出国，李总并不陌生。以前，他经常出国，但是，那时的出国主要是吃喝玩乐，为了应酬。李总非常重视专家的建议，果真到欧洲、日本、美国等地走了一走。由于出国的目的不同，收获自然也各异。这次出国，李总按照专家意见主要观察中国人在国外旅游的情形。看了之后，李总感慨很多。他发现，国人出国与其说是旅游，不如说是购物。几乎每个人都是大包小包往国内带东西，尤其是养生保健品，品种繁多，看得人眼花缭乱。这就产生了矛盾，一方面国内的物品大量积压，没有销路，另一方面国人又在国外疯狂购物。养生的概念为东方文化独有，怎么外国人也卖养生保健产品呢？带着疑问，李总再次请教专家，一起分析。经过与专家的交流，李总终于知道了个中缘由。虽然外国人不讲究养生，但是韩国、日本、东南亚等地区由于深受中国文化影响，同样注重养生。至于其他国家，则是专门为东方人制造的养生产品。他们了解了东方人的爱好，出于迎合市场的需要而推出了养生产品。尤其是近年来，随着中国人出国热情的不断高涨，许多国家在经济不景气的时候，更加重视中国游客的到来。为了吸引中国游客，他们专门研发了不少中国人喜欢的产品。许多商店甚至专门配备了华人店员以便交流。国内产品过剩的原因主要有两点：一是低端产品的过剩；二是国内产品的信誉度、美誉度不高，造成一些好的产品也因此受到影响。专家建议他针对现状，开发出美誉度高的产品，一定要确保产品品质，让消费者放心购买。

李总接受了专家的意见和建议，但是，养生保健产业林林总总，一个新生的企业不可能生产所有的产品，开始时只能选择某个产品作为突破口。如何选择产品呢？哪种产品比较容易让市场接受呢？

这次李总走了一条捷径。他想既然古代帝王都喜欢长命百岁，那就干脆看看他们都喜欢服用什么养生。他认为，帝王喜欢的东西，想必当代人也会喜欢。于是，他再次请教专家、察看市场、翻看历史书。如此这般，他大概弄清了帝王养生的一些门道，一是服用丹药，二是服用各种贡品。根据研究，丹药多是不靠谱的东西，贡品以各地的特产为多。其中，比较有代表性的养生贡品是灵芝。

虽然是自然生长的一类真菌生物，灵芝却在中国历史上形成了独特的灵芝文化。古代医疗水平有限，而灵芝对人体健康有神奇功效，且灵芝少而难得，统治者成为灵芝优先的使用者，进而使民间对灵芝更加崇拜。人们对健康的渴望，使灵芝逐渐成为人们心目中的"仙草"，健康、吉祥的化身，《白蛇传》中白娘子"盗灵芝救许仙"的故事更是家喻户晓。

我国灵芝文化的发展受道家文化的影响最深，灵芝被称为"神芝"、"仙草"，并在道教文化中呈现出一个神化的灵芝世界。历史上著名道家人物葛洪、陆修靖、陶宏景、孙思邈等，都很重视灵芝的研究，对推动中国灵芝文化的发展起了积极作用。道家在服食灵芝追求长生不老的实践中，也丰富了对芝草的认识，形成了以养生为主的道教医学。

综上分析，李总认为，由于灵芝在中国历史上的地位和知名度，推出灵芝产品，市场可能比较容易接受，所花费的推广费用可能也不高。虽然灵芝在中国历史上的知名度、美誉度较高，但是否具有科学的依据呢？

通过各种途径，李总对此充满信心，因为现代科学已经对此进行了比较充分的研究，得出了大量研究成果。现代医学研究发现灵芝主要含麦角甾醇、有机酸、氨基葡萄糖、多糖类、树脂、甘露醇和多糖醇等，还含生物碱、内酯、香豆精、水溶性蛋白质和多种酶类。动物药理实验表明，灵芝对神经系统有抑制作用，对循环系统有降压和加强心脏收缩力的作用，对呼吸系统有祛痰作用，此外，还有护肝、提高免疫功能、抗菌等作用。主治疲劳、咳嗽、气喘、失眠、消化不良，恶性肿瘤等。

李总认为，既然灵芝有历史知名度、美誉度，而且现代科学研究成果已经证明灵芝对于人体养生保健确实有效，那么这种产品的推出就应该是可行的。问题是，历史上的灵芝是贡品，都是从野外采集的。如果要向市场推广这种产品，必须确保货源充足，要货源充足就必须是规模化的产品，必须实现规模化采集；如果要实现规模化采集就必须实现人工培植。现有技术是否实现了人工培植呢？

李总又一次请教专家。经过咨询，李总了解到现在已经实现了灵芝的人工培植。早在20世纪70年代，日本就发明了人工培植灵芝的技术。此后，这种技术被引进中国，并得到大规模推广。目前，在浙江、山东、东北等地出现了大规模的人工培植基地。在专家的引荐下，李总前往这些地区参观、学习、考察。通过考察，李总不但了解了灵芝人工培植的全过程，而且与所在地企业家建立了良好的关系，并带回了灵芝培植技术人员。

(三) 尾声

经过深思熟虑，李总不仅注册了从事养生保健行业的公司，而且选择了一个自认为比较有前途的产品——灵芝作为突破口。

二、案例使用说明

（一）教学目的与用途

（1）本案例主要适用于管理学、中小企业经营管理、华商创业史、企业战略管理等课程。

（2）本案例是一篇描述江西沛公堂生物科技有限公司投资人主营业务决策的教学案例，其教学目的在于使学生对企业决策、产品开发、人才管理、信息收集与管理等企业经营管理问题有一个感性认识及深入的思考，从环境变动以及投资者的应对等角度分析问题，并提出解决方案。

（二）启发思考题

（1）你如何看待投资者李总的决策方法？

（2）你如何看待江西沛公堂生物科技有限公司的主营业务？

（3）如果你是江西沛公堂生物科技有限公司的投资者，你如何选择？

江西沛公堂生物科技有限公司品质保障的"三板斧"①

摘 要：本案例以李总的生物科技有限公司为背景，描写了该公司在经济新常态下，面对产品严重过剩时，通过提高产品科技含量、强化产品包装设计、选择优秀产地三大措施以确保产品品质的决策过程。从而有利于人们学习如何正确决策。

关键词："三板斧"；品质保障

一、案例正文

（一）引言

2014 年，江西沛公堂生物科技有限公司的李总选择了灵芝作为公司的主打产品，并且听取专家的建议，决心开发出高品质的灵芝产品供应市场。但是，什么样的灵芝产品才算高品质？如何确保自身产品的高品质？李总一时之间又陷入迷茫。

（二）背景

李总深知自己文化水平较低，知识结构相当不合理，以前从事房地产、矿山开发所积累的行业知识基本与新行业无关，因此，他非常尊重知识，尊重人才。自决定投资养生保健行业以来，李总本人也抓紧时间学习，通过各种渠道、途径丰富自己的知识，改善自己的知识结构。综合各方面的意见和建议，李总最后对高品质形成了三点认识：第一，一定是有科技含量的产品；第二，一定是能够吸引消费者的产品；第三，一定是质量过硬的产品。其中，产品质量是基础，没有产品质量，就像海滩上建高楼——基础不牢。同时科技是高品质产品的关键保证。

---

① 本案例由江西师范大学商学院的刘善庆老师撰写，版权归作者所有。

（三）李总的做法

为了确保灵芝产品的高品质，李总认为需要从三个方面着手：一是通过专利技术确保产品的科技含量；二是通过灵芝产地的环境确保灵芝本身的质量；三是通过内外包装提升灵芝产品的档次，吸引消费者。灵芝产品的科技含量体现在哪些方面呢？李总认为，灵芝产品的科技含量主要体现在两个环节：一是前端，二是后端。所谓前端即培植环节，后端是产品加工环节。前端主要是灵芝的接种和灵芝孢子粉的收集环节。通过对国内灵芝培植基地的大量考察，李总发现目前灵芝收集环节的技术还比较落后，无法保证孢子粉收集的卫生、干净。他认为，这个环节需要改进，只有这样，才能确保产品从源头开始就是高品质的。针对目前接种环节手工接种的弊端，李总认为需要加以改进。于是，他找到江西省一所高校的老师，希望就这两个问题联合攻关。在双方的共同努力下，攻关卓有成效，达到了预期目的，并顺利申报了两项国家专利。这些技术在李总公司得到了良好的应用，产生了很好的效果。在攻克了培植环节的技术难关后，李总又与高校合作开展了产品深加工的研发活动。对于结果，李总信心满满。

什么样的包装才能提升产品的档次呢？李总认为，好的包装需要满足两个方面的要求，一是审美，二是实用。所谓满足审美要求，李总认为主要是能吸引消费者的眼球，让他们在万千产品中一眼就能发现其产品。如果达不到这个目的，那么这件产品设计得再好也无济于事。李总认为，在当今产品严重供过于求的情况下，眼球经济在某种程度上甚至决定着企业的利润、生死。因此，包装设计需要能够吸引、提升消费者的注意力。所谓实用，就是方便消费者使用。李总认为，设计师必须设身处地为消费者着想，考虑什么样的包装有利于消费者使用。具体到灵芝产品，由于使用者多为中老年人，需要考虑到他们的实际情况，做到携带轻便，服用方便、灵活。基于这些考虑，李总向社会公开招标设计方案。这一招非常管用，很快便吸引了众多设计师应标，李总最后选定了一家设计单位。在这家设计单位的努力下，设计出了令李总满意的系列包装。其中一款尤其得到李总青睐，那是一款类似香烟盒的灵芝孢子粉的包装。该款包装整体上看是大盒包小盒，大盒外观就像一条香烟，打开后是十个小盒，它们就像十包香烟；每包小盒里又装了数袋孢子粉。这样，服用者出门只要带一个小盒就可以。这种包装的产品一经推出，就得到消费者热烈响应，市场反应超出预期。李总心里乐开了花。

如何从产地上确保产品的质量呢？李总是赣南人，从小生活在赣南。虽然如今事业有成，在南昌购房置业，生活工作的重心从赣南转到了南昌，但是，家乡一直令他魂牵梦绕。他觉得家乡山清水秀，空气好、气候好、水好，就是产出的各种食材都比外面的要好，蔬菜更甜、猪肉更香。因此，他认为家乡一定是产灵芝的好地方。虽然自己的经历和直觉告诉他赣南环境好，但是，李总不是靠直觉和感性做决定的人。在这方面，他同样慎重。经过一番认证，他坚定了到赣南老家建立基地的信心。

他的信心是怎样坚定的呢？有两点：一是江西以及赣南的自然环境适合灵芝生长。灵芝主要生长在生态环境良好的地方，历史上，江西就是灵芝主要产地之一，曾经是全国第二大灵芝产地。可以说，良好的生态是江西最大的优势、最亮的品牌。江西森林覆盖率和建成区绿化覆盖率均居全国第二，其中，森林覆盖率为 63.1%，江西全省地表水监测断面达标率为 80.7%，高出全国 30 多个百分点，饮用水源地水质达标率 100%，11 个设区市环境空气质量全部达到国家二级标准，生态环境质量持续改善，居全国前列。作为一个百分之百的山区，赣州的森林覆盖率更高，达 76.2%，是全国平均森林覆盖率的 4.1 倍，主要河流断面水质达标率在 90% 以上，环境空气质量优良率保持在 100%，基本形成了点、线、面相结合的生态体系框架。赣州地处中亚热带南缘，气候温和，雨量充沛，无霜期长。全市年平均气温 18.8℃，年平均降水量 1605 毫米，无霜期平均 288 天。市内地形呈周高中低，南高于北，山峦起伏，河溪密布的地貌。最高处崇义县齐云山海拔 2061.3 米，最低处赣县湖江乡张屋村海拔 82 米。全区按地貌来分，丘陵占 3/5，山地和平原丘岗各占 1/5。一般地，灵芝属于高温型品种，灵芝菌丝生长的温度范围为 20℃~35℃，最适宜的温度为 25℃~28℃。长期低于 20℃表面菌丝和菌蕾会变黄僵化，以后即使提高气温，子实体也难以长好；长期超过 37℃，子实体就会死亡。温度低，生长慢，低于 6℃和高于 35℃时完全停止生长。根据灵芝的生长习性，赣州比较适合灵芝的生长。这些数据印证了李总的感性认识。

二是赣州的交通条件有利于降低企业运营成本。李总认为，产地除了自然环境要好外，交通也是一个重要因素。因为南昌远离赣州，如果两地交通不便则不利于人员、物资的管理，技术人员、管理人员需要经常到产地，产出的灵芝也必须及时运出，这些都依赖于良好的交通设施。说起这些，李总对近几年赣南发生的变化欣喜不已。自从 2012 年中央出台支持赣南振兴发展的政策后，赣南的交通、电力等基础设施建设突飞猛进，随着公路、铁路建设的不断提速，李总回家方便了许多。他直言自己运气好，想什么就会有什么。想要交通条件得到改善以便于自己投资家乡，果然国家就帮他解决了。

国家出台的另一项政策也令李总相当满意。国家为了支持赣南苏区的振兴发展，专门规定赣州的某些产业享受西部大开发的税收优惠政策。这与他另一项决策密切相关。

虽然决定到老家赣州培植灵芝，但是采取何种方式呢？虽然自己是土生土长的赣州人，但是，毕竟自己已经离开了赣州，不可能事事亲力亲为，更不可能长时间待在赣州。怎么办呢？

经过咨询，李总觉得采取"公司 + 合作社"的办法可行。这个办法就是李总的公司作为龙头企业，在灵芝培植所在地出资建立一个合作社，邀请其他有兴趣的农民共同出资，参与建立灵芝基地；合作社的灵芝产出品由李总公司按照市场价收购，由此产生的利润按照各方的出资享受分红。灵芝培植的技术、种子以及各种物资由李总公司负责提供，灵芝基地的日常管理由合作社农民承担。李总认为，通过这种机制，既减轻了李总公司的负担，确保了产品的原料质量，又可以享受到国家关于赣南苏区的税收优惠政策，还调动了灵芝基地农民的积极性，有利于增加农民的收入，多方得利。

（四）尾声

现在，江西沛公堂生物科技有限公司正按照李总的计划，一步一步往前推进。一想到这些，李总常常暗自高兴。庆幸、感恩自己碰上了这么一个好的时代。

二、案例使用说明

（一）教学目的与用途

（1）本案例主要适用于管理学、中小企业经营管理、华商创业史、企业战略管理等课程。

（2）本案例是一篇描述江西沛公堂生物科技有限公司产品品质保障的教学案例，其教学目的在于使学生对企业产品开发过程中的品质保障、品牌建设、市场分析以及开发等企业经营管理问题有一个感性认识及深入思考，从外部环境变动以及管理人员的应对等角度分析问题，并提出解决方案。

（二）启发思考题

（1）你如何看待江西沛公堂生物科技有限公司对产品品质保障所采取的措施？

（2）如果你是江西沛公堂生物科技有限公司的老板，你有更好的措施确保产品品质吗？

创业公司之必过教育的人力机制①

摘　要：本案例以必过教育公司为背景，撰写了该公司在创业初期，在面临经营环境压力和人才流失问题的条件下，通过增强企业文化、提高培训能力、增设政委、改变薪酬体制等一系列措施进行战略调整和组织变革，尤其以加强企业文化为调整重点，调动员工的积极性，结果收效甚好，但部分措施也带来了新的隐患。这一方面可以启发人们思考企业在创业初期应该如何管理，才能留住人才、激励人才；另一方面也可以从企业文化及薪酬公平的角度来思考薪酬设计的科学性。

关键词：创业；离职；企业文化

一、案例正文

（一）引言

夜幕已降临，而必过教育公司的 J 总却仍在办公室里沉思。这段时间，J 总被一件接一件的烦心事缠绕着无法脱身。且不说公司目前面临如何把线上线下结合起来的战略转型；本来占据优势的市场也因公司的骨干纷纷离职而衰退，面临人才储备不足的局面。这一切究竟该如何解决呢？J 总感到有些茫然。

（二）公司背景

必过教育地处华南地区，成立于 2015 年，是一家从事中小学提分辅导、英语口语、出国留学的教育培训机构，目标客户群定位于成绩在金字塔的中下端、收入在金字塔的中上端的学生。自创立之初，必过教育的愿景就是致力于打造孩子学习和成长的第三空间，打造乡村学而思，成为中国市场份额最大的教育公司。必过教育的团队组合为长江商学院投资人及北大研究生、中大 MBA 管理运

---

① 本案例由江西师范大学商学院的孟鹰老师和李娟撰写，版权归作者所有。

营团队；而培训中心选址定位于中国的百强镇或发达的三四线城市的 CBD。必过教育提出育人加提分的理念，实行上课两小时、辅导及开发潜能一整天的模式；周一到周五晚上及周末白天晚上进行中小学辅导，周一到周五白天进行英语口语及出国留学培训；同时要求老师必须具备拓展科目的能力，即一个老师能教多门科目。

2015 年 3 月，必过教育百强镇第一家体验店项目开始筹备，占地 500 平方米，此百强镇在全国百强镇中排名前五。2015 年 6 月，第一家体验店正式开业，成为当地孩子成长和学习的第三空间，是当地规模最大、环境最好、师资力量最强的培训机构；开业仅 3 个月内就新增客户 74 名，销售收入 55 万元，客户数据 1T。客户群覆盖周边各个城区、乡镇；销售收入中小学占 1/2，英语口语占 1/4，出国留学占 1/4。

开业 3 个月，在组织架构和人员配备上，公司设总经理 1 名，设立教学部和教务部，教务部有 1 名主管和 2 名咨询人员，教学部有 1 名主管，2 名全职老师和 3 名兼职老师（暑期全职），共 10 名员工。在薪酬机制上，公司实行的是基本工资加绩效的形式，所有员工包吃包住：初级老师基本工资为 3000 元，绩效 400~500 元；中级老师基本工资为 5000 元，绩效 400~500 元；教务咨询人员基本工资为 2000 元，绩效按照销售收入提成；管理人员工资另算。在绩效考核机制上，公司对所有员工无指标考核，绩效靠主管和总经理制定，但是以销售为导向。在企业文化上，公司秉承提分加育人的理念，制定了赏识细节定制的文化。

必过教育第一家体验店单店增长速度位列广州地区前列，差异化竞争优势及成本优势逐渐形成，产业一体化商业模式已顺利运转，同时受到了多个投资团队的关注。

（三）困难逐渐呈现

到了 2015 年 9 月，暑期班课程结束，进入秋季班阶段，公司继续朝之前制定的规划前进。2015 年 9 月的收入虽比暑期有所下降，但收入依然可观，新增客户一个月也达到 25 名。

但是发现有几个重大的问题出现，导致同时有 3 名员工离职。

第一个问题是企业没有核心竞争力，核心管理人员之间对战略方向产生了不同意见，并有离职动向。暑期是以销售为导向的，在教学体系的建立上投入的资源相对匮乏，核心管理人员对战略方向出现了分歧，一种观点是坚持以销售市场为导向，另一种观点是坚持在 2015 年 9 月后转变方向，从以销售为导向转为以教学为导向，加大对教学的投入。因此核心管理团队也产生了矛盾。

第二个问题是暑期学生的续班率很低。续班率偏低经过公司管理团队分析后主要有以下几个方面的原因：一是班型的变化：由暑期的一对一、一对三及小班的班型，到秋季取消了小班，变成了一对一及一对三。由于暑期是以销售为导向，为了拓展品牌影响力，暑期一对三及小班实际开班人数并没有限制，即使一个人也会开班。这种策略在暑期吸引及留住了很多客户，但同时也带来了客户的投诉，增加了教务管理的难度。而在价格上，小班与一对三每小时的差距在60~100元，年级越高差距越大。二是教学质量的不确定性。暑期由于学生不需要参加考试，主要是以补习基础、预习新课为主，培训后的效果不是显而易见的。三是人员流动性较大。百强镇的特点是外地人口偏多，暑期新增客户中有部分外地人口，这也导致了生源的流失。

第三个问题是公司人力成本偏高，员工9月的积极性很低。于是公司提出薪酬制度的改革，实行全额基本工资+课时费+绩效的形式。暑期公司实行的是基本工资加绩效的形式，所有员工包吃包住。初级老师基本工资为3000元，中级老师基本工资为5000元，绩效400~500元；教务咨询人员基本工资为2000元，绩效按照销售收入提成。在绩效考核机制上，公司对所有员工无指标考核。这种薪酬制度有利有弊。所以在2015年9月公司就公布了新的薪酬方案，从2015年10月开始薪酬实行基本工资+课时费+绩效的形式，基本工资变成2000~2500元，课时费按班型年级不同，绩效300~500元。新方案公布后，由于9月课程量相比暑期减少，员工积极性明显下降。

第四个问题是教务部咨询人员相继离职。公司开除了1名新进老师，教务部2名咨询人员分别于2015年8月底和9月初离职，其中1名是因为压力太大，工作时间太长，另1名是因个人发展问题离职，而对于教学部新进老师，由于管理层认为他没有太大贡献，于是在试用期内就淘汰了他。3名同事的离职让公司的气氛一下变得沉重，毕竟创业公司人员流动会导致各种不稳定的因素，加上公司在不断规范管理，提升效率，提出了末位淘汰制，所以导致教学部的部分老师有离职动向。

（四）困境加剧

面对公司内患，J总想到，既然已经面临这些问题，就必须去面对和解决，如果继续掩盖问题的话，则始终会引发更大的矛盾。经过一段时间的梳理之后，J总做了三个大的决定：一是公司必须从以销售为导向转变为以教学为导向。如果不认同企业价值观的可提出离职。二是对薪酬和考核制度进行修改，咨询人员薪酬模式不变，但是开始每个月进行销售收入的考核；老师薪酬模式变为基本工资+课时费+绩效的形式，基本工资参考行内标准定为1600~2000元，基本工资包含20个基础课时费，课时费按年级和班型进行设定，每小时分别为35~90元。

三是加强招聘和对教学队伍的培训和规范，尽量少用兼职老师。

在这三个决策公布之后，在小小的公司引起了不小的阵痛。首先，之前一直提倡销售驱动的核心管理人员仍不赞同这样的做法，并提出了离职。核心管理人员离职后，迅速在某个百强镇新开了一个教学点（地址是之前团队成员一起去踩过点的），且商业模式一模一样。其次，教学部老师心中对新的薪酬体制产生了很大的波澜，尤其是工作了 3 个月的老师。他们认为在公司虽然有很多学习的机会，但普遍工作时间过长，工作压力大，且对于老员工来说这样的政策并没有优势。新的薪酬体制，是行业内普遍采用的机制，这可以更好地调动员工的积极性，让大家提高竞争意识，但是由于公司对老师要求很高，工作时间确实偏长，工作压力比较大，所以如果老师们不愿意拓展科目或者服从教务上课安排，则对教务管理来说压力很大。最后，公司不断开发挖掘招聘渠道，但招聘陷入了困局。而在 2015 年 10 月，公司又有 3 名老员工离职，仅仅两个月，公司有 6 名老员工离职。截至 2015 年 10 月中旬，公司一共只有 2 名核心管理人员、1 名教务咨询人员、2 名全职老师、2 名兼职老师。

J 总希望通过这些改变提升公司的教学质量，提升客户口碑，提高竞争，淘汰那些多余的和不合格的员工，减少人力成本。但后来他感觉到公司上下不安的情绪越来越严重，迫使他不得不慎重起来。

（五）寻找出路，解决问题

经历了 2015 年 9 月到 10 月的阵痛，公司决定坚持不懈地构筑企业核心竞争力的壁垒，打造"最快提分"的企业文化。同时，学习毛主席当年的策略，成立必过大学，负责核心竞争力的打造，必过学校的校长由总经理担任，所有的全职老师都是必过学校的教官。这也让必过公司在 11 月出现了很大的转机，公司所有员工意识到提分的重要性，且大部分客户在本学期期中考试取得了较好的成绩。2015 年 11 月，公司人员组成变为 2 名核心管理人员、1 名教务咨询、3 名全职老师和 3 名兼职老师。

管理层分析得出，2015 年 5~10 月，必过经历了盲目拓展阶段。这个阶段公司的企业文化是：赏识细节定制。这个阶段企业文化的特点是：不聚焦，回避主要矛盾。当时的主要矛盾就是内部人员能力不够，不能实现分数的提高。而对外只能通过服务去拖延市场的换血，实现学员的更替。学员流失很大，而且内部人员得不到能力的培养和提高。说白了企业的文化没有真正关心客户，没有满足客户的需求，客户最关心的矛盾没解决，而且企业内部人员关系冷淡，没有一个家的感觉。大家更像单打独斗，而不是集体奋斗。这个时期企业做的是饮鸩止渴的事。痛定思痛，管理层认识到：一是必须重视质量，二是要增强企业凝聚力，三是要聚焦，一个一个来。

什么是企业的核心竞争力的壁垒呢？包括两个方面：企业文化和教学质量。

第一，企业文化。打造企业文化，形成强大的凝聚力，这是最为关键的。必过教育现在提出的企业文化是："最快提分，合力换钱。""最快提分"讲的是如何对待客户，如何约束自己的行为。"提分"讲究的是实质，实打实的分数的提高。"最快"讲究的是效率，也是企业的核心门槛。这次这个学生 10 小时提高 10 分，下次就追求 5 小时提高 10 分。这样每位老师有方向、有目标，就不会懒惰，避免纯粹地重复上课而不做教学能力的提高。"合力换钱"是十分重要的，也是整个企业文化的核心体现。文人相轻，是知识分子的劣根性。所以在很多其他机构里看不到分享，所做的研究也是相互提防的。必过教育区别于其他机构的核心特点就是企业的文化分享。来到必过教育，就必须有分享的意识和行为。自我的学习离不开企业的分享，而新同事的成长也离不开老同事的分享。同样，老员工也要虚心向新员工学习，学习他们的想法，学习他们在教学体验上的独特优势。"合力换钱"是对大家辛勤工作的肯定，必过教育只有成为大家的企业才能发展好。全员持股，人人都做企业的主人才能有未来。必须给老员工和有突出贡献的新员工配有一定的股份。而且现阶段，一定先保证大家的物质收入。

第二，教学质量。必过教育撰写提分剧本，本地老师演绎最快提分。必过教育写好剧本，老师被定义为演员，照着演就行。要求全国各分校教授同一科目的老师能够实现在第 M 节课的第 N 分钟讲的内容是一样的。必过教育必须切实帮助到客户尤其是成绩偏差的同学，扎实有效地提高分数。还要考虑什么事情不做：①托管不做。②作业辅导不做。③文娱类的辅导不做。教学时间是有限的，必须保证每一分钟都是与最快提分直接相关的。其他的行政、营销、人力，都是为了直接帮助最快提分。不能帮到最快提分的事情直接砍掉，如去楼下派传单、跟学校合作、跟其他结构合作。

经过 3 个月的努力，必过教育的核心竞争力在一点点构建，企业团队凝聚力非常强，客户口碑逐渐增强，企业管理也在逐渐规范完善，企业形成了正常的人力流动，而2016 年的寒假班也空前爆满。

（六）路还很长

不久，又有新的问题出现，随着必过教育管理越来越规范，对最快提分的要求也越来越高，兼职老师难以保证教学质量且配合完成必过教育要求的流程；另外，全职老师由于目前较大的工作压力和较长的工作时间，进入了疲惫期，难以脱离老师的本质属性，且镇上的老师能力素质偏低，招聘问题一直未解决，发展较慢，人力问题再次涌现出来。

为了解决新一轮问题，经过管理层反复讨论，结合经验教训和现阶段情况，必过教育提出两大举措：一是建立必过教育的政委机制，政委机制是必过教育在教育领域的一大创举。政委必须保证必过教育的文化和使命传承到位，首要关注的是政治思想的一致性；同时要十分关注同事之间的关系及同事的身体状况。必过教育的工作是辛苦的，而身体是革命的本钱，政委非常重要，因为必过教育这个机构主要需要处理三个方面的关系：与学生的关系、与家长的关系及与老师的关系。所有的都是与人打交道的事情。为了保证必过教育文化传承的一致性，就需要政委认真仔细地观察并引导。

二是在人力招聘上固定招聘流程，采取入职前培训机制，弃用兼职老师。必过的招聘原则就是宁可艰难地找人，不可艰难地管人。为此专门设立了入职前的能力培训环节，通过一面和二面的，必须先进入二面后入职前的能力培训环节，在公司现场培训一周的时间（可包吃包住），通过培训鉴别并留下真正认可必过教育价值观的同事。对于前来培训的准同事需要多关注他们的态度，对能力要求不要过高，保持一定的淘汰率，培训入职后都是本着可以被淘汰但绝对不能被遗弃的方式相处，相亲相爱。现在必过教育招聘到的人员素质在逐渐提高，这是好事。A类人才会吸引A类人才，B类人才只能吸引C类人才。说明其自身的能力也在水涨船高。

设立政委就保证了企业文化的稳定性，有了稳定的招聘流程和入职前培训机制就保证了企业始终处于外部激活的状态，有了这两者才能推进企业的核心竞争力：最快提分，合力换钱。

（七）尾声

此时早已夜深人静，J总却还在办公室里沉思着，近几年发生的一幕幕不停地在他的脑海里闪现。创业的艰难，尤其是线下企业的艰辛，只有身处其中的人才能体会。他深知，虽然在线下必过教育已形成自身独特的优势，但必过教育"最快提分"会是一场持久战。

首先，任何一个大市场下的大企业都需要时间：如果一家企业没有经历过时间的考验，没有经历过内乱，没有经历过外斗，这个企业是经不起风浪的。

其次，现在实行的创新的商业模式未必不是别人已经走过的弯路。

最后，正确认识自己。必过教育的教学研发储备金是不够的，必过教育"最快提分"的人脉和经验有限。虽然目前还没有一家线上教育机构找到真正的生存模式，但是线上教育是发展的必然趋势。必过教育该如何把线上线下紧密地结合起来，找到一个突破点，也是需要沉思的。

没有互动，无以吸引。

没有痛苦，无以涅槃。

没有理想，无以伟大。

二、案例使用说明

（一）教学目的与用途

（1）本案例主要适用于管理学、组织行为学和人力资源管理等课程。

（2）本案例是一篇描述必过教育公司人力机制问题以及如何创立企业文化的教学案例，其教学目的在于使学生对创业企业人才变动、招聘培训、留人等人力资源管理问题具有感性的认识及深入的思考，从群体特征和个体特征两个角度分析问题，并提出解决方案。

（二）启发思考题

（1）你如何看待必过教育公司的离职潮问题？

（2）分析必过教育公司 2015 年 10 月内部改革的难点及症结在哪？

（3）如果你是 J 总，面临这个局面你将如何决策？

（4）如果你是创始人，你觉得创业最重要的是什么？

江西康辉国旅：老年旅游产品差异化战略能否奏效？[①]

摘　要：本案例以江西康辉国际旅行社有限责任公司为背景，描写了该公司在面临社会老龄化速度加快的背景下，通过市场调研，针对老年人旅游特点和需求，设计和开发了多款针对老年人的旅游产品，试图在竞争激烈的旅游市场，进一步开拓和占领江西老年人旅游这个细分市场。这一方面让我们去思考如何更好地开发和设计适合老年人需求的旅游产品，使得老年人能更好地度过晚年生活；另一方面也可以考虑差异化战略在企业管理中的适用性。

关键词：差异化战略；旅游产品；老年人

一、案例正文

（一）引言

已经到下班时间了，而市场部的办公室里讨论仍然异常激烈。随着社会老龄化趋势速度的加快，老年旅游这个产业逐渐成为旅游市场的重要部分。江西康辉国际旅行社有限责任公司（以下简称"江西康辉国旅"）敏锐地发现了这片"蓝海"，经过前期的市场调研，市场部把开拓和发展老年旅游作为近期的重要战略，并且有针对性地开发了一系列老年旅游产品。公司设计的这些老年旅游产品是否符合老年人的预期？公司针对老年旅游这一细分市场的差异化战略能否奏效？市场部的员工还在激烈地讨论着。

（二）公司背景

江西康辉国旅是中国康辉集团控股子公司，成立于 1995 年。而母公司中国康辉集团是首旅集团旗下全国最大的国有控股旅游连锁集团公司，目前在全国有

① 本案例由江西师范大学商学院的张敬文老师和南昌理工学院谢婷撰写，版权归作者所有。

200 余家以资本为纽带的子公司。经过 20 多年的发展，江西康辉国旅已排在中国十强旅行社的前三名，先后被评为"中国旅游知名品牌"、"中国最具品牌价值的 500 强企业，"连续 9 年名列全国百强国际旅行社前三甲。

目前江西康辉国旅设立营业网点 22 家，主营国内旅游、入境旅游、出境旅游及会展服务，2014 年被评为"五星级旅行社"，并成为江西省旅游业理事单位，是江西十强旅行社之一。近年来，江西康辉国旅取得了不俗的业绩，但是旅游行业竞争十分激烈，从江西范围内来看，旅行社竞争可以说已进入白热化阶段。到 2015 年底，全省共有旅行社 846 家（其中有出境资质的旅行社达 45 家），并以年均 20%的速度在增长。

（三）机遇与挑战

在激烈的市场竞争中，江西康辉国旅一直在思考差异化的产品策略，寻求市场竞争中的"蓝海"。随着全球人口老龄化速度的加快，作为旅游市场的细分板块，老年旅游这个产业逐渐成为旅游市场的重要部分。

我国是目前世界上人口老龄化速度最快的国家之一，并且在未来很长一段时间内可能无法改变。江西省自 2005 年开始进入老龄化社会，当年老年人口比重为 7.35%，并在随后的年份中呈逐年上升的趋势。人口老龄化为老年旅游产业带来了发展机遇，老年旅游作为朝阳行业中的夕阳板块蓬勃发展，蕴含巨大商机。相关调查表明，目前我国老年旅游人数比例已经占到全国旅游总人数的 20%以上。从 20 世纪 90 年代末到现在，我国老年旅游行业基本上以每年超过 3%的速度在增长，而且老年人对旅游消费的需求尚未得到有效释放。我国旅游业的日益成熟为我国老年旅游市场发展提供了客观的可能性，不少旅行社正在积极探索如何开发这个具有很大潜力的市场。

面对老年旅游这一广阔的市场，江西康辉国旅在充分市场调研的基础上，发现江西省几百家旅行社中有两家有专门为老年旅游市场设计的"夕阳红"专线，但绝大多数的旅行社都是把老年旅游产品作为其众多旅游产品中一个小的方面或者可有可无的一个组成部分，不作为精品项目推广。老年旅游产品多有老年旅游产品单一化、老年旅游线路统一化、以常规团改成老年团、行程安排上不科学、观光景点多、时间安排紧、没有考虑到老年旅游者身体状况等缺点。这与江西老年旅游市场的状况与人口老龄化所带来的要求是不相适应的。因此，江西康辉国旅敏锐地发现了这片"蓝海"，把开拓和发展老年旅游作为近几年的重要战略，并且有针对性地开发了一系列的老年旅游产品，如"老年红色旅游专列"等，在老年旅游这一细分市场取得了一定的市场份额。

（四）老年人旅游产品市场调查分析

为了更好地开拓老年旅游市场，江西康辉国旅在推出老年旅游产品之前，进行了充分的市场调研，通过问卷调查和市场调查的方法，掌握了老年旅游市场的一线数据。主要围绕老年群体旅游动机、旅游产品的偏好、出游时间、交通选择、旅游决策、出游频率、旅游花费等情况进行调研，通过对老年人旅游消费行为分解后，进行翔实的分析，作为后续开发老年旅游产品的重要依据。在调查中掌握了以下几个方面的重要分析结论：

第一，对老年人旅游经费来源的数据分析。通过对江西老年人月收入的调查显示，江西老年人收入跨度较大，但是从总体情况来看，还是中低等收入居多。此外，老年人除了自身固定收入外，还能通过积蓄、儿女资助等其他方式实现旅游。受访老年游客的平均月收入约为2545元，属于中等水平。在旅游费用问题上，江西省老年人出游的经费来源由自己承担的比例最高，占35.9%；还有一部分老年人经费来源是单位福利，占30.8%，这一类人往往在退休前从事的是公务员、教师等固定职业；老年人单位组织旅游的比例也不低，还有一部分是由子女负担费用。需要注意的是，根据市场调查情况，在当前港澳台以及东南亚出境游中，老年游客中相当数量的是由子女支付费用为老人实现"出国梦"的。

第二，老年人对安全和健康重视的比例最高。江西康辉国旅在调查中发现，老年人由于比较理智，普遍上对安全和健康、价格、旅游目的地、交通等几个因素比较重视，被选率分别为94.9%、80.1%、62.8%和53.2%。其中，安全与健康的比例最高，几乎绝大部分人都选择了这一项，说明老年人在购买旅游产品时，旅游过程中是否安全，会不会对健康造成影响是他们首先考虑的因素，这和老年人的生理特点是相符合的。此外，价格因素也是老年人关注的问题，这和老年人的消费习惯密切相关，此外和收入水平也相关，由于江西省老年居民每月的收入大部分不高，同时老年人受节约思想影响，对旅游产品价格十分敏感。另外，老年人出游考虑的因素还有交通、旅游目的地的距离及广告因素，但是比例相对较低。

第三，老年人一般更多地愿意在非节假日出游。调查结果显示，选择非节假日出游的老年人占所调查人数的59.6%。这与老年人不受上班限制，时间可以自由支配有关，此外可能和旅游价格因素也有关，非旅游旺季价格往往比较优惠，这也是老年人大多选择在此时出游的重要考虑因素。此外，旅游旺季十分拥挤，老年人选择平时出游，可以避开旅游的高峰期。

第四，在旅游目的地偏好的调查中，可以看出，老年人选择境内省外游和省内游的比例还是较高，分别居第一、第二位，分别占比41%、30.8%，这表明江西老年人还是倾向于中短途旅游，这可能一方面和经济因素有关，另一方面和老年人普遍谨慎型消费有关。此外，选择港澳台和境外的比例占17.9%。事实上，通过观察，这一比例比几年前已经有很大的提高，老年人开始逐渐青睐到港澳台甚至境外去看看，而且这一趋势可能还会持续。目的地类型偏好方面，在调查中发现，有85.3%、55.8%的老年人对充满人文气息的名胜古迹、民俗风情目的地十分喜欢，有61.5%的老年人喜欢气候宜人的自然生态景区。老年人还很偏爱红色旅游、宗教旅游等特色旅游产品，占41.7%。

第五，在旅游方式的问卷调查中，大多数老年人不会独自出游，这一比例只有7.7%。大多数老年人会选择结伴出游，其中有23.7%的老年人喜欢由单位组织出游，23.1%的老年人喜欢由旅行社组织出游。通过上述数据可以看出，老年人多数都希望在出游过程中可以相互照应，同时增进彼此之间的感情交流，这样可以更加轻松地旅游。

（五）江西康辉国旅老年人旅游产品设计的差异化战略

在进行充分市场调研的基础上，江西康辉国旅认识到，开发老年旅游产品要充分考虑老年人的特点和需求。开发出适销对路的特色产品，主要考虑的关键因素和采取的产品策略有以下几个方面：

第一，根据老年人的生理特征，在老年人旅游产品行程的安排上，时间不能太紧，要有充足的时间游玩，需要留有自由活动的时间，哪怕在行程上少安排景点，也不能让老年游客疲于奔命，而且旅游活动不能太消耗体能，要允许老年游客有足够的时间休息调整。

第二，细分老年群体，有针对性地开发多层次的旅游产品。在开发老年人旅游行程的时候，要科学地设计旅游产品，其内容最好能符合老年人的需求特点。在推广老年旅游产品的时候，要综合考虑老年人的收入、文化水平等，这样推出的产品才能更好地吸引老年游客。比如结合江西省实际情况，将收入水平较高、低龄老年旅游者定为旅游企业的首选目标市场，其主要是富裕的市郊老年群体，公务员、企事业单位等退休群体。这类老年人群体有"想走出去看看"的愿望，成为老年旅游群体的中坚力量。同时，江西康辉国旅积极主动地与各市老年大学、老体协或各种老年正式或非正式的组织联系，能够更好更集中地推广旅游，推销旅游产品，比如城市中正式的、主要的旅游组织有老年大学、老年协会、社区退休管理站、老年公寓等；或者是因相同兴趣爱好而组成的非正式组织，如摄影协会、绘画协会、书法协会等。同时，因为老年人都比较喜欢跟自己比较熟悉的同事、邻居或者亲朋好友一同出行，所以旅行社在老年组织中推销自己的旅游产品时，对有影响力的老年人着重介绍，树立标杆效应，从而能够更好地推销自己的旅游产品。

第三，根据老年人旅游动机的不同，开发多种类型的旅游主题系列活动。根据调查结果，老年人对休闲娱乐类、健康娱乐类、怀旧动机类产品需求比重相对较大。江西康辉国旅设计并推出如"休闲度假之旅"、"浪漫怀旧之旅"、"红色文化之旅"、"绿色健康之旅"、"时尚假期之旅"等为主题的系列旅游产品。在旅游产品及主题活动方面，推出"我送爸妈上北京"、"纪念香港回归20周年旅游"、"庆祝中韩建交24周年老人交流活动旅游"等系列特色团活动。同时还在一些与老年人关联比较大的节日里，如重阳节、母亲节、父亲节等，打亲情牌，这样也比较容易吸引消费者；还以当下一些比较大的事件或者电视节目为导向，设计一些旅游产品；此外，也根据当前旅游市场的一些具有影响力的产品，专门设计老年旅游产品，如"泰国包机老年旅游年"、"走进台湾旅游年"等来激发一些老年人的旅游激情。

第四，发展老年人"错峰旅游"。老年旅游出游时间选择不定时所占比重较大，针对老年人时间充裕的特点，设计出一些错峰出行产品，这样既可以获得优惠的淡季旅游产品的价格，又可以避开旅游旺季，同时还有助于旅行社全年维持一个稳定的客源。比如，江西婺源，每年的3月中旬到4月中旬，游古村赏油菜花就会出现一个井喷的现象，不仅交通堵塞，餐厅景区到处水泄不通，各种硬件配套设施和软性服务也是供不应求，而且住宿、门票、交通等价格偏高；相反，错开这一出行时间，不但可以获得相对较低的价格的住宿、交通等，还可以补充旅游资源及设施闲置的不足。

第五，重视老年旅游产品的价格定位。在开发老年旅游产品时，江西康辉国旅从以下几个方面采用合适的、合理的定价策略。一是老年人旅游价格直接优惠。比如在旅游淡季或者老年人节日可以做一些特价产品的活动，比如"重阳节99元游庐山"；或者以团购的方式，如两人出行一人免费，更好地吸引更多的游客。二是考虑到老年人节约的生活习惯特点，旅行社在定价时，在保证基础利润的前提下，可以低价介入市场，从而吸引游客，在旅游过程中不断提高服务质量，提升旅行社的品牌，让其成为旅行社的固定客源。三是从老年人怕吃亏上当的心理出发，在定价的时候使用一价全含的政策，虽然这样产品价格会比较高，但是可以向老年游客说清楚，此费用是全包的，在旅游当地不需要再另外消费，而且可以明确地写入合同，让老年人能够放心地购买产品。

（六）尾声

夜已经很深了，市场部的员工还在激烈地讨论着。面对竞争激烈的旅游市场，公司设计的这些老年旅游产品是否符合老年人的预期？这次老年人旅游产品的差异化战略能否奏效？在老年旅游群体和市场上，公司能否在已经占据了非常有利位置的基础上，进一步开拓和扩大老年旅游这一细分市场，占据更大的市场份额，使"康辉"这一旅游品牌深入人心？

二、案例使用说明

（一）教学目的与用途

（1）本案例适用于管理学、企业战略管理等课程。

（2）本案例是一篇描述江西康辉国旅有关老年人旅游产品差异化战略的教学案例，其教学目的在于使学生能更好地对企业战略具有感性认识和深入思考，有针对性地去制定企业发展的差异化战略，并提出具体实施方案。

（二）启发思考题

（1）结合案例实际，谈谈你对企业差异化战略的理解。

（2）结合自己的理解，你如何看待老年旅游产品的特点和需求？

（3）具体分析江西康辉国旅设计的老年人旅游产品是否合理？能否满足老年人的预期？公司的老年人旅游产品差异化战略能否取得成功？

（4）如果你是公司市场部的员工，你将如何设计老年旅游产品差异化战略？

墨普软件成长中的烦恼①

摘　要：本案例以墨普软件公司为背景，描写了公司从创立到快速发展过程中面临的人才培养、人才管理和人才流失等问题，通过改革薪酬体制、改变研发流程等一系列措施进行战略调整和组织变革，从而解决公司成长中的人力资源烦恼。

关键词：小微企业；人力资源；人才培养；人才管理；兼职困境

一、案例正文

（一）引言

墨普软件创始人杨总是计算机专业博士，在高校任教了几年以后，带领几个自己曾经的学生创立了墨普软件有限公司，专注于做行业应用软件。公司在短短的两三年内从最开始的三四人快速发展到 20 多人的规模，公司软件产品在其细分行业里已经做到了数一数二的位置，成为了细分行业中的龙头企业。可是，让杨总不能理解的是经过艰苦的创业初期，在企业规模和员工收入都经历了快速的增长后，公司遇到了发展瓶颈，最开始跟随自己创业的学生有的离开了公司，有的虽然留下了，但是心思也不太稳定，这让杨总忧心忡忡，这一切，到底是哪里出了问题？

（二）公司背景

墨普软件地处华中相对落后省份，成立于 2012 年，专注于行业应用软件的研究、开发及销售，是国家认定的双软企业。公司成立之初，全公司员工只有杨总、硬件开发工程师小蔡以及杨总曾经教过的三个刚毕业的本科生小王、小李和小黄。因为刚刚毕业，三个学生并没有什么资金，况且他们大四这一年的学费还

---

① 本案例由江西师范大学商学院的杨波老师撰写，版权归作者所有。

是杨总借给他们的。三个学生毕业以后，出于对杨总的信任，愿意和杨总一起创业。杨总为了激励和留住这几个学生，在公司章程中约定三个学生的出资比例分别为注册资本的 3%，工程师小蔡占注册资本的 10%，杨总占剩下的 81%，如果中途有创始人想要退出或离开公司，那么杨总将以其出资额 3 倍的价格收购退出创始人的股份，同时在工商局的注册资料中也是按章程中约定的比例进行注册的。创业的第一年，因为刚毕业的学生没有什么软件开发经验，还处于学习状态，杨总就充当了三个学生的培训教师，在给予三个学生职业培训的同时，公司主要靠杨总和小蔡做项目创造营业收入以维持公司的正常运转和日常开销。创业的第一年，也是公司最艰苦的一年，基于大家都是创始人，收益共享、风险共担，本着公平、公正、公开的原则，公司定下的基本薪酬制度是给每个员工办理五险一金，工资一个季度调整一次，所有人的基本工资都定为 1500 元/月，考虑到基本工资较低，所以除基本工资外，根据上一季度的收入情况，本季度依据上一季度净利润的 40%平均给除杨总外的每一个员工发放奖金，每个人的收入都是公开透明的。第一年因为是创业初期，三个刚毕业的学生处于学习阶段，杨总和小蔡又是公司最大的股东，因此，大家激情较高，再加上薪酬又是平均路线，公开透明，所以大家一团和气，加班加点，毫无怨言，公司在这种气氛中也开始逐渐步入正轨。

（三）矛盾初现

第二年，小王、小李和小黄开始进入状态，已经能够参与到项目中来，小黄和小王甚至可以在项目中独挑大梁。这一年，公司也开始了快速的发展，公司员工规模从最开始的 5 人快速增长到了固定员工 13 人，高校聘请的兼职人员 3 人，一共 16 人。因为公司从一开始就定位为以研发及销售为主的软件研发企业，因此，对于人员学历要求较高，这 16 位员工中，博士 2 人，硕士 3 人，剩下的全部为本科生。固定员工 13 人中，除专职会计一人外，杨总兼顾了研发、管理与销售，剩下的 11 人全部为研发人员。毫无疑问，这是一个以研发为核心的小微企业。在这一年里，企业攻克了好几个技术难关，取得了专利十多项，软件著作权五六项，已在市场上销售的软件产品逐渐得到了市场的认可，开始在行业中有了一定的知名度，一些企业慕名而来，一时间定制软件和行业通用应用软件产品出现了一个销售的高潮，尽管加班加点成为家常便饭，但可喜的是这一阶段公司的业绩节节攀升，每个季度都有较多的盈余。因为公司还处于创业初期，再加上大家工作较为辛苦，为了保证公司所有的员工都能为公司尽心尽力，此时的薪酬制度仍然沿用最开始制定的底薪 1500 元加上季度净利润的 40%，公司所有人平均发放奖金，除不办理五险一金外，兼职人员也享有和正式员工一样的待遇。此时，大家的收入已经达到了上一年度平均工资的 3~4 倍。随着收入越来越高，大家开始对大锅饭有了抱怨，特别是像小王、小李和小黄这样的创始成员，他们觉得自己大学一毕业，放弃其他选择和杨总一起创业比起公司进入正轨后再进入公司的其他人承担了更大的风险，应该获得更多的回报，何况后进入的部分员工还处于培训学习阶段，从研发能力上来看和他们完全不在同一个层次，而兼职人员虽然学历较高，但花费在公司的时间远远少于正式员工，平均分配收入显然不合理。杨总了解到这一情况后，首先调整了基础底薪，根据每人进入公司的先后顺序、工作表现及为公司做出贡献的不同，底薪由原来的所有人均为 1500 元/月调整为 1500~3000 元/月不等。考虑到进入公司先后顺序及为公司所做的贡献，杨总在确认基础底薪时明显倾向于第一批创业人员，因为所有人的收入都是透明的，所以每个人都知道其他人的收入情况。通过基础底薪的调整，虽然还有部分人不满，但大体上总算是平息了一时的纷争。随着时间的推移，后来的员工通过学习和项目的锻炼，研发水平逐渐追上了第一批创业人员，后来的员工又开始有所怨言，大家的水平一样，甚至后来的员工有的通过学习，研发能力已经超过了第一批员工，凭什么收入相差那么大？杨总此时的做法是，虽然大家进入公司的时间不一样，但确实会出现先进来员工的学习和研发能力有限，达到了一定程度以后停滞不前，而有的甚至觉得自己资格较老，人为地有所懈怠，所以杨总想到的解决办法是在原来 40% 奖金的基础上，每个季度再从上一季度的净利润中拿出 10% 用于对研发能力强、业绩突出者进行奖励。这 10% 的控制权完全掌握在杨总个人手里，每个季度之初，公司会发放一张个人能力评分表，让每个员工对包括自己在内的所有员工就上一季度的表现进行打分，打完分以后，去掉一个最高分和一个最低分，其他分数相加计算其平均数，按平均分数的高低取前三到前五名进行奖励。这个制度出来之后，公司的纷争得到了一定程度的平息，大家为了能够拿到激励奖，都更加用心地投入学习与研发中。至此，员工的收入由三部分组成，包括基础工资、奖金和激励。

（四）矛盾升级

公司开始进入创业以来的第三个年头，这一年墨普软件公司出品的某一行业软件得到国家政策的推动，公司销售额有很大突破，公司进入快速发展的一年，员工仍然保持较高收入，员工收入在当地同行业中已经是佼佼者。此时，公司员工人数已经上升到了固定员工 20 人，高校聘请的兼职人员 4 人，员工学历结构为博士 2 人，硕士 4 人，剩下的全部为本科毕业生。因为兼职人员主要来自高校，其上班时间为弹性工作时间，其主要工作是创新性研究，负责前沿技术的研发，待遇除五险一金外，与其他固定员工相同。之所以给出这一待遇条件，杨总主要是考虑到前沿技术研发属于创新性工作，要求高、难度大，本科生难以胜任，高校兼职人员学历较高且擅长科研，如果不给出足够高的待遇条件不可能让一个博士到小公司兼职，再者，净利润40%的分红就算不分给兼职人员，也一样要全部分给其他员工，那为什么不分给兼职人员一部分，让他们有更大的动力去做研发呢？但现实的情况却是兼职人员每月的工作时间是固定员工的1/3，而收入却与固定员工相差无几，再加上个别兼职人员上班随意，长期出勤率较低，且长时间不出成果，在职员工开始心生怨言，认为公司分配不公，养了个别"闲人"，让人搭了便车。而激励部分的打分制度，每个人为了能使自己在打分中获得相对的高分，员工之间开始形成小团体，拉帮结派，在一些需要合作的项目里，小群体之间的情绪已经开始影响到了项目的正常进度。这一切杨总看在眼里，急在心上，为了解决所遇到的问题，杨总首先决定取消打分制度，每个季度的激励分配由杨总根据每个人的工作科研成果自行把握。其次，辞退长期出勤不足的兼职人员。最后，考虑到最初创始人小王、小李和小黄已经毕业三年，并且已经开始谈恋爱，恰逢楼市低谷期，为了使他们安居乐业，同时也体现公司的人文关怀，杨总主动提出个人无息借给小王、小李和小黄每人5万元用于购买住房，三个创始人在这一年里都按揭购买了住房。

（五）矛盾激化

转眼，公司进入了创业的第四个年头。这一年由于国家政策的调整，公司业绩出现断崖式下跌，甚至开始进入了亏损模式，这也就意味着薪酬体制中的"分红"和"激励奖"没有了，大家的收入只剩下基本工资，尽管杨总及时将最低基本工资调到了5000元左右，但是收入的巨大落差还是使得人心惶惶。表面上大家还是在按部就班地工作，但是私底下开始有人骑驴找马，就在第一个刚入职不久的员工提出离职后的第二天，让杨总意想不到的事情发生了，最开始跟着自己创业的、研发能力最强的小黄也提出了辞职，并且在还完杨总所借的5万元购房款外，自愿以章程约定的价格将其所持股份转让给杨总，杨总虽再三挽留，但小黄早已经找好了新的工作，去意已决。小黄之所以离开公司，有以下几方面原因：首先，公司待遇大幅下降，而最开始跟随杨总创业的三个学生（包括小黄），在毕业的第三年里都买了房子，还贷压力较大，收入的下降让他们失去了安全感。其次，公司规模较小，抗风险能力较差，小黄觉得工作稳定性差，自己所占的股份也就意义不大，因此自愿退出。最后，小黄觉得在公司里，自己已经做到了最高职位，学习和上升空间不大，因此，他更愿意到大公司去闯一闯。杨总一看，小黄去意已决，无法改变，就为小黄办理了公司变更和离职手续。然而，这一离职风暴还远远没有过去，紧接着，小王和新进的两个员工也相继提出了辞职，杨总一时焦头烂额。小王虽然研发能力比小黄弱一点，但是，考虑到自己的还贷压力和公司目前的低迷状况，小王也希望能出去试一试，在杨总的极力劝说下，小王思来想去，最终答应再留在公司半年，而其他两个新进员工最终还是离开了公司。小李是三个一起创业的学生中研发能力最弱的，看着一起创业的小黄离开，小王虽暂时没有离开，但考虑到公司目前的状况，也开始纠结于自己到底应该何去何从。一想到自己家境不好，杨总从大学开始就资助自己，教自己怎么做研究，后来跟随杨总一起创业，杨总借钱给自己买房子……小李对杨总还是充满感激的。后来，小李主动找到杨总，表示自己愿意留在公司和杨总一起共渡难关。经过一段时间的离职潮以后，公司最终剩下了固定员工 10 人，兼职员工 2 人，公司业绩萎缩的同时，公司规模也在缩小。

（六）改革变法

痛定思痛，杨总很感谢小李在公司危急时刻做出与公司患难与共的决定，小李的研发能力虽然不算强，但他对公司难能可贵的忠诚是杨总最看重的。回想创业这几年来，公司开着本市相对高的工资，先后培养了 20 多个本科毕业生，可是，很多人一旦有了一定的独立研发能力就转身投入了大公司，哪怕这些大公司开出的薪酬低于他们现有的收入水平，他们也会选择跳槽，寄希望于将来的发展。墨普软件这样的小微企业在这个过程中充当了大企业的人才孵化器及免费培训机构。杨总给小李升了职，加了工资，在对小李委以重任的同时，改革了研发流程，提高了研发效率，在人员减少的情况下，尽量保证研发进度。此外，杨总决定就薪酬体制做一个大的调整。第一，公司每个员工的收入不再透明，防止员工之间互相比较而出现不满。第二，公司最低基本工资根据各人能力不同，提高到 5000~8000 元不等，在基本工资的基础上增加工龄工资，每增加一年增加 100 元的工龄工资。第三，取消上季度净利润 10% 用于激励的制度。无论公司获利还是亏损，每月由杨总根据各人的业绩和对公司的贡献发放奖金，奖金金额不固定。第四，取消上季度净利润的 40% 平均发放奖金一项。第五，尽管公司当年亏损并没有利润可用于发放奖金，但是，当公司经营好转，有利润可供发放时，公司将会在年终按照各人实际所占公司出资比例发放年终奖，不再乘以系数。对于没有实际出资、不占股份的员工，公司会根据业绩贡献，发放不超过第一批创始人的年终奖。这样做，在保证员工有相对较高收入的同时，还平滑了当前收入，也兼顾了创始人的感受，更防止当公司收入下降时出现密集的离职潮而给公司带来风险。

但对于兼职困境，杨总始终没有找到一个很好的解决方案。小微企业的现状是规模小、风险大、收入不稳定，想要聘请专职的硕士、博士到公司工作，几乎不可能，而前沿的研发工作又需要大量的理论基础，难度大、理论性强，本科毕业生又难以胜任，如果要聘请学历层次较高的博士、硕士到公司就职，似乎只能通过兼职的方法。但是兼职人员需要灵活的上班时间，那么如何计量兼职人员的工作时间及评价兼职人员的工作业绩就变得很难，特别是一些前沿研究可能很长时间不出成果，甚至很长时间研究以后以失败告终。因此，兼职人员也更容易出现出工不出力的情况，有的甚至连基本的出勤率都保证不了，如何约束兼职人员成为了一个棘手的问题。

（七）尾声

回想过去的这几年所发生的一幕幕，大家一起奋斗，从无到有，加班加点地研发，薪酬力求公平、公开、公正，收入多起来后尽可能地给大家发高工资，本来以为大家可以一直齐心协力，同舟共济，可谁曾想，公司收入刚刚开始下降，马上就出现离职潮，特别是创始人员、技术骨干的离开，更是让公司雪上加霜。这一桩桩一幕幕，到底是哪里出了问题，是对员工的关心不够吗？是工资没有给到位？还是杨总一直奉行的不患寡而患不均的平均主义出了问题？而且，行业受到国家政策的影响太大，面对市场的低迷，如何才能找到一个新的增长点，让企业走出低谷，这一切似乎才刚刚开始……

二、案例使用说明

（一）教学目的与用途

（1）本案例主要适用于管理学、组织行为学和人力资源管理等课程。

（2）本案例是一篇描述墨普软件公司人才流失、薪酬改革等问题的教学案例，其教学目的在于使学生对企业留人、激励等人力资源管理问题具有感性的认识及深入的思考，从群体特征和个体特征两个角度分析问题，并提出解决方案。

（二）启发思考题

（1）你如何看待墨普软件公司的离职潮问题？

（2）你如何看待小微企业在创业过程中所遇到的困难？

（3）分析墨普软件公司内部改革的难点及症结在哪？

（4）如果你是杨总，面临这个局面你将如何决策？

（5）请就墨普软件的兼职困境提出你的看法。

菲亚公司的弃大取小[①]

摘　要： 本案例以菲亚公司为背景，描写了该公司在面临企业内部环境经营困境和企业外部经营环境压力的双重背景下，抓住机遇寻求发展，及时调整公司未来的发展战略，成功突破企业自身发展的"天花板"。在战略调整与选择的过程中，菲亚公司在内部产生了激烈的争论甚至分歧，形成了对于公司发展的两派意见，严重影响了公司内部员工之间的团结和公司的正常生产经营活动，但最终公司总经理何总在认真分析了现在与未来环境变化及自身竞争优势与劣势的基础上成功说服了所有的员工"弃大取小"，使公司内部全体员工目标都得到统一，并且带领大家齐心协力、团结一致，使公司在短短几年内得到了迅速的发展。从这个案例不仅可以看出企业的战略选择与环境间存在着密切的关系，也使我们看到作为公司的管理者，特别是公司的高层决策者在公司遇到危机或团队出现矛盾时所体现出的真正价值。

关键词： 战略选择；环境变化；管理者职责

一、案例正文

（一）引言

夜幕已降临，而菲亚公司的何总却仍在办公室里沉思着，他已经记不清是自己第几次一个人在公司中这样度过夜晚了。这段时间，何总在思索着一件关乎着公司的未来发展，可以说关系到公司未来生死存亡的决策。公司自成立 5 年以来一直都没有能够围绕自己的品牌做出自己的特色，扩大市场份额，就连长期占据优势的几项专项箱包五金制造技术也逐步被竞争者模仿或超越，本来就没有绝对优势的市场还被外来的洋品牌大肆抢占，自身经过多年努力所积累下来的品牌优势正快速地被竞争对手蚕食殆尽，眼看公司就要撑不下去了。天无绝人之路，正

---

① 本案例由江西师范大学商学院的杨鑫老师撰写，版权归作者所有。

如俗话所说的"上帝在关上一扇门的时候同时会打开一扇窗"一样，就在公司发展遇到困境举步维艰的时候，出现了一个发展机遇，但也正是这个机遇引发了公司内部的激烈争论，甚至产生了两派员工的矛盾，原本和谐团结的员工气氛顿时变得紧张了起来，甚至影响到了公司的正常经营活动，何总为此感到了极大的焦虑与压力。可这一切究竟是如何发生、怎么造成的呢？何总又遇到了哪些困难呢？他是如何解决的呢？

（二）公司背景

菲亚公司前身是一家铁制品厂，生产铁艺产品，在铁制品的锻造、成型、镀铬等加工工艺方面有着一定的积累。公司成立于1990年，主营业务也发生了转变，由原先的铁制品厂转型为专门从事箱包与箱包五金制品设计生产的制造型企业。自创立之初，菲亚公司就制定了发展自主品牌箱包，打造中国知名箱包品牌的企业战略目标，恰又时逢中国改革开放高速发展时期，国内掌握相同箱包五金制品设计与生存技术的竞争对手又很少，而这些优势都给菲亚公司创造了良好的发展机遇。客户络绎不绝，生产加班加点，各路人马在全国各地奔波忙碌，帮助客户与各大商场办理提货、发货、送货、催货等业务，范围一度扩展至东南亚等多个国家。1991~1993年，公司业绩达到了自公司创立以来最为鼎盛的阶段，员工也从最初的十几个人增加到了200多人，员工收入也是年年提高，从最初的月薪几百元增加到了上千元，以至于很多员工都以能进菲亚公司工作而感到自豪，整个公司的发展呈现出一片繁荣的景象，同时也让何总对未来充满了希望。

（三）挫折与困惑

但企业成长的过程并非总能像人们所希望的那样一帆风顺，成长的过程中总离不开挫折与考验，正如阿里巴巴创始人马云所说"渡过的人活，没渡过的人死"一样，菲亚公司也遇到了自成立以来最大的考验与危机。市场风云变幻，自1994年以后，菲亚公司感受到了来自市场的压力。随着各国洋箱包、品牌包纷纷踏入中国市场掘金，给原本历史积淀不足的国内箱包品牌带来了前所未有的冲击，很多自主箱包品牌在激烈的市场争夺战中快速地消失。同时，在国内市场上还出现了劳动力短缺、劳动力成本上升、原材料价格上涨以及产业转移步伐加快等现象，给本就缺乏竞争力的国内箱包行业带来许多不稳定的因素，同时也令国内自主品牌箱包产业的生存和发展陷入一个尴尬的境地，中国本土的箱包品牌在和国外洋品牌的激烈竞争中逐渐败下阵来，利润逐年下滑、市场份额逐年缩减，逐步沦为洋品牌的生产基地，自主品牌消失殆尽。

随着中国箱包行业产业重新调整和大洗牌时代的到来，中国箱包行业正在形成一个新的产业格局。影响这些传统劳动密集型产业转移的因素主要取决于土地、劳动力、市场物流的成本以及上中下游产业的配套，其中土地、劳动力、品牌沉积又是最直接的因素。面对扑面而来的行业大洗牌，是退缩、关门大吉还是苦练内功，开拓创新，迎难而上，抓住产业调整的发展机遇，进行新一轮的大发展，这是摆在许多国内公司面前的两条道路。菲亚公司的何总也感受到了来自市场的寒意，不禁感叹冬天真的来了吗？如果冬天真的来了，那么春天又在哪里呢？

时间转眼间又过了两年，菲亚公司的发展已经到了举步维艰的地步，原先公司欣欣向荣，员工满脸笑容与幸福的景象似乎都已经一去不返。菲亚公司的员工更是走的走，离的离，大家似乎都感受到了这个市场刺骨的寒意与整个公司的摇摇欲坠，公司由原先繁荣时期的近 200 人变成了现在的不到 100 人，这都让何总感到了无比的痛心却又无可奈何，想想当初公司成立时的豪言壮志，再看看今天几经绝望的境地，难道这么多年的努力就这样付诸东流了吗？何总陷入了深深的困惑与自责当中。

（四）机遇的来临

1995 年 7 月，有人给正在生死线边缘挣扎的菲亚公司带来了机遇。中国香港一家知名箱包企业想寻求与内地箱包企业的合作，共同在内地建厂生产箱包。该企业是中国香港一家知名品牌的箱包生产企业，由于看中内地优越的投资环境与支持政策，所以希望找一家内地有经验的箱包生产企业进行合作，并且开出了相当优厚的条件。港商企业提出，菲亚公司只需按要求生产中国香港企业品牌的箱包，其他环节，包括箱包的设计、原材料的采购、成品箱包的销售、营销宣传等环节都不需要负责，以减轻内地企业的压力。此外，港方企业还将对菲亚公司注资提高菲亚公司生产设备的自动化程度与工艺水平，同时还承诺原菲亚公司的所有员工都将得到聘用，并且工资都将在原有基础上得到两倍以上的大幅提升。

如此优厚的条件几乎让很多公司中的员工都为之欣喜若狂，他们都觉得这么多年的坚持总算是熬到头了，对于公司及个人的未来都充满期待。但何总却感觉到了一丝不安，他通过关系找到了港资企业的一名负责此事的中高层干部，在朋友式的喝茶聊天中他得知，港资企业之所以会选择到内地来投资就是看到了内地近年来的发展及未来内地巨大的市场空间，加之内地优惠的投资政策、廉价的劳动力市场等都是促使其选择进入内地的重要原因。但当何总问及为什么会选择菲亚公司进行合作，是不是一种缘分或偶然时，对方却说道，其实公司选择合作伙伴时是相当慎重的，之所以选择菲亚公司进行合作的一个重要原因是看重菲亚公司在箱包五金制造上的优势，而众所周知箱包上的五金制品优劣是最体现箱包品质与质量，提升箱包整体档次的重要方面，因此他们才最终选择与菲亚公司进行合作，当然对方也表示希望双方都能发挥各自优势，共同开拓内地市场等。听完对方这些话之后，何总却陷入了深深的沉思当中。

（五）激烈的争论

正当何总为是否与港商企业合作陷入沉思与不安之时，公司中也出现了两种不同的声音，而且这两种声音都有相当的支持者。一种声音认为，应该尽快与港商企业合作，毕竟企业发展已经遇到了困境，依靠自身的发展很难有所作为，可以抓住机遇先依托港商企业雄厚的资金及品牌优势迅速发展，在发展中学习对方的经验技术，在一切成熟之后再进一步谋求公司更大的发展，而且大家在工资待遇上也有大幅的提高，这种难得的好事为何还要犹豫呢？但另一种声音则持相反意见，认为不应该和港资企业合作，公司自成立之初所定下的目标就是要发展和打造属于自己的品牌，这么多年大家为了这个目标都坚持下来了，现在公司的确遇到了困难，但和港商企业的合作意味着什么其实大家也是非常清楚的。只负责生产，其余的一概不管，长此以往公司是可以避免倒闭的风险，但同时将会沦为对方在内地的生产基地，变得像傀儡一样，一旦内地投资的大环境优势有所变化，则很难保证公司还能继续存在，到时候没有自己的品牌，没有任何优势的菲亚公司很难想象未来的命运，难道这是大家希望看到的吗？

看得出来，所有的员工都是真心希望公司能够发展好的，但时间一天一天地过去，大家的争论似乎没有停歇，且争论愈加激烈，很多同事之间的关系也愈加微妙起来，而这一切都让何总万分担心，因为他知道，就算是在以前公司最困难的时期，同事之间的关系还是相当和谐的，大家齐心协力、同甘共苦、团结一致共渡难关，这也是为什么国内很多自主品牌箱包生产企业都倒闭了，而菲亚公司却还能够艰难存活的原因。但现在却因为一个尚未达成的合作意向，公司的员工之间就产生了诸多的不和谐、不愉快，甚至互相指责或猜疑，这些都已经影响到了公司的正常生产经营活动。何总知道，面对这种各执一词，而且双方都有一定道理的情况，贸然采纳任何一方的建议都可能会给另一方造成伤害，给公司带来严重的影响，容易给公司的部分员工造成误解，那到底应该怎么办才好呢？有能让争执双方都满意的方案吗？

（六）何总的选择

到底应该怎么办呢？离公司最后和港商企业签合同的日期越来越近，何总和公司中的主要领导却没有闲着，他们并不是整天坐在办公室里沉思对策，而是"走出去"，学着港商企业选择合作伙伴的样子认真地对中国未来的箱包市场及现有竞争对手的优势、劣势进行了一次全方位的地毯式分析，找准自身的企业定位。经过对中国未来经济发展方向及企业内外部环境进行认真分析与总结后，何总及公司的主要高层一致认为菲亚公司现阶段非常需要港商企业这个合作伙伴，需要和港资企业签订合作合同，因为公司未来的发展需要抓住这次难得的合作机会，但是合作的内容及形式需要重新商定，不能由港商企业全盘决定。

在菲亚公司与港商企业洽谈合作的两个月后，让公司所有员工都非常关心的最终的合作合同终于签订了，但令人颇感意外的是菲亚公司和港商企业签订的项目合同不是生产箱包，而是只生产为箱包配套的小五金。虽然这个合同内容让公司中很多员工都不太理解，也让港商企业代表觉得有些遗憾，但何总却觉得相当满意。终于，在一次菲亚公司的全体员工大会上，何总道出其中的缘由。

缘何弃大取小？原来何总和其他公司高管在考察箱包市场环境时发现，伴随着改革开放，国内箱包产业得到了快速发展，箱包企业数量也在不断增加，箱包产业也保持高速增长态势。作为世界生产制造箱包的大国，中国拥有 2 万多家箱包生产企业，生产了全球近 1/3 的箱包，其市场份额不可小觑。但国内箱包企业由于起步相对于国外企业较晚，因此在与国外品牌的竞争中普遍处于弱势，产品的溢价能力较低，很多国内自主箱包品牌企业的发展举步维艰，并且有很多自主品牌的箱包企业已经放弃了自主品牌箱包的生产，开始转型给国外品牌箱包企业做代工。虽然国内箱包市场的大环境使自主品牌遇到了巨大的困境，但是何总却发现国内为箱包配套的五金厂却很少，而且很多国内生产的箱包五金产品质量也不过关。这使得众多中高档箱包厂不得不花高价从中国台湾进配件。港资公司之所以选择与菲亚公司合作难道不正是看中菲亚公司在箱包五金制造上的巨大优势吗？可见，箱包五金虽小，却是大有市场前景的。

何总同时也认为，还要充分发展自身优势。因此，在与港商签订合同时明确提出只负责生产与港商企业箱包配套的五金制品，这样既不违背当初企业创立时发展自主品牌的诺言，又成功避开了箱包市场激烈的市场竞争，还能抓住与港商企业合作的机会迅速打开并快速地发展箱包五金配套的市场，做专业的箱包五金配套生产商。虽然，从眼前的利益得失来看，只做箱包配套五金的确比生产箱包所获得的利润低，而且和港商签订的合同也并非排他性合同，即公司在首先充分保证为港商企业提供箱包五金配套产品，在产能盈余的情况下可以向其他公司销售其产品，当然这项协议直接影响到了港商企业对于菲亚公司的投资数额，但何总认为从公司长期发展的角度来说，值！

果然不出何总所料，经过五年多的努力，菲亚公司生产的箱包五金制品不仅覆盖了国内市场，而且在整个东南亚市场中也占到 30% 以上的份额。2011 年 1 月 21 日，工业和信息化部公布了批准的 359 项行业标准，涉及轻工行业标准 64 项，与箱包行业相关的标准有 9 项，包括箱包五金配件——箱锁；箱包五金配件——箱走轮；箱包五金配件——箱提把；箱包五金配件——箱用铝合金型材；箱包五金配件——拉杆；背提包；旅行箱包；箱包、滚筒试验方法；箱包手袋用聚氨酯合成革。而对于以上国家标准的推出，何总也深深地感到付出终将会有回报，正是由于这些年来在箱包五金配套领域的努力和辛勤耕耘，菲亚公司的五金制品全部符合或者超过了国际标准，在同行业竞争中获得了优势，公司的发展前景一片光明。而就在此时何总也发现，员工脸上那久违了的笑容与幸福感又回来了！

（七）尾声

"弃箱包是大，取箱包五金配件是小，不为空名，但逐实利。"这个企业发展思路确实很值得我们借鉴，总结来说：

一要根据市场的需要选择产品。产品不在大小，关键要符合市场的需要，为市场所接纳。不适应市场需要的产品，即使再大也将遭到淘汰。

二要集中力量攻透一点。在我国，目前大多数的企业实力还不是十分雄厚，包括资金、技术、人才等各种生产要素。凭借这样的实力，想贪大求全，一口吃个胖子，结果往往是消化不良，半途而废。相反，集中有限的实力，找准自身的优势，专攻一个很小的方面，形成局部的优势，站稳脚跟后持续发展。这样看似吃亏，好像是剑走偏锋，其实这才是走向成功的正途。

三要创出自己的品牌，形成品牌优势。品牌对于企业来说非常重要，箱包五金虽是"小"产品，但是立足于自身品牌的打造、港商知名箱包品牌的宣传效应，菲亚公司扩大了自身箱包五金配套的品牌效应，知名度快速地覆盖了国内市场，还占领了东南亚市场 30% 以上的份额，这就形成了强大的名牌效应，使企业发展有了一个坚固的根基，正所谓"深根固本而治天下"，这也正是企业发展的不败之路。

二、案例使用说明

（一）教学目的与用途

（1）本案例主要适用于管理学、战略管理、市场调查与分析、人力资源管理等课程。

（2）本案例是一篇描述菲亚公司经营战略决策的教学案例，其教学目的有两个方面：第一，使学生对企业自身资源及投资分析、战略选择等问题具有感性的认识及深入的思考，从对企业自身环境及外部环境两个角度进行分析，并最终提出问题的解决方案。第二，使学生深刻体会并明白管理者或者说公司的决策者在公司管理过程中的角色、职责及其重要性。

（二）启发思考题

（1）你如何看待菲亚公司目前所存在的自身企业内部的环境问题？

（2）你如何评价菲亚公司所面临的外部环境的变化？

（3）菲亚公司内部为何会出现严重的争论与分歧？

（4）如果你是何总，面临两派严重的争辩与分歧你会怎么做？

（5）你如何看待何总的弃大取小的决策？菲亚公司的成功给我们什么样的启示？

银行大堂经理下跪事件始末[①]

摘　要： 本案例详细描述了 2014 年中国银行业最大的网络新闻热点事件——中国建设银行某市支行大堂经理向女客户下跪事件。案例以叙事的方式讲述了银行服务上的工作失误，在没有与客户及时沟通妥善处理之后，双方当事人都不冷静、不克制自己的情绪，客户纠缠不休，银行简单处理，最终以大堂经理向客户下跪告终的事件。当该事件成为网络热点后，面对公共社会舆论危机，中国建设银行也没有采取有效的公关危机处理方式，致使中国建设银行的形象受到极大的负面影响。

关键词： 危机沟通；冲突处理；客户沟通

一、案例正文

（一）引言

"女教授"、"银行经理"、"下跪"，三个看似风马牛不相及的词语，连在一起却如一场闹剧般地在中国建设银行某市支行的营业大厅上演。正是这三个都具有强大杀伤力的词，再加上扑朔迷离的"主动"还是"被逼"，更是让该消息迅速升温成为热点。2014 年 6 月 26 日，网上有人爆料，某学院的年轻女教授赵某在一家银行办理业务时，因为排队的问题与银行工作人员发生争执，后来赵某竟以投诉相要挟，逼迫银行的大堂男经理王某下跪认错。爆料人为了证明其爆料的真实性，在文中还配有多张大堂经理王某跪在女教授赵某脚边的图片。正如网上常说的"有图有真相"，该事件迅速在网上发酵，引发全国网民跟帖热议，全国上百家媒体随继跟踪报道，各类媒体纷纷借机炒作，一时间在报刊、电视和各大网站上成为新闻热点，舆论焦点先围绕在当事人双方的对错上，紧接着又直接指向了中国建设银行内部的沟通管理制度和危机管理机制上，质疑其作为国有商业银

---

① 本案例由江西师范大学商学院的周海燕老师和曾鹏云撰写，版权归作者所有。

行，经营管理服务能力不足。这起网络热点事件在给当事人双方带来巨大的社会舆论压力的同时，也严重影响了中国建设银行的形象。

（二）背景

随着当前我国社会经济快速发展，金融服务业也随之蓬勃扩张，各种性质的行业类商业银行和地方性银行相继成立，给传统国有四大商业银行的金融地位造成严重影响，使其生存空间受到极大程度的挤压。银行之间的竞争在服务品质、金融产品、企业形象、快捷服务等多个方面体现，对客户需求和客户体验的要求也越来越高，各个银行为此加强了对员工的内训力度，塑造企业与员工形象、策划形式多样的服务品种、提高便捷高效的金融产品，以求获得更多的客户资源，寻求更多的利润。银行业对银行员工的考核要求越来越高，对于不达标的员工，轻则克扣奖金，重则开除处理。在当前大学毕业生就业越来越困难的时候，一份稳定而体面的银行业工作是很多年轻人的首选，为了保住这份工作，银行员工不得不小心翼翼地对待任何来银行办理业务的客户。

（三）内容

某学院年轻女教授赵某毕业于该学院，再到北京继续学习后，2006 年取得博士学位，期间曾公派留学，其设计作品、获奖作品多次在国内外及中国香港、日本、韩国、欧洲的展览中展出，并收录于《中国设计年鉴》，是一个在自己专业领域颇有建树的年轻教授。2014 年 6 月 25 日中午，她和几个同事一起到中国建设银行某支行办理业务，没有想到发生了一件严重影响她工作和生活的事件。

当时，赵某走进大厅后，按照办理业务流程在自动排队机上刷卡取号，拿到序号条一看，自己是 A114 号，前面还有十几个人，只好耐心地坐在等待区的座椅上，拿出手机上网查找一些关于艺术方面的资料。不知不觉中，时间慢慢地过去了。当大厅广播呼叫"请 A114 号到 5 号窗口"的时候她都没有听见，在同事连声提醒之后她才匆忙跑到窗口，却发现 5 号服务窗口前，一个男客户正在办理业务。赵某不解地问，不是刚刚呼叫 A114 号吗？怎么就有人在办理业务？感觉自己的权益受到侵犯，赵某不禁大声责问该服务窗口的银行职员。那个职员慢慢解释了一句，说是大堂经理看到叫了 A114 号后没有人来，于是直接安排了 A115 号。说完没有再理赵某，继续为 A115 号办理业务。

赵某抬头一看 5 号服务窗口的显示屏，上面还是显示 A114 号，见此情况，赵某非常生气，在大厅等待了 40 分钟才轮到自己，服务窗口本来应该核对序号牌的，现在却被大堂经理安排人插队了，还不知道什么时候才能轮到自己办理业务，眼前的情况严重侵犯了自己的合法权益。赵某平时性格就有点较真，加上在国外的留学经历，一时间很难接受，认为大堂经理肯定是认识这个正在办理业务的男客户，彼此是熟人才开后门让他插队，提前办理业务。一时间，赵某没能控制住自己激动的情绪，在大厅大声质疑银行的工作人员违规。面对赵某的质疑，正在办理业务的 A115 号男客户小声解释自己与银行员工并不认识，可是非常生气的赵某不能接受，情绪很难平息。这时，一个穿着银行制服的男人过来了，他就是该支行大堂经理王某。当他了解情况后，知道是自己疏导失误造成客户纠纷的，于是王某对赵某说：那我现在安排你到 VIP 柜台办理业务。于是，把赵某带到了 VIP 柜台。可是，此时 VIP 柜台也有客户正在办理业务，并且还有另外两个客户在等待。由于下午单位还有事情，赵某心想，还是在大厅办理会更快一些，于是马上又返回营业大厅。回到大厅之后，没有任何银行员工上前去接待她，站在大厅中的赵某更加生气了，直接走到办理业务的 5 号窗口坐下，再次出示自己的序号牌，与窗口职员据理力争，要求立即为她办理业务。可是服务窗口的员工没有同意她的要求，赵某提出要见经理，并提出要投诉。相互吵闹的声音越来越大，引起了在场所有客户的关注，没有办法之下，网点经理刘某只好出面受理此事。

面对赵某的责疑，刘某只是在一味地强调，因为是赵某自己去窗口的速度太慢了，所以大堂经理王某直接安排了下一个客户办理业务，盛怒之下的赵某很难接受这种解释，当着刘某的面拨打了建设银行投诉热线 95533，投诉中心回复说会尽快解决此事，并将处理结果告诉她。看见赵某真的投诉，刘某才重视起来，针对大堂经理和 5 号服务窗口职员的工作失误向赵某道歉，希望赵某能撤回投诉。可是，此时此刻的赵某也被怒气所控制，失去了平时的睿智和理性，对此事不依不饶。赵某和刘某正在争论的时候，大堂经理王某走过来说："大姐，要不我给你跪下，你原谅我好不好？"面对这种态度的道歉，赵某非常惊讶，正当她准备继续和刘某交涉的时候，大堂经理王某突然面对她跪在地上。赵某一下子惊呆了，不知所措。旁边的女同事急忙上前把大堂经理王某扶了起来。这位大堂经理下跪得很突然，从跪下到被扶走，大概只有四五秒钟的时间。

办理业务结束后，赵某怀着不愉快的心情离开了银行，她心想事情已经结束了，也不打算再纠缠此事，因为那位大堂经理的冲动一跪，让当时情绪激动的她也清醒了，都是小事情，过去了就过去了吧。可是她怎么也没有想到，事情却在第二天有了更为戏剧性的转折，女教授赵某、大堂经理王某和中国建设银行某支行三者都深深卷进了新闻热点的旋涡，成为社会舆论的焦点。

2014 年 6 月 26 日下午，微博、微信圈里出现一则标题为《某地某大学教授赵某故意刁难银行大堂经理逼其下跪，可怜孩子为了保住工作无奈下跪》的文章，文章一经发出迅速引起网民的高度关注。某网帖内容为：

有图有真相！我们要坚决抵制一切打着所谓文化和文明的旗号，故意在银行胡搅蛮缠强逼员工的行为，银行要规矩无良无德的所谓客户！尤其是那些认为自己背后有虚无缥缈的优势资源的撒泼打滚的客户，希望网友转发并"人肉"！

2014年6月25日，某地某银行的服务大厅上演了上述一幕！该女士手上的排号是A114号，可柜台呼叫A114号时，过了一分半钟，都没有人到柜台前。于是，银行柜台按照规定呼叫了A115号，正当A115号办理业务期间，该女士过来说自己手上的号已经过了，年轻的银行大堂经理上前解释说可以去VIP窗口办理业务，可该女士认为这是银行方面工作的失误，再三用投诉去胁迫大堂经理，最后逼着这个可怜的孩子下跪认错。当时在场的围观群众看见都忍无可忍了！后来才知道该女士竟然是某大学教授！这样的大学教授简直是"叫兽"啊，我以后要有孩子，即使考上这个大学也坚决不让他读！这个大学教授的这种素质如何教书育人？我们中国人一贯提倡的宽容到哪里去了，明明该"叫兽"的号码呼叫了一分半钟，时间已经过了。银行有银行的规矩，难道你的号已经过了还要等你吗！再说，大堂经理都让你去VIP柜台了，你还大吵大闹、不依不饶地影响别的客户，还诬蔑A115号的客户和银行的员工。你面对一个刚到银行参加工作的孩子，一个诚惶诚恐害怕因为你的投诉丢掉工作的孩子，你怎能忍心做出这样的事情，这体现了你有一副丑恶的嘴脸！只有你这样的泼妇精神才会做到如此不依不饶吧！这样德行的"叫兽"怎么能在大学教书育人！在现场竟然还能理直气壮地大声嚷嚷，说她想要的就是这个规矩！！难道这个教授在大学就是这么教育学生的吗！

帖文发出后，一石激起千层浪，"大学女教授"、"银行男经理"、"被逼下跪"，几个关键词联系在一起，把网民的眼球紧紧吸引，引发全国网民热议，起初矛头直接指向女教授仗势欺人，缺乏道德没有操守，甚至对赵某展开人肉搜索。后来矛头又转向大堂经理王某，认为其伙同其他人员故意陷害赵某，在网上误导网民情绪，博取同情和出名。最后许多网民把矛头对准银行管理机制缺乏人性化，甚至很多银行内部员工纷纷爆料说银行内部管理上对员工非常苛刻，银行接到客户投诉之后，对涉事员工的处理轻则扣钱，重则开除，在现今就业难的社会中，许多银行职员为保住这份工作天天战战兢兢。正是因为这样高压的管理制度，才促使大堂经理王某为了不被投诉，而极端地委屈自己向赵某下跪。这起小小的事件在网上迅速成为网络热点。事实原本真的就像网络爆料人所说的？很快，当地晚报和当地网站媒体记者分兵多路对银行大堂经理下跪事件进行调查，记者采访了事发银行，还专门联系到涉事的女教授，进行了长达 30 分钟的电话采访，力求从源头了解事发原因，还原真实情况。

记者到达该建设银行支行采访时，银行里一位男工作人员介绍，2014 年 6 月 25 日下午确实发生了此事，被逼下跪的大堂经理王某，也是支行的老员工。"事情基本和微博上说得差不多。"这位员工介绍，矛盾似乎就是因排号而起。"王经理因何下跪？真的是女教授逼的？"当记者提出想采访下跪的王某时，这位男工作人员却说："具体情况就不知道了，你们可以向领导了解。"随后，该银行网点经理刘某出面，表示他们不能接受采访，对此事也不想说太多。刘某解释称："王经理今天没上班，在家休息呢，希望你们能理解。"

之后，记者赶到赵某的学院，确认了女教授赵某的身份，通过电话联系到赵某。记者首先说明身份，提到微信内容，并提出采访要求。女教授赵某的第一句话是："那个微信里的内容绝对是个笑话，不是事实。"电话采访期间，赵某在电话中多次向记者重复自己的观点，称"微信和网上帖子里描述的情况根本不属实，银行和我都不会对此做回应"。当记者问为什么会有大堂经理跪在她面前的照片时，赵女士的回答是："这里有做戏的成分，什么样的力量能让一个大男人跪在弱女子的面前？任何人到银行都是办事去的，不是挑刺去的。我要把这个事情做成一个课件与学生分享。下跪只是一个环节，是某个人自己做出来的。"在和记者谈话的近 30 分钟内，赵某不断地用疑问句表达观点。"他是怎么倒地的？我的同事第一时间就把他扶起来，下跪是他自己的行为。""这个照片有没有可能是个摆拍？没有人说过让他跪下的话。"赵某说："这个爆料人不是银行的也不是学校的，只是一个旁观者，这是在做戏，在炒作。"赵某认为微信的内容应该是爆料者的主观臆断。

记者问赵某："照片上我看到你的眼圈红了，这是怎么回事？"赵某说："这个事情我不回答。本来我去办理业务就受到了伤害，如果做出了回应，又会有人受到伤害，所以我不做回应。下跪的行为对我是一种威胁，他是想通过下跪的方式让我不再投诉。可是就有人把这个瞬间拍摄下来，传播出去，这个社会风气太不正了。"在电话中赵某显得很激动，她说："作为消费者我很受委屈，在遭遇委屈后还有人这样传播出去，我更不舒服。我的疑问是银行的职员怎么能拿下跪威胁消费者，没有人让他跪，他突然跪在我面前。当时我根本就没有看着他，他一下就跪在我面前，当时我在场的同事还问他，你这是什么路子啊？"电话中赵某不断地说："威胁消费者到了伦理层面，我被耽误了一个小时，被不明不白地跪了一次，我的同事都说我是个女王。"

事情真相究竟是怎样的，冲突经过又是怎么发展的，银行内部的监控视频肯定会有记录。日常工作中，中国建设银行对员工是怎么管理，尤其是对于投诉又有什么高压政策？带着这些问题，媒体记者又专门发函到中国建设银行辽宁省分行，可是面对媒体的询问，该分行一直没有任何回应。

随着这起网络热点事件的发酵，新浪网、腾讯网、搜狐网、新华网、人民网、中央电视台、辽宁电视台、大连晚报、大连消费网等全国数百家电视台、网站、报刊参与报道，如新闻盛宴一般，把小小的事件推向舆论的高潮。

2014年7月3日，在舆论的压力之下，针对这一事件，中国建设银行该市分行终于做出回应，向新闻媒体和社会发出《关于建行某支行服务纠纷情况的说明》的公告。公告称建设银行大堂经理确实疏导有误，但不存在熟人插队的情况，发现疏导有误后立即采取了多项补救措施，如安排该女士到VIP柜台办理业务，网点经理对员工进行口头批评教育，大堂经理和窗口柜员多次向该女士解释、致歉等。大堂经理下跪是为取得该女士原谅，想尽快恢复正常的营业秩序，是大堂经理的个人行为，从银行规范服务方式和要求来说，中国建设银行从来不会提倡这种行为。公告中说现场拍照和在网络发帖的都是现场围观的人员，出于激愤才做的，银行对此毫不知情。中国建设银行明确反对任何借助网络误导、社会舆论故意扩大服务纠纷的行为。公告承认银行在客户服务中的确存在着一些问题，包括在银行大堂疏导客户办理业务方面不够细致周到，尤其在处理客户投诉方面不够规范和冷静等，中国建设银行表示今后将以此为戒，举一反三地在各方面的服务上改进工作方式，在银行内部进一步加强员工管理、优化服务流程、提高工作效率、增强客户体验，不断提升银行员工的服务能力和服务水平。同时，公告也强调该女士在此事件中一直占据办理业务窗口，等事件结束该女士离开，整个窗口有近50分钟无法办理任何业务。

随着时间的推移，这起网络热点事件也渐渐平息。在这起小小的服务纠纷引发的网络热点事件当中，女教授赵某、大堂经理王某和中国建设银行三者没有一个赢家，都成了网络事件中的受害者。

（四）评论

这起网络热点事件的起因缘于中国建设银行某支行一起小小的服务纠纷，不管事件的真相是银行大堂经理主动下跪，还是缘于女教授的压力，应该说事件本身反映出银行与客户关系中的不和谐因素。包括事件发生之后，建设银行从支行到省分行面对危机时，处理问题和应对舆论方面都表现出高高在上的态度，缺乏相应的沟通管理和处理危机的能力。在社会舆论和消费者眼中，银行作为一个庞然大物的整体一直是强者，而员工与客户作为小小的个体都是弱者，人从本能就会同情弱者，而理性在某些时刻也会让位于本能，这才是网民最终把矛头指向银行的真正原因所在。

在此次事件中，谁都不是赢家，讨论对错没有任何意义，如何通过这起事件来吸取经验教训才是最为关键的。改善银行与客户关系，让每个银行客户都能在银行提供的各种服务或金融消费中感受到相互的尊重、理解、信任和快乐，这才是中国建设银行急需考虑和解决的问题。

首先，银行方面应该反思：

（1）随着手机、电话、网络、支付宝、微信等电子金融平台和第三方支付平台的推广，银行业可以根据客户的金融消费习惯把客户群细分，从而通过各种形式的金融平台引导分流客户，在虚拟网络银行中满足大部分银行客户的需求，从而减轻银行物理网点的工作压力，达到解决物理网点银行客户人多、业务处理慢、排队难的问题。当然，这一目标的实现需要银行对客户进行持续的金融宣传教育，并进行相应的金融基础建设。

（2）加强银行内部职员业务培训，提升银行一线柜员的工作效率和服务质量，通过快速有效的处理银行业务来满足银行客户的需求。

（3）对银行一线职员，尤其是大堂经理岗位人员全面开展管理沟通和应急处理培训，使其达到与银行客户良好沟通、解释清楚银行业务和相关政策、在各种应急情况下妥善处理问题的能力。

（4）建立银行客户投诉快速反应机制。在银行管理部门设立专门的应急处理部门和明确具体工作人员，在银行物理网点出现一线职员不能应对的客户公共关系危机时，应急处理部门应及时接手，由该部门提供专业的人员和技术上的支持，及时处理和解决问题。

其次，唯物辩证法告诉我们，任何事物都具有两面性。作为银行客户，在体验银行服务的同时也需要做到：

（1）遵纪守法。必须遵守银行正常的营业秩序，在特殊情况，急需办理业务时可以直接与银行大堂经理沟通，经上报网点经理批准后才可以特事特办。

（2）加强理解。作为一个社会人应尊重银行职员的人格、理解银行职员的工作压力与难度，遇到问题时理性面对，尽量能心平气和地协商解决分歧。

（3）依法维权。对于银行方面出现明显违背公平、可能或已经出现损害自己权益的行为时，应该依法维护自己的权益，维权渠道包括投诉、信访和提请司法诉讼。

二、案例使用说明

（一）教学目的与用途

（1）本案例主要适用于管理学、管理沟通和公共关系学等课程。

（2）本案例是一篇描述 2014 年中国银行业最大的网络新闻热点事件——中国建设银行某支行大堂经理向女客户下跪事件的教学案例，其教学目的在于使学生认识企业面对危机是不可避免的事，明确危机沟通对于及时制止和处理危机的重大意义，了解危机沟通的基本原理，从而掌握危机管理的有效沟通策略，并能够处理突发危机事件。

（二）启发思考题

（1）银行大堂经理下跪事件会给组织形象带来什么样的负面影响？请从组织外部沟通角度谈谈你的思考与建议。

（2）从危机沟通中的"6F"原则分析此案例沟通违反了哪几点？

（3）如果你是银行网点负责人，面对这个局面你将采取哪些危机沟通措施？

（4）试述在应对企业危机过程中如何借助媒体与外界进行沟通。

（5）结合案例学习与工作实际，请你谈谈危机沟通中的策略。

江西昌宏园林建设有限公司治理模式的转型[①]

摘　要： 江西昌宏园林建设有限公司是一家在当地有一定影响力的综合性市政园林公司。公司创始人李明董事长依靠自身的企业家特质、个人才能、家族资源和社会关系，通过家族式管理，使公司不断成长壮大。然而，随着公司规模的不断扩大，家族式管理的弊端不断地显露出来，致使公司的发展遇到了瓶颈。主要表现在：战略目标不明确、部门之间不协同、财务管理不到位、绩效考核不规范、薪酬制度不合理。近年来，李明董事长和李根总经理充分认识到公司治理模式转型的必要性和紧迫性，从建立完善的治理结构、社会化的人才机制、科学的管理制度等方面着手对公司的治理模式进行了一系列改革，取得了初步成效。当然，随着公司环境的不断变化，治理模式仍需进行不断的改革，管理制度仍需进行不断的完善。

关键词： 家族式管理；治理模式；管理制度

一、案例正文

（一）引言

江西昌宏园林建设有限公司成立于 2002 年。经过十多年的发展，公司规模不断扩大，营业收入由创业初期的几百万元增加到近 2 亿元，成为了一家在当地有一定影响力的综合性市政园林公司。目前，公司拥有城市园林绿化一级、市政公用工程一级、土石方工程二级、园林古建筑工程二级、体育场地设施工程二级、城市及道路照明工程三级、房屋建筑工程总承包三级、水利水电施工总承包三级以及风景园林规划编制丙级等资质证书，通过了 ISO 质量管理体系认证、职业健康安全管理体系认证、ISO 环境管理体系认证等。

---

① 本案例由江西师范大学商学院的钟锦文老师和法国 SKEMA 高等商学院钟昕撰写，版权归作者所有。

公司创立初期，与大多数民营企业一样，主要依靠公司董事长李明的企业家特质和个人才能，以及他的家族资源和社会关系维持企业的运营、推动企业的发展，企业的管理模式是典型的家族式管理。但是，随着公司规模的不断扩大，公司董事长李明感到传统的家族式管理模式越来越不能适应公司未来的发展，公司的管理模式必须转型。

（二）家族式管理及其存在的问题

江西昌宏园林建设有限公司作为一家民营企业，在公司创业初期，公司创始人李明董事长为了企业的生存和发展不顾回报地全身心地投入，就像母亲对待婴儿一样"精心呵护"着企业。也正是因为有了李明董事长的这种创业激情，才使江西昌宏园林建设有限公司能顺利孕育和不断成长。

李明董事长承担的风险和责任使其比任何其他人对公司都具有更强烈的爱心和控制欲，公司资产实际上由董事长一家人所持有，公司的中高层管理人员几乎全由家族成员担任。董事长的儿子任总经理，董事长的夫人掌管财务，董事长的女婿任工程管理部经理，董事长的外甥任营销部经理，董事长的侄子任园林部经理，几个下属分公司的经理也由家族成员担任。在公司上班就像在家一样，公司管理人员之间按照条理分明、尊卑有序的亲戚称谓称呼对方。如营销部经理称呼董事长就直接叫姨夫，称呼总经理就直接叫表哥，称呼财务主管就直接叫阿姨。无论是管理人员还是普通员工，在公司交流或汇报工作，就像亲戚间拉家常一样，尽管这样非常亲切，但未免显得过于随便。董事长夫人只要看到公司员工（包括管理人员）工作上有什么瑕疵，就会立刻不留情面地批评，从不顾及公司员工在组织中的隶属关系。

当然，这种家族式管理模式，在江西昌宏园林建设有限公司初创期，有其相对的优势，对公司的发展起到了重要作用。

首先，在公司创业期间，家族成员之间那种特有的血缘关系、亲缘关系以及相关的社会资源，使股东之间不易出现矛盾，企业能以较低的成本迅速集聚各类人才，取得竞争优势，形成核心竞争力，形成以血缘关系、亲缘关系为纽带的一致对外的凝聚力和内部向心力，并且在较短的时期内完成了对资本的原始积累，从而使江西昌宏园林建设有限公司迅速发展，取得了创业成功。

其次，由于家族成员之间特有的血缘关系和亲缘关系，使他们之间相互了解和彼此信任，从而大大降低了他们的心理契约成本。同时，家庭成员之间的彼此忠诚和相互信任关系，作为一种资源投入节约了交易成本。家族伦理的约束作用也简化了江西昌宏园林建设有限公司的监督机制。进而，公司作为一个规模收益递增的、有效率的经济组织而迅速发展。

再次，江西昌宏园林建设有限公司所有权和经营权合一的制度安排，使公司不存在代理成本（包括所有者对经营者的监督成本、经营者不作为或者管理失误给企业造成的损失等）。反过来，如果所有权与经营权分离，公司创始人李明将丧失（至少是部分丧失）关系资源、信息优势和决策权，这就形成了企业的代理成本。江西昌宏园林建设有限公司中高层管理人员都是家族成员，没有实行所有权与经营权的分离，整个家族没有丧失关系资源和信息优势，也没有丧失决策权，所以，公司不存在代理成本。

最后，江西昌宏园林建设有限公司所有权高度集中于公司创始人李明董事长手中，在创业初期，因公司结构简单且规模小，其"资本雇佣劳动"的产权制度安排，使公司董事长李明能够迅速灵活地根据市场信息的变化，调配各种生产要素，抓住各种有利的机遇，迅速高效地做出决策。而且，由于家族成员之间容易达成共识，公司内部信息沟通顺畅，企业决策也能得到迅速有效地执行。

然而，随着公司规模的不断扩大，家族式管理的弊端不断地显露出来，致使公司的发展遇到了瓶颈。主要表现在以下几个方面：

第一，战略目标不明确。企业的发展壮大，需要明确的战略目标和完善的管理体系。皮之不存，毛将焉附？企业的管理体系必须建立在明确的战略目标之上，没有一个明确的战略目标，企业就容易受各种内外因素的干扰，在发展中迷失方向。只有确立了明确的战略目标，才有可能建立完善的管理体系，使企业的管理制度化。李明董事长认为，江西昌宏园林建设有限公司成立十多年来，虽然不断发展壮大，但一直缺乏较清晰的战略规划和较明确的战略目标，致使公司在发展过程中起伏较大，发展不够稳健；同时也导致公司各部门的管理人员缺乏主观能动性，公司的发展全靠董事长谋划。

第二，部门之间不协同。企业是一个协同系统，协同是企业有效利用资源的一种方式。部门之间的协同将使企业整体效益大于各部门效益的总和，即众所周知的"1+1＞2"。然而，这些年来，江西昌宏园林建设有限公司各部门之间不太协同。比如，工程管理部进行工程项目付款时，财务部也在做重复的核算。再如，营销部与财务部在沟通上也存在问题，营销部员工对所做的工作习惯于口头表达，书面材料很少，而财务部又恰恰需要书面的文字表单式的信息，并出示明确的单据，用于审核确认工作。上述这些现象，造成了公司人力资源和财力资源的浪费，产生了内耗，增加了成本。

第三，财务管理不到位。企业财务管理水平的高低决定了企业财务资源配置的效率。这些年来，江西昌宏园林建设有限公司财务管理的方式仅是简单的记账、算账和报账，没有充分发挥财务管理对公司发展的杠杆效应。公司在进行资金管理时，只是单纯地面对钱，忽视了资本结构；不顾资本成本，不重视流动资金的管理；只注重账目上的盈亏，不重视分析现金流量；过分关注短期盈亏，缺乏长远发展规划。同时，公司财务部门没有建立成本核算体系，拿不出清晰准确的库存数据和工程项目成本数据，对管理人员无法进行成本考核，造成了大量的浪费，而且这种浪费是无从察觉的。这些都导致了近年来公司的毛利率和净利率不断下降。

第四，绩效考核不规范。绩效考核是促进企业与员工共同成长的有效工具，通过绩效考核，发现问题、改进问题、找出差距、进行提升，最后达到共赢。这些年来，江西昌宏园林建设有限公司没有建立规范的绩效考核体系。公司没有对各个工作岗位进行科学的职位分析和职位评价，没有建立科学合理的绩效考核标准和指标，从而无法对公司员工的工作行为、取得的工作业绩进行评价，自然也谈不上运用评价的结果对公司员工未来的工作行为进行正面引导。众所周知，不与利益挂钩的考核没有任何意义，所以，绩效考核的重点在于绩效和薪酬的结合。也正因如此，导致了公司薪酬制度的不合理。

第五，薪酬制度不合理。这些年来，江西昌宏园林建设有限公司没有建立非常合理的薪酬制度，致使薪酬管理体系与公司经营战略脱钩或错位。薪酬结构设计也不尽合理，发放给员工的工资和福利随意性大，奖金等各种奖励制度流于形式。同时，公司盲目运用薪酬保密措施，不但没有起到很好的激励作用，反而造成了不必要的麻烦和问题。比如，公司工程项目管理人员的薪酬是每月基本工资加公司年终红包，而年终红包由董事长决定，没有稳定的红包发放制度，难以调动工程项目管理人员的积极性。另外，公司没有建立员工职业生涯规划与人才培养系统，致使员工的个人目标与公司的愿景不一致。

（三）公司治理模式的转型

面对公司的发展瓶颈，李明董事长反复思考，多次与总经理李根以及各部门经理商讨，在统一认识的基础上，决定从建立完善的治理结构、社会化的人才机制、科学的管理制度等方面着手对公司的治理模式进行转型。

李明董事长和李根总经理都认识到，缺乏制度是江西昌宏园林建设有限公司的致命伤。这些年来，公司没有建立完善的现代企业制度，现有的那些不规范的制度也往往带有很大的随机性。但随着公司的发展，现在已经到了转型期，必须向公司制转变，必须建立决策层、管理层、经营层三层分立的公司治理结构，有效提高公司的经营效率和安全性。

2014年初，江西昌宏园林建设有限公司开始着手建立部门经理人员开放竞争、择优录用的机制，以吸引优秀的非家族成员来公司施展经营管理才能。公司通过江西人才人事网发布公告，高薪吸引非家族成员来充实管理层，举贤不举亲，逐步替换不能胜任管理工作的家族成员。

李根总经理认识到，公司要基业长青，必须用现代管理理论与方法对公司实施科学的管理，并且这一过程必须是动态发展的，随着公司的发展和环境的改变，管理方法要不断地创新和完善。2014年，李根总经理逐步健全公司的各项管理制度，突破公司发展中的瓶颈。他和人力资源部经理进行了认真的商讨，准备首先从建立绩效考核制度和薪酬管理体系着手，推动公司各项管理制度的建立。

2014年10月8日，国庆节假期一过，李根总经理就主持召开了一次公司全体员工会议。会上，李根总经理提出了公司建立各项管理制度的初步设想。他说："从现在开始，公司要建立绩效考核制度和薪酬管理体系。通过绩效考核，把员工招聘、培训教育、职务晋升以及劳动薪酬相结合，充分运用各种激励机制，使公司突破目前的发展瓶颈，走上健康的发展道路；同时也有利于你们各位建立起不断自我激励的心智模式。众所周知，绩效考核工作是一个不断制订计划、执行、检查、处理的PDCA循环，体现在绩效管理的每一个环节，包括绩效目标的设定，绩效要求的达成，绩效实施的修正，以及绩效面谈、绩效改进和再制定目标的循环，这也是一个不断发现问题、不断改进问题的过程。绩效考核本质上是一种过程管理，而不仅仅是对结果的考核。绩效考核是将我们公司的中长期战略目标分解成年度、季度和月度指标，不断督促在座的各位（包括我本人）去实现目标、完成指标的过程。有效的绩效考核能帮助我们公司实现目标，同时也能使各位实现自我价值。"

这时，一位员工插话说："李总，这些管理制度能否先试用一段时间，让我们大家有一个适应的过程。公司考核这么严格，一旦我们工作中出现一点小差错，就要扣我们的工资，我们的收入将会减少。"

李总继续说："各位请放心，只要大家认真工作，我保证公司新的绩效考核制度和薪酬管理体系一定会让各位的收入水平提升一个档次，而且各位也有公平合理的晋升机会。下面请人力资源部林经理给大家做详细的说明。"

林经理说："现有薪酬体系中，各种收入的比重不合理，与员工岗位绩效挂钩的变动收入比重偏低，而固定收入比重偏高，激励力度不够。另外，确定固定收入的标准也不太合理，目前，固定收入主要与行政级别、职称等级和工龄长短挂钩，而不是按照岗位的重要性和岗位所需的专业技能与资历经验确定，这就导致了严重的论资排辈现象。再者，由于公司缺乏绩效考核和评价体系，缺乏以业绩为导向的奖励分配制度，因此，在变动收入中，奖励分配与员工的工作业绩联系不紧密，缺乏长期的激励要素，严重影响了员工的工作热情，难以把公司员工的切身利益与公司的长期发展目标紧密地联系在一起。"

林经理最后说："现在将公司新的绩效考核制度和薪酬管理体系讨论稿发给

各位，希望大家回去后认真研读，提出宝贵的修改意见。我们将在收集并采纳各位的合理修改意见的基础上，进一步完善绩效考核制度和薪酬管理体系，最后提交给公司管理层，由公司管理层决定通过。"

二、案例使用说明

（一）教学目的及用途

本案例适用于工商管理类（包括工商管理、创业管理、市场营销、人力资源管理、电子商务等）专业本科生、MBA 的管理学原理课程的教学。

（二）启发思考题

（1）你认为江西昌宏园林建设有限公司在治理模式上还应采取哪些改革举措？

（2）你认为江西昌宏园林建设有限公司还应建立哪些管理制度？

（3）你认为应该如何完善江西昌宏园林建设有限公司的财务管理制度和成本核算体系？

（4）对江西昌宏园林建设有限公司即将建立的绩效考核制度和薪酬管理体系，你有什么好的建议？

江西昌宏园林建设有限公司的绩效与薪酬管理①

摘　要：为了适应激烈的市场竞争环境，江西昌宏园林建设有限公司董事长李明决定推进各项管理制度的建设。公司总经理李根为了推动绩效考核制度和薪酬管理体系的建立，主持召开了公司中层管理人员办公会议和公司全体员工会议。会上，公司各部门经理结合公司的实际和自身的工作，提出了许多真诚和宝贵的修改意见；公司上下各级员工也进行了有益的沟通。这些都为公司实施绩效考核制度和薪酬管理体系奠定了良好的基础。

关键词：绩效考核制度；薪酬管理体系；管理制度

一、案例正文

2014年10月8日，江西昌宏园林建设有限公司总经理李根主持召开了公司全体员工会议。会上，李根总经理宣布："从2015年1月1日开始，公司将执行严格的绩效考核制度和新的薪酬管理体系。"

这是怎么回事呢?

原来，这是江西昌宏园林建设有限公司从家族式管理向现代管理制度迈出的关键性的一步。

江西昌宏园林建设有限公司是一家综合性的市政园林公司。公司由董事长李明于2002年创立，十多年来，虽然依靠董事长李明的企业家特质和个人才能，以及他的家族资源和社会关系使公司不断发展壮大，营业收入也由创业初期的几百万元增加到近2亿元，但是，随着公司规模的不断扩大，这种典型的家族式管

---

① 本案例由江西师范大学商学院的钟锦文老师和法国SKEMA高等商学院钟昕撰写，版权归作者所有。
注：未经允许，本案例涉及的案例内容都不能以任何方式与手段擅自复制或传播。由于企业保密的要求，在案例中对有关名称、数据等做了必要的掩饰性处理。案例只供课堂讨论之用，并无意暗示或说明某种管理行为是否有效。

理模式越来越不能适应公司未来的发展。

于是，董事长李明和总经理李根都认为公司要在激烈的市场竞争中不断发展壮大，必须建立起现代管理制度，并决定由总经理李根全力推进公司各项管理制度的建设。

2014 年 7 月，总经理李根和公司人力资源部林经理多次商讨公司建立绩效考核制度和薪酬管理体系事宜，并责成林经理于 2014 年 9 月 10 日前制定出公司绩效考核制度和薪酬管理体系的初步方案。

2014 年 9 月 15 日，总经理李根主持召开了公司中层管理人员办公会议。总经理李根说："我们公司自创立至今，十多年来，抓住了我国城镇化建设发展的大好机遇，公司的发展速度的确比较快，公司的规模也不断壮大。但是，各位也知道，现在公司的发展遇到了瓶颈。究其原因，就是随着公司规模的不断扩大，现在的这种家族式管理模式越来越不适应公司的发展。董事长和我都认为，从现在开始，公司必须逐步建立起现代管理制度，首先要建立起完善的绩效考核制度和薪酬管理体系。"

李总接着说："各位都知道，到目前为止，我们公司没有有效的绩效考核制度。这就不能把公司的经营目标转化为详尽的、可测量的标准；不能为公司的经营决策及其执行结果的有效性提供信息支持；不能将公司宏观的营运目标细化为员工的具体工作职责；不能清晰地认识公司的核心竞争力和不足之处；不能用量化的指标追踪跨时段、跨部门的绩效变化；不能及时发现问题，分析实际绩效达不到预期目标的原因；不能为制定对公司员工有激励作用的薪酬管理体系提供工具；也不能鼓励团队合作精神。所以，公司近期必须从建立完善的绩效考核制度着手，逐步建立起各项规范的管理制度，完成从家族式管理向现代管理制度的转变。前段时间，在林经理的主持下，人力资源部制定了绩效考核制度和薪酬管理体系初步方案。今天的会议就重点讨论由人力资源部制定的绩效考核制度和薪酬管理体系初稿。下面，请林经理就公司绩效考核制度和薪酬管理体系初稿做一说明。"

林经理说："人力资源部按照李总的指示，在认真调查研究的基础上，制定了绩效考核制度和薪酬管理体系初稿。当然，这个初稿还很不完善，还需要大家根据本部门的实际情况提出宝贵的修改意见和建议。今后在执行的过程中，还要拜托各位经理与本部门的员工进行绩效沟通，为本部门的员工制定绩效目标，建立本部门员工的业绩档案，完成本部门员工的绩效考核和反馈，帮助本部门员工制定绩效改进计划。下面，我就人力资源部制定的绩效考核制度和薪酬管理体系初稿做一说明。首先，我们公司现在的薪酬体系中，各种收入的比重不合理，员工固定收入比重偏高，与岗位绩效挂钩的变动收入比重偏低，不能很好地起到激励员工的作用。其次，基本工资和辅助工资（福利）收入的确定标准也不合理。目前，公司员工的固定收入主要与行政级别、职称和工龄挂钩，而不是按照岗位重要性、岗位市场价值、岗位所需专业技能和资历经验确定，论资排辈现象严重。最后，由于公司缺乏绩效考核和评价体系以及以业绩为导向的奖励分配机制，在变动收入中缺乏长期激励要素，因此，在变动收入中，奖金分配与员工的业绩表现没有紧密联系，影响员工的工作热情。特别是对公司的中高层管理人员和公司的技术骨干而言，难以把这些人的切身利益和公司的长期发展目标紧密地联系在一起。按照李总的指示，公司从明年开始，就得正式执行这个绩效考核制度和薪酬管理体系，所以，我们得根据各位的修改意见进行认真的修改完善，尽快拿出正式稿供公司决策层讨论通过。在今后的执行过程中，还需要各位协助我们进行绩效考核制度和薪酬管理体系满意度调查，以便我们对其进行诊断，不断修订和完善。"

李总说："刚才林经理对公司即将推出的绩效考核制度和薪酬管理体系初稿作了说明。下面，就请各位结合本部门的实际情况发表意见，提出一些合理的修改建议。"

财务部曹经理说："我先说几句吧，抛砖引玉。我认为，薪酬管理体系要发挥它应有的激励作用，必须达到效率、公平这两个目标。所谓效率目标，我理解其本质就是用适当的薪酬成本给公司带来最大的价值。所谓公平目标，我觉得它应该包括三个层次，即机会公平、分配公平和过程公平。公司必须赋予全体员工同样的发展机会，公司做出决策前应听取员工的意见，与员工互相沟通，并建立员工申诉机制，这样才能做到机会公平。公司在进行人事决策、决定各种奖励措施时，应做到公平、公正，既要做到内部公平，即我们公司不同部门、不同职务的员工所获得的薪酬应与其对公司做出的贡献成正比，又要做到外部公平，即我们公司的总体薪酬水平应与南昌市相当规模的市政园林公司的薪酬水平基本相同，同时还要做到自我公平，即员工的薪酬应与他的付出成正比，因为员工对分配公平的认知，来自他对自身工作的投入与所得的主观比较，来自他与同事的比较，如果员工觉得受到了不公平待遇，将会产生不满情绪，这就违背了绩效管理的初衷。最后，公司在制定绩效考核制度和薪酬管理体系时，标准要明确、过程要公开、程序要公平，这样才能做到过程公平。就我们财务部的工作来说，我觉得当前的重要工作是要加强工程成本核算，这是我们的薄弱环节，或者说是我们的软肋。只有加强工程成本核算，才能为公司绩效考核制度和薪酬管理体系的建立提供数据支持。"

工程部熊经理说："我觉得公司要实施好绩效考核制度和薪酬管理体系，人力资源部还必须为公司其他部门的经理设计出简单并且实用的表格，作为绩效管理的控制工具。比如,《公司员工业绩档案记录卡》可帮助各部门经理记录员工的业绩表现,建立员工的业绩档案,以保证绩效考核与评价的公平与公正。又如,《公司员工绩效改进计划》可帮助各部门经理为员工制定绩效改进计划。再比如,《公司员工关键绩效指标管理卡》可帮助各部门经理为自己的员工确立关键绩效指标,以便公司员工明确自己的工作目标,各部门经理也能准确地知晓员工的绩效是否在预定的轨道上运行。我仔细研读了绩效考核制度和薪酬管理体系初稿,发现工程项目部员工关键绩效指标中没有'安全生产'这一指标。我们工程项目部的关键绩效指标应该是:安全生产、质量控制、进度控制和成本控制,而且'安全生产'是第一位的。所以,这次公司制定的绩效考核制度中,一定要把'安全生产'这个指标纳入其中,而且权重要比'质量控制、进度控制和成本控制'三个指标偏大。"

营销部经理说:"我认为公司不但要重视薪酬体系的设计,而且要重视薪酬的日常管理。薪酬体系设计固然是薪酬管理的基础工作,如果薪酬体系设计有问题,公司的薪酬管理不可能实现预定目标。但是,公司的绩效考核制度和薪酬管理体系建立起来后,还要重视和加强薪酬日常管理工作,及时调整公司的薪酬策略,调整公司的薪酬水平和薪酬结构,以实现效率和公平的薪酬目标,提升公司员工的满意度,保证公司战略目标的实现。近几年,我们营销部的员工流失现象比较严重,我觉得很重要的一个原因,就是公司对薪酬日常管理工作仍不够重视。一个良好的绩效考核制度和薪酬管理体系可以帮助公司更有效地吸引人才、留住人才,激发员工的工作热情,提升公司的竞争力。"

园林部经理也结合苗木生产周期长的特点,对绩效考核制度和薪酬管理体系初稿提出了修改意见。

最后李总作了总结发言。他说:"公司建立绩效考核制度和薪酬管理体系的目的是什么?是为我们公司战略目标的实现提供支持,是帮助分解并落实我们公司的战略目标,这也是公司建立绩效考核制度和薪酬管理体系最终要致力达成的目标。如果没有公司的战略目标作为基础,绩效考核制度和薪酬管理体系就没有了依托,就无法发挥它的综合效用。战略目标是绩效考核制度和薪酬管理体系的出发点和落脚点。所以,这次建立的绩效考核制度和薪酬管理体系,必须服从于公司的战略目标。现在,公司已经制定了清晰明确的战略目标,这个目标我们还必须分解到年度,形成公司的年度经营计划,然后再通过绩效管理的目标分解工具,分解落实到公司的各个部门,形成部门的绩效目标,进而落实到公司每一个员工,形成员工的关键绩效指标。有了绩效指标,我们才能实施绩效考核制度和薪酬管理体系。这次会议,各位都结合公司的实际,提出了很多真诚和宝贵的修改意见。会后,请人力资源部根据今天会议上各位提出的修改意见,进一步完善绩效考核制度和薪酬管理体系初稿，以便国庆假期以后提交公司全体员工大会讨论。"

这就回到了本案例开篇时的那一幕。

李总宣布从 2015 年 1 月 1 日开始公司将执行严格的绩效考核制度和新的薪酬管理体系后，继续说："前段时间，在林经理的主持下，人力资源部的全体员工经过近两个月的努力工作，认真调查研究，几易其稿，形成了公司绩效考核制度和薪酬管理体系的初步方案。而后，我又主持召开了公司中层管理人员会议，对人力资源部制定的公司绩效考核制度和薪酬管理体系的初步方案进行了认真讨论。会上，各部门的经理们都结合本部门的实际情况，提出了许多修改意见。这才形成了各位手上现在拿到的公司绩效考核制度和薪酬管理体系修改稿。希望各位回去后认真研读，并于 2014 年 10 月 20 日前向人力资源部提出自己的修改意见。人力资源部将在收集并采纳各位的合理修改意见的基础上，进一步完善绩效考核制度和薪酬管理体系，最后提交公司管理层决定通过，并于 2015 年 1 月 1 日正式实施。实际上，你们各位都是绩效管理的主人，今后要认真学习公司的绩效考核制度和薪酬管理体系，与你们各自的经理一道制定关键绩效指标，并与他们保持持续有效的绩效沟通，向他们寻求资源支持。同时，你们还要在各自经理的帮助下，记录并分析自己在绩效周期的表现，制定绩效改进计划，向你们各自的经理进行反馈。今后，我们要共同努力工作，力争完成并超越绩效目标，为实现公司的战略目标和自身的价值而奋斗。谢谢大家！今天的会议到此结束，散会。"

二、案例使用说明

（一）教学目的及用途

本案例适用于工商管理类（包括工商管理、创业管理、市场营销、人力资源管理、电子商务等）专业本科生，MBA 的人力资源管理、薪酬管理、绩效管理等课程的教学。

（二）启发思考题

（1）你认为江西昌宏园林建设有限公司制定绩效考核制度和薪酬管理体系的决策过程是否合理？

（2）你认为江西昌宏园林建设有限公司人力资源部门应该为各部门经理设计哪些简单实用的绩效管理工具表格？

鹰潭市天元仙斛生物科技有限公司①

摘　要：四年前，一个浙江的商人来到江西鹰潭市龙虎山旅游，当得知龙虎山有着优美的自然环境，是中国道教养生文化的发源地，同时又是中国最适合种植野生铁皮石斛的地区时，他放弃了在浙江的一切，毅然带着妻子和孩子留在了龙虎山。当有人问他为什么，他笑言道：让真正的野生铁皮石斛成为每个中国人的养生食品是他追求的梦想。本案例描述的就是这么一家企业——鹰潭市天元仙斛生物科技有限公司，一家以铁皮石斛种植、加工、销售为一体的高科技企业。一家具有独特组织结构，以人为本，以市场为导向的社会型企业。重视科研投入及销售渠道，以产品品质为企业的立足点，主张对顾客的健康负责的理念；同时，不忘企业的社会责任感，积极响应政府号召，大力扶持贫穷落后地区，大幅增加农民收入，做到企业与人、社会、自然和谐相处。

关键词：铁皮石斛；以人为本；产品品质

一、案例正文

（一）引言

　　远处的天空隐约地露出一丝光芒，四周还朦胧着。王国鑫总经理办公室的灯早已亮了，今天上午政府农业有关领导来企业考察，欲将企业的成功经验向全社会推广，下午农业合作社的种植户来公司培训，所以王总起得比平时更早了。此时的他正在研究如何在较短的时间内，向市场推广最新研发出的具有高品质、高功效、无害、价格适中的野生铁皮石斛产品，随着全国人民对铁皮石斛的深入认识，掀起了一股铁皮石斛热，王总想以此为契机，扩大公司规模，加大石斛的种植面积与产量，同时参与行业规则的制定，为石斛行业的健康发展贡献出自己的力量。因此，王总正绞尽脑汁地构想未来的计划，力求把企业做得又大又好。

---

　　① 本案例由江西师范大学商学院的徐莉老师撰写，版权归作者所有。

（二）公司背景

鹰潭市天元仙斛生物科技有限公司坐落于世界自然遗产、世界地质公园、国家自然文化双遗产地、国家 AAAAA 级旅游景区内，是一家集珍贵濒危药用植物铁皮石斛野生品种选育、优良品种繁育、基地规模化栽培、仿野生栽培、健康产品开发、市场营销于一体的高科技农林企业。公司铁皮石斛产业化技术成熟、成果丰硕。

公司拥有铁皮石斛优良新品种、工厂化组培快繁技术体系、植物特定光谱节能灯应用、组培营养液分阶段添加技术、铁皮石斛共生菌株、分段驯化炼苗、规范化栽培、仿野生原生态栽培等一系列产业化专用技术和铁皮石斛组培苗、铁皮石斛鲜品、铁皮石斛盆景、铁皮石斛饮品等产品。

公司根据石斛产业转型的特点和需要，抓住国家政策支持的有利时机，以市场为导向，以消费者需求为目标，以品质、品牌为最高追求，以改善亚健康人群为最大社会效益而适时打造了铁皮石斛基地。此外公司广泛开展技术合作，坚持以科技创新为动力，以培育优良品种为基础，致力于研发具有龙虎山道教养生文化特色的铁皮石斛及其附加产品。鹰潭市天元仙斛生物科技有限公司必将为打造江西省"百亿石斛梦"贡献自己的一份力量。

（三）主题内容

1. 组织结构

鹰潭市天元仙斛生物科技有限公司成立初期，大部分资金是由王总筹集，而少部分资金则由鹰潭市当地的农业合作社出资，王总以远远高于合作社的出资比例将公司股份给予合作社的农民，并签订书面协议，公司每年的利润以股份比例分配给种植户，在公司种植石斛的同时，农户也可自行种植石斛，但是当石斛成熟采摘后必须卖给公司，当然，公司会以略高于市价收购，而且公司将石斛的幼苗以低价出售给农户，企业还免费培训农户，教他们如何有效地种植和防止灾害的发生，尽量做到让农户有利可图，提高他们的收入，这也是企业响应国家的号召，做有责任的企业，企业不仅仅是追求利润的，还应为社会、为人民做一点事。公司在鹰潭市从创立之初到现在的高速发展过程中，受到了当地老百姓与政府的一致好评，多次获得鹰潭市政府颁发的大奖，更加激发了企业奋力拼搏的决心。

公司在内部组织结构方面，也采取了十分行之有效的措施，公司下辖董事会、科研室、展览室、财务室、培育室、种植基地、销售室、虚拟空间等职能部门，职责明确、精细，使得公司的运转效率极高，不存在责任交叉，职责混乱的情况。同时，每个职能部门的一把手皆是董事会成员，在做重大决策时能够做到全面的考量，不会出现重大失误。公司在员工薪资方面也是毫不吝啬，只要为企业做出贡献的员工，不仅给予丰厚的奖金，还给予现金股票期权等，将来公司上市了，员工可以以低价优先购买公司股票。另外，在工作分工方面也是做到人尽其才，每个人都有实现其自身价值的机会，都有广阔的发展前景。公司在选才方面也是唯才是用，比如种植基地的小周刚刚从国内某知名林业大学毕业，王总并没有顾虑小周年龄尚小，缺乏经验，反而大力支持小周的工作，让小周独立负责种植基地的运作，王总的这一行为让公司的广大员工极其振奋，积极地投入到工作中，使得公司上下士气高涨，而小周在工作中的表现也极其优秀，特别是在石斛种植这一方面。在之前一次虫害的防治中就是小周让公司避免了较大的经济损失，让王总越发觉得当初的决定是正确的。

2. 品牌化战略

当下中国各省市种植铁皮石斛的主要地区是浙江省、云南省和江西省，江西省是后来者居上。江西土地较为特殊，像龙虎山独特的丹霞地貌就十分适合野生铁皮石斛的生长，产出的铁皮石斛价值比较高。市面上有许多种类的石斛，但是药用价值较高的比较少，即使品质较高的也比较昂贵，普通大众根本无法消费，所以王总希望自己高品质的铁皮石斛能够向全国推广，也希望尽早制定石斛行业的规则制度，使石斛行业能够健康发展，扫除一些不利的、消极的因素，使全国人民能够早日享用到铁皮石斛。所以，为了将江西的铁皮石斛推向全国，王总实行的是品牌化战略，让江西产的石斛特别是龙虎山产的铁皮石斛享誉全国。他着重将江西的石斛与其他省份的石斛区分开来，道教养生文化、野生种植是他主攻的方向，不仅如此，龙虎山优美的自然景观也成为了铁皮石斛品牌建设的加分项，在王总眼中，铁皮石斛的种植不能像大棚蔬菜那样，它必须要有文化内涵。王总实施了统一品牌名称策略，从而利用规模经济，节省了建立品牌认知和进行品牌传播的大量费用，使新产品迅速打开了市场，获得消费者的认可。公司产品均使用天元仙斛的品牌名称、LOGO，包装采用统一系列的风格。王总说企业的品牌化战略不是一蹴而就的，需要随着时间的推移，让民众认可才行，他认为培育一个优秀且持久的品牌需要公司精心计划与布局，不能操之过急，要从石斛产品优良的值得消费者信赖的品质入手，再加上适当的广告布局，打开知名度，在建立优质品牌的同时也要建立优质的服务，从而赢得客户品牌忠诚度。对此，王总采取了许多措施，他对销售部门的员工进行关于如何提供优质服务的培训，向销售服务人员灌输顾客至上的思想，每年都会对公司员工进行短期培训，加强员工的服务意识，提升他们的职业素养。良好的公共形象对于品牌的形象具有至关重要的影响。公关活动将始终被公司作为树立和提升公司形象、品牌形象的重要工作之一。王总响应国家号召，大力扶持贫困劳动人民，帮助他们就业，提高其家庭收入和生活水平，得到大家的一致赞扬，公司形象也得到了较大提升。在品牌化战略的实施过程中，自然少不了广告，企业推出了电视宣传广告，以有机养生为主线，打造一系列温情宣传片，增加品牌知名度。赞助了某些养生类节目，如《养生堂》、《健康之路》、《健康开讲啦》等。通过冠名、赞助这些节目，提高观众的信任度、品牌忠诚度。也通过各大报刊、网站、养生类杂志等进行宣传。

3. 科研投入

王总很重视科技研发的投入，公司成立至今已有多项专利，同时，与国内诸多高校都有着联系，他积极参与到各省市农业类大学的有关铁皮石斛的研究中去，最典型的就是他收购了江苏某高校的有关铁皮石斛瓶苗震荡技术，使得石斛瓶苗存活率大幅提高，生长周期大幅下降，为企业节约了大量成本，最主要的是该技术为国内首创，换言之，就是仅此一家，具有极强的竞争力。铁皮石斛作为一种较为名贵的中药材，由于其稀缺性，导致市场上出现供不应求的局面。为了解决这种困境，只有通过科技的手段。公司创立初期就投入了许多资金用于购买研发设备，重金打造了一个实验室，专门用于开发铁皮石斛的药效，提高其功效。与此同时，公司也重视人才的招聘，公司员工中研发人员占全部员工的比例相当高，每年都要投入巨额资金用于新品的开发与利用，因为在王总企业中流传着一句话：现在的投入是对未来的投资，只有重视未来，企业才能活下去。王总对科研的投入几乎已经到了偏执的地步，在他的企业中，要说谁的工资最高，那自然就是实验室里的员工们。王总制定了一项制度，每开发出一种石斛新品或者在某一方面有突出贡献的，公司将对整个实验室的员工分配股权与奖金，但如果员工在工作中出现较大纰漏的话，将会受到一定的惩罚。所以经常会出现科研人员整夜加班的奇景，不过倒是没有什么人抱怨，在每年的利润中，有大部分是流向实验室的，几乎每年都要换一批研究设备，按照王总的话说，我们要时刻保持高度集中，要大跨步地往前走，要引领市场而不是被市场牵着鼻子走。

4. 产品建设

如今市场上的铁皮石斛多是鲜品、枫斗等初加工的产品，而缺乏深加工过的铁皮石斛，而王总已经开发出用于泡茶的石斛、石斛饮料等进行深层次加工的产品，而且卖得很不错，在各大药房、医院等销售点都有较大的销售量，成为企业又一极其重要的拳头产品，特别是在石斛这一行业中，这些产品的出现极大地丰富了铁皮石斛的消费面，虽然现在供不应求，但是毕竟只有少数人比较熟悉、了解铁皮石斛，广大的人民群众还是集中在人参、冬虫夏草等中药材上，铁皮石斛的小众消费成为制约石斛的主要原因。王总说他现在的工作重点主要有三个方面：第一，积极寻找适合铁皮石斛生长的地方，扩大铁皮石斛的种植面积，在既提高石斛品质的基础之上又提高石斛的产量，扭转供不应求的局面，尽最大可能拿下市场份额。第二，努力加强自主品牌的铁皮石斛的宣传力度，投入巨额资金进行广告宣传。第三，开发新品，将铁皮石斛的产品多样化，可以供消费者多种选择。就像以铁皮石斛为原料生产的石斛饼干、石斛糖果等也快要上市了，未来铁皮石斛的市场将会极其广阔，这一产业将会极大地促进经济的发展。

王总不仅对科研有着执着的追求，他对产品品质更是苛刻到了极致。公司规章制度的第一条就是产品质量高于一切，要用心去生产产品，产品的品质是企业的生命线，是企业赖以生存的基石。所以，来到王总的企业里，第一感觉就是干净，好像处于真空状态下。一线生产工人进入车间要走许多程序，首先，要在企业的浴室里洗澡，穿上企业定制的衣服与靴子；其次，进入第一道消毒门，进行全身消毒；再次，要再进一个房间，在那待上 5 分钟；最后，才能进入到生产车间中去。在生产时必须戴上头罩、面罩、口罩以及手套，当需要上厕所，回来时按照之前的程序再来一遍，所以员工们在进入车间后很少喝水，毕竟来来回回比较麻烦，也影响速度。不仅对自己的产品生产要求高，而且对下游的供应商们要求也很高，比如，装枫斗的纸盒与装饮料的罐子必须是干净的，必须是没有一丝异味的，如果出现问题一律退回。新鲜的铁皮石斛也必须清洗干净，不能留有一丝污迹，最主要的是铁皮石斛的成长周期必须要达到年份，不得以生长期较短的石斛来冒充足年份的鲜品。当产品生产出来后，王总还要进行抽查，如果出现次品，那么生产那批产品的员工要受到惩罚，缴纳一笔不小的罚金，同时，清查他生产的所有产品。正是在王总严格的要求下，至今没有收到消费者关于产品质量问题的投诉。除了对产品质量要求高之外，王总还对产品的包装做了十分细致的工作，公司产品包装配有专业设计，采取相同图案、相近色彩，突出产品的绿色、有机特色。同时不同的产品等级使用不同的颜色标识，高档、优质产品选用优等包装，一般产品采用普通包装，使包装的价值与质量相称、表里一致，方便不同购买力的消费者区分并按需选购。在他的要求下，市场部的员工做了几十上百次的修改，至今王总对此还有些许不满。他认为产品的包装就如同人的衣服一样，一定要合身、舒服、好看。

5. 销售渠道

一个产品销售得如何，不仅取决于产品质量，而且取决于产品的销售渠道。鹰潭市天元仙斛生物科技有限公司在江西省内有诸多门店，并且与省内许多著名的药房都有良好的合作关系，如开心人大药房、昌盛大药房等，依托药房、保健品这一特殊行业的市场信任度，充分挖掘铁皮石斛的药用价值和保健功能，提高产品的知名度和品牌价值。企业还入驻了各大医院、疗养院等，增加了产品品牌知名度，通过医生、医师等的推荐，消费者更容易接受并使用产品。除了有许多实体店可供消费者们体验，企业也在淘宝、天猫以及京东上入驻品牌，建立了旗舰店销售正品；同时也建立 F2C 模式，开发了特定的 APP，使得消费者可以在线实时查看公司生产流程，并通过在线上预约，实现线下实地参观、采摘活动。这极大地扩展了铁皮石斛的销售途径，比其他同行业的公司领先许多。同时，企业也参加了许多会议，以增加知名度，如参加国际药物保健品展览会、中国国际天然药物保健产品展览会、中国健康产业展览会、铁皮石斛产业发展研讨会等会议。另外建立消费者销售体系，完善消费者数据库，定期定向进行销售活动。公司还设有官网，既树立了公司形象，传递了公司信息，又实现了电子商务功能。同时，还能与潜在客户建立商业联系，并及时得到客户的反馈信息。消费者也可在线查看公司资料、产品生产情况等，同时官网给出了如何鉴别产品品质的方法，帮助消费者辨别好坏、理性消费。据王总说，好多消费者都是在网上看到了公司网站而感兴趣，于是就慕名而来或者来电询问。随着人们消费方式的日益多样化和生态化，公司继而推出铁皮石斛采摘、铁皮石斛饮料自制、种植基地参观等多种农家乐类型的自然、生态性服务活动，提高了公司产品的透明度和美誉度。

（四）尾声

此时天刚蒙蒙亮，王总在灯火通亮的办公室里计划着今天要做的事，计划着未来企业发展的前景，思考着此时企业的发展是否走在正确的道路上，是否有潜在的风险，是否需要对企业进行变革，企业的未来发展方向是什么，他现在能做些什么。

二、案例使用说明

（一）教学目的及用途

（1）本案例主要适用于管理学、市场营销学、人力资源管理等课程。

（2）本案例是一篇描述鹰潭市天元仙斛生物科技有限公司发展历程的教学案例，其教学目的在于使学生从案例中获得一些管理学、市场营销学课程中与之相关的知识点，能更好地掌握书本知识，将理论与实践相结合。

（二）启发思考题

（1）你认为王总在哪些方面还需改进？

（2）你认为公司未来的发展前景如何？

（3）你认为王总是一名合格的企业家吗？

铜鼓县上四坊中国南方红豆杉养生度假区建设[①]

摘　要：江西省与杉同寿实业发展有限公司以投资钢铁和煤矿行业为主，2013 年公司决策层敏锐意识到未来行业发展危机，决定大力践行绿色发展理念，把投资重点转向生态旅游行业。通过招商引资项目落户铜鼓县上四坊建设中国南方红豆杉养生度假区。经过 3 年探索后，公司结合铜鼓县资源特点和人文风俗，通过反复论证和讨论，制定了产业发展规划：以养生综合服务区、杉竹文化体验区、植物精气养生区、红豆杉高端疗养区、红豆溪生态游憩区为依托，大力发展"森林康养"、中草药两大产业，重点建设六大项目。但是，这一前瞻性的、绿色的、高标准的选择战略带来了不少的具体问题，既有外部的，也有内部的，分析和研究这些问题有一定的借鉴意义。

关键词：红豆杉；度假；养生；特产

一、案例正文

（一）引言

几年前，随着房地产业的迅猛推进，对钢铁的需求量也不断地增加，也正是在钢铁行业呈良好势头发展之时，与杉同寿实业发展有限公司董事长在钢铁贸易方面经营得如火如荼，业绩骄人。

但随之而来的金融危机，使钢铁的需求量大量削减。在这个转折点上，钢铁行业的利润仍在缓慢增长，但该公司董事长以独到的眼光，分析当时市场行情，认为这个时候应该急流勇退，改变投资方向。

但投资哪个领域呢？在当时的背景下，经济高速发展，但对环境的破坏也极为严重，国家对环保的重视程度也是空前的。因此，该公司把战略目标转移到了

[①] 本案例由江西师范大学商学院的唐跃钦老师撰写，版权归作者所有。

旅游领域。旅游行业是阳光产业，可以甩开膀子大干，虽然这一领域产生的经济效益慢，但它的发展空间无限广阔。

如何在全国这么大的旅游市场上占据一席之地呢？目前，很多省份的旅游行业已做得非常成熟，很难插足。因此，选准的这个县市一定要生态好，植被破坏少，基于这个思路，公司把投资地点定到了江西省。定到哪个县市，买哪一片山，也是很难决定的事情。该公司积极向林业及旅游部门咨询并了解，经过近一年的时间，考察足迹遍布了江西大半个省份，最终选定了地广人稀、生态保持较好的宜春市铜鼓县，据考察，该县花山林场内中国南方红豆杉数量较多，且较为密集，在县政府招商引资政策下，上四坊中国南方红豆杉养生度假区与铜鼓县签订了投资协议。

（二）背景介绍

上四坊中国南方红豆杉养生度假区是铜鼓县花山林场 2013 年招商引资的项目，由江西省与杉同寿实业发展有限公司、江西省益森实业有限公司两家实业公司建设。该项目位于铜鼓县花山林场上四坊，总规划面积 400 公顷，计划投资10 亿元，建设养生综合服务区、杉竹文化体验区、植物精气养生区、红豆杉高端疗养区、红豆溪生态游憩区五个功能分区，力争通过 5 年时间，建成全国独具特色的养生度假区。

江西省与杉同寿实业发展有限公司、江西省益森实业有限公司法定代表人在与江西省铜鼓县签订投资协议之前，以投资钢铁和煤矿行业为主。在中央提出五大发展理念，把健康中国建设作为重要战略的大背景下，公司决策层敏锐意识到未来行业发展的危机，决定大力践行绿色发展理念，把投资重点转向生态旅游行业。

该公司选择到江西省宜春市铜鼓县投资，主要是基于以下三点理由：一是人口密度低。铜鼓县国土面积 1552 平方公里，总人口 14 万，是江西省人口最少、密度最低的县，也是江西省首个中国长寿之乡，是全国深呼吸小城 100 佳。二是生态环境好。铜鼓县位于修河源头，全县森林覆盖率高达 87.4%，全省第一，全国靠前。全年空气质量达国家一级标准，水质常年稳定在一类水标。铜鼓县生态保护区面积 1125 平方公里，占国土面积的比例高达 72.5%，占比全省最高。目前该区获得国家级生态县荣誉称号。三是资源禀赋高。铜鼓县不仅拥有丰富的森林资源、药材资源、地热资源，还拥有独特的红色历史资源。大革命时期，铜鼓县作为湘赣边区的一部分，孕育了红色的星星之火。1927 年 9 月，毛泽东同志亲临铜鼓县，领导和发动了湘赣边界秋收起义，铜鼓县一度成为湘鄂赣革命根据地指挥中心。革命战争年代，铜鼓县有 1.8 万儿女为新中国成立英勇牺牲，占江西省在册烈士的 7%。

2013年5月，江西省与杉同寿实业发展有限公司、江西省益森实业有限公司落户铜鼓县，将公司发展定位于集旅游开发、养生度假、森林康养、生态农产品开发、商务投资管理、会务服务、竹林抚育、林相改造、农林特产基地建设为一体的实业公司。公司成立3年多来，主要做了以下三个方面的工作：一是高标准规划。在铜鼓县委、县政府及有关部门的大力支持和帮助下，按照高起点规划、高标准建设的总体要求，先后聘请了江西省林业调查规划研究院、国家林业总局昆明勘察设计院，投资300万元，编制了花山上四坊养生度假区的总体规划和养生度假区第一期详细规划。在编制规划过程中，当地老百姓得知该公司要在这里投资时，担心会破坏这里良好的生态环境，起初思想不通，百般阻挠。特别是公司决定帮助他们修路，方便他们出行时，他们提出小面积的山体滑坡会影响他们的吃水问题，且涉及迁坟问题、占地问题，等等。一系列的问题导致该公司的公路硬化迟迟不能开工。为了解决老百姓后顾之忧，得到他们的支持，该公司提出思路通、事业通的思路，把思想工作放在首位。一方面，组织企业全体人员，逐一到各农户家做思想工作，让他们认识到修路后更多的是帮了自己，一旦景区开始开放，老百姓可直接受益；另一方面，抓住契机，按照国家对林地占用的补偿标准，不折不扣地执行国家政策，给予一定的资金补贴，同时请求当地政府给予一定的政策协调，山林修路一事很快就落地解决了。农民富，企业才能旺。该公司按照"公司＋合作社＋农户"的合作模式，建设生态林业基地，有机大米基地，养蜂基地，娃娃鱼、梅花鹿养殖基地，山茶油基地，山地土鸡、土鸭及黑山羊基地，不仅为当地农民解决就业问题，还帮助他们发家致富，实现农民增收、企业增效的双赢目标。通过以上举措，当地老百姓切实感受到公司为当地百姓服务的真心诚意，看到了公司扎根山区、发展山区的长远之谋，思想很快就转变过来了，原来的钉子户反而变成公司的义务宣传员。二是大手笔建设。进驻3年来，公司先后投资1000余万元流转山林10000多亩；投资600余万元对山林进行了连续3年的低产毛竹抚育与林相改造；投资700余万元硬化了景区公路11公里；投资200余万元对景区基础设施进行了部分配套建设；投资300余万元在铜鼓县三都镇西向村以及宜丰县双丰林场建立了2000余亩有机稻米生产基地；投资400余万元建立了红豆杉苗圃基地，开发了红豆杉系列酒及红豆杉系列食品等；投资600余万元成立了上海上四坊商贸有限公司，作为公司系列产品的推介窗口，大力推介公司在铜鼓开发的系列产品，并与新疆、黑龙江、云南、福建、河南、湖北等地众多生态农产品基地建立了合作机制。三是最严生态保护。靠山吃山，靠水吃水。良好的生态环境是当地最大的优势，也是公司发展最大的靠山。公司自进驻之日起，就把生态保护放在首位，不大拆大建，不大兴土木，不开山毁林，忠实地当好大自然的搬运工和保护神。曾经有一个外地投资者，看中这里良好的生态环境，欲与该公司合作开发，考虑到合作开发项目有可能对当地生态环境造成破坏，他们果断拒绝。公司对于生态环境的自觉保护行为得到当地党委、政府的认可和支持，当地不仅主动帮助协调修路、建基地等工作，还出台专门扶持政策，支持其做大做强。

立足当前、着眼长远，是公司的经营理念。经过 3 年探索后，公司结合铜鼓县的资源特点和人文风俗，通过反复论证和讨论，制定了下一步产业发展规划：以养生综合服务区、杉竹文化体验区、植物精气养生区、红豆杉高端疗养区、红豆溪生态游憩区为依托，大力发展"森林康养"、中草药两大产业，重点建设六大项目。

为什么要大力发展森林康养产业？

"绿水青山就是金山银山。"这是习总书记近年提出的"两山"理论。森林所蕴含的财富及资源不言而喻。在森林生态环境内开展的一切有利于人体身心健康的活动，即"森林康养"。"森林康养"是我国近年来刚刚兴起的新产业，涉及生态学、养生学、老年学、经济学等多门学科，它不仅带动了交通、旅游、休闲度假、养生养老、餐饮住宿等产业，而且还催生了康养导游、康养师、康养治疗师等职业。"森林康养"产业已成为国际林业发展的一个最新趋势。"森林康养"是唯一能把大健康产业的全产业链打通，并结合起来，形成产业相融共生的新业态。它不仅迎合现代人追求健康、崇尚自然的思想，更是把生态旅游、休闲运动与健康长寿有机地结合在一起，形成业态丰富、功能突出、效益明显的新商业模式。

在上四坊中国南方红豆杉养生度假区内，拥有非常丰富的森林资源。尤其是国家一级保护树种——中国南方红豆杉，共有 20 余万株，是铜鼓县面积最大的红豆杉群落。其中树龄达千年、胸径 100 厘米以上的有 9 株；树龄达百年、胸径 40 厘米以上的有 1428 株。国家二级保护树种——香楠、香榧、鹅掌楸、冬青、樟树、青钱柳，有的树龄达千年以上，胸径 100 厘米以上。国家三级保护树种——青檀、小叶青冈蓄积量也不少。其树木品种和其他动植物的多样性，已完全形成了基地内一个完整且优美和谐的生态系统。"森林康养"是新常态下大健康产业的新业态、新商业模式，具有广阔的市场空间和发展前景。公司正按照国家林业局云南昆明勘察设计院的设计方案，有步骤、有计划地进行第一期建设，2017 年将会初见规模。

公司发展战略具有崭新和绿色的特征，符合国家经济发展战略的大方向。"森林康养"与林下中草药种植具有广阔的市场前景，公司根据度假区内实际情况，拟开发以下项目：

一是上四坊中国南方红豆杉养生度假区核心景区一期项目。计划投资 1 亿元，2017 年完成开发建设，初步形成年接待 3 万人次的接待能力。具体建设内容为：游客接待中心、会务服务中心、度假木屋 20 栋、景区自来水及污水处理系统、生态停车场、公共厕所、游步道 6 公里、景区标识标牌等。

二是南方红豆杉科技示范园项目。红豆杉堪称植物中的"大熊猫"，非常珍贵，区内拥有大量的野生红豆杉是这里最大的特色。公司计划与国内高校科研院所合作，做好、做足、做强中国南方红豆杉这篇文章，把花山上四坊红豆杉群落打造成为集科研、培育、科普观赏、开发利用为一体的独特的全国一流的红豆杉示范园。

三是竹笋科技试验示范园项目。通过科学培育改造和强有力的管护，不断提高竹笋经济效益，建设江西省一流的笋竹两用林高产高效试验示范基地。目前，公司经过笋竹两用林高产高效试验后，已由原来的每亩不足 200 元的经济效益提高到了每亩 1300 元。

四是红豆杉群落活泉项目。红豆杉群落中有着极为丰富的活泉资源，水质通过了国家多项检测，富含人体需要的多种微量元素，无任何污染，公司将进行可行性研究后立项开发活泉项目。

五是特种动物养殖基地项目。充分利用优质山林水体资源，在规划区内建立娃娃鱼、梅花鹿等特种动物养殖基地。

六是名贵中草药项目。根据花山独特的土壤条件，种植名贵中草药，既能作为观赏体验项目，又能增加企业经济收入。

为什么要大力发展中草药？

森林是一个药材宝库，我国药用植物有 3000 多种，绝大多数来自大森林。鉴于此，公司特邀请全国知名中医药研究专家多次考察，发现上四坊度假养生区内有着非常丰富的中草药资源，其中还不乏珍贵的中草药。若在林下种植中草药可增加林下植被种类，减少水土流失，增强森林生态系统稳定性与抗逆性，并能提高林业综合效率以及增加当地农民收入。从中医养生的方法讲，精神养生、饮食养生、运动养生、起居养生等方面都可以与森林相结合，将中医养生理论与"森林康养"有机结合，打造全国独具特色的休闲产业。

但发展林下中草药种植，会遇到几个实际性的问题。一是缺乏技术支撑。在公司上四坊中国南方红豆杉养生度假区内，分布着各种中草药，但怎么来发掘并选准某些合适的品种在高海拔山区种植，目前还鲜有成功的案例，特殊的地理条件应种植哪些中草药品种，相当缺乏技术支撑。二是药材生产欠缺市场导向。目前，中医药用途范围极为广泛，市场所需哪些品种是随时变化的，如不充分了解市场，等刚收获的中药产品能销售时，产品已卖不出预期价格，因此药材市场导向是很难把握的。

该公司已了解到"森林康养"发展前景广阔,有着巨大的挖掘潜力。但目前也存在诸多方面的问题。

第一,政策问题。目前"森林康养"在国家行业政策和金融扶持上是空白的,它既需要按照民政部门的养老项目进行立项和建设运营管理,也要按照卫生部门的健康服务项目相关管理要求开展工作,否则不能承接到政策扶持。

第二,人才问题。"森林康养"除了林业专业人才以外,还需要医疗、康复保健、旅游管理、文化体育和投融资等多方面人才,要想吸引他们进入到"森林康养"领域,不能只有概念和方向,更要对接市场需求,给他们提供发展平台。

第三,融资问题。由于"森林康养"产业刚刚兴起,没有形成一定的产业链,加上政策不明晰,缺乏商业模式,国家政策资金不配套,很难引起社会资本的关注。

将这些构想付诸实施、变成现实,除了公司自身经营与管理外,还需要当地党委、政府和相关部门的大力支持。目前主要面临以下几个方面的困难:

(1)因山体面积大,与其他毗邻山脉存在一些拆迁安置问题,造成环评立项至今没有完成,很多基础设施建设未能如期开工,严重影响了公司的各项建设进度,延误了许多时间,造成了不小的经济损失。目前铜鼓县相关部门正积极协调,但项目的申请报告尚未批复。

(2)虽然铜鼓县国土局已为公司项目建设调整用地规划8.58公顷,但还没有安排用地指标。

(3)在山体建设水库方面,需要政府的大力支持。

(4)正在向铜鼓县政府打报告,明确一名县政府领导和一个党政职能部门挂点联系企业,指导并促进公司又快又好发展。

(5)人才问题。公司立项后,景区需要大批的高端人才。但一般的工资待遇吸引不了高端人才到条件较为艰苦的山地工作。

上四坊中国南方红豆杉养生度假区建设是大企业战略选择与本土企业谋求超常规发展的美好结果。它战略定位高,战略蓝图宏伟。但是在实施这一战略的过程中对外部环境的复杂性和多变因素没有充分估计,并在寻求政府政策支持方面执行力度不够。在企业内部因素方面,技术和技术人才计划和执行方面欠缺考量。在多元经营战略方面,主次不够分明。这些问题是伴随企业而生的,又是企业战略经营无法避免的一部分。相信公司在绿色、养生、娱乐生产与服务经营的宏伟事业上一定会喜获丰收!

二、案例使用说明

（一）教学目的与用途

（1）本案例主要适用于管理学、战略管理和人力资源管理等课程。

（2）本案例是一篇描述铜鼓县上四坊中国南方红豆杉养生度假区建设的案例，其教学目的在于使学生对企业战略选择、多元经营问题具有感性的认识及深入的思考，从群体特征和个体特征两个角度分析问题，并提出解决方案。

（二）启发思考题

（1）你如何看待江西省与杉同寿实业发展有限公司战略选择问题？

（2）分析中国南方红豆杉养生度假区建设项目遇到的难点及解决办法？

（3）如果你是总经理，该如何解决多元经营问题？

市场营销篇

广东汇源市场破围之路①

摘　要：广东汇源于 2015 年 4 月成立，在华南竞争激烈的防水市场中，面临着进入市场晚、品牌知名度低、各大品牌已在该市场形成垄断（份额在 80% 以上）的困境，广东汇源如何破围是当务之急。

关键词：市场破围

一、案例正文

（一）引言

广东汇源隶属于山东汇源建材集团控股公司（以下简称山东汇源）。山东汇源的出口连续 18 年内位于防水行业第一（1998~2015 年），其在国内，除山东本土市场的开发外，其他市场几乎无涉足。转折出现在 2008 年全球金融危机，这次危机对山东汇源国外市场打击很大，虽仍保持出口第一的位置，但它被迫调整国内战略，而国内市场首当其冲就是区域最广、容量最大、竞争最激烈、影响力最强的华南市场，其成功的开发将对山东汇源产生深远的影响和标杆意义。

随着山东汇源战略初定，山东汇源于 2014 年底正式启动广东汇源公司计划，任命彭总为广东汇源董事长（并同时进入集团董事会担任董事），全面负责广东汇源的工作。广东汇源公司于 2015 年 4 月 17 日正式成立，注册资本 1000 万元，集团给予广东公司大力支持，不仅任命彭总职务，授权他独断广东公司所有事物决定权，并预先将股份改革到位，彭总成为广东公司最大的股东，集团同时为广东公司前期专门成立的广东后勤机构提供全方面的支持，尤其在资金及招聘人员方面，全力配合广东公司将面临的竞争。就此拉开了广东汇源开拓华南市场的帷幕。

---

① 本案例由江西师范大学商学院的迟英庆老师和彭彬华撰写，版权归作者所有。

（二）背景介绍

山东汇源建材集团有限公司始建于 1994 年，注册资金 1.06 亿元，是集防水材料、防水涂料、木门、聚酯胎、建筑防水模板及橱柜门的研制开发、生产、销售和防水施工于一体的大型企业集团。目前，集团拥有多家子公司：山东汇源建材集团有限公司、山东汇源建材集团工程有限公司、山东汇源建材集团木业有限公司、寿光市益通外贸有限公司、泰国（暹罗）汇源防水材料有限公司、上海裕聚进出口有限公司、香港汇源新能源防水材料有限公司、巴西汇源防水材料股份有限公司，并预计在欧洲、非洲设立公司，完成分公司覆盖全球的"汇源梦"、"中国梦"。

公司"汇源"商标被评为"中国驰名商标"、"山东省著名商标"、"山东名牌"、"市长质量奖"产品。公司还是中国硅酸盐学会防水材料专业委员会常务理事单位、中国建研总院苏州防水研究院山东汇源研发中心、中国建筑防水协会第六届常务理事单位、中国建筑防水协会防水技术分会会员单位、山东土木建筑学会会员单位。

公司先后通过 ISO9001 质量管理体系认证、ISO14001 环境管理体系认证、欧盟 CE 认证等多项认证，并先后被授予"中国建筑防水行业二十强企业"、"中国专利山东明星企业"、"山东省高新技术企业"、"省级企业技术创新奖"等十多项荣誉称号，荣获马来西亚 21 世纪建筑材料、装饰材料科技成果博览会"金棕奖"。

就在广东汇源准备进入华南防水建筑材料市场之时，华南防水建筑材料市场已经从 3000 多家大中小、品质高中低的生产企业之间战火燎原的混乱局面逐步向群雄割据的形势转化。

中国防水前四强——北京东方雨虹（上市公司）、山东宏源（全国布局形成）、深圳卓宝（深圳本土最大品牌、布局全国形成）、广东科顺（拟上市）均在广东市场通过多年竞争，基本形成四强争霸，引领市场。而本土近百家公司中的代表品牌大禹、丽天、台实等也凭借多年深耕市场，形成了局部领域的核心竞争力局面。

进入 2015 年初，中国整体建筑市场投资放缓，市场低迷，导致整个防水行业竞争压力进一步增大，作为竞争焦点的广东市场竞争更是白热化，四大巨头多点发力，降低市场价格，迫使更多中小企业加快退出市场。而此时广东的防水市场经过多轮洗牌之后，只有不足十家企业立足，占总体份额 80% 以上，行业进入门槛高、市场竞争激烈。因此，广东汇源面临的是十分复杂的竞争局面。

市场主要竞争对手情况如表 1 所示。

表1　主要竞争者概况

企业名称	企业性质	主要产品系列	主要市场	主要销售方式
北京东方雨虹	上市公司	产品体系全面	覆盖全国	分销公司、代理商
深圳卓宝	深圳地方性大型企业	建筑防水（卷材和涂料）、家装防水、装饰保温、排水	重庆、西安、上海、广东	直销、分销公司、代理商
广东科顺	全国性大型企业（拟上市）	建筑防水卷材、建筑防水涂料、排水保护板、家装系列	广东、天津、江苏、北京	直销、经销商
山东宏源	家族式大型企业	改性沥青防水建筑防水系列、新型建筑材料防水系列、家装防水材料、高铁—道桥专用防水材料	山东、西南地区	分销公司、经销商

资料来源：根据中国建筑防水行业网站资料整理。

（三）"围"之困

2014年下半年至2015年初的公司筹备期间，彭总不光对场地、公司架构等事项进行了较详细的规划，更重要的是对公司成立后如何尽快步入正轨开展业务有了初步计划，并迅速展开行动，他把这一步称为"火力侦察"阶段。期间先后走访10余家将来所需的合作单位，20余家客户，使开业之时也是步入市场之时。想法是美好的，可现实并没有遂人愿，而且他也未能仔细注意到广东防水市场悄然所起的变化。

彭总把结果归结为：没人会和还在纸上的公司谈业务。"火力侦察"阶段虽然未能实现目标，但不影响彭总对成功的渴望和信心。

2015年4月17日，广东汇源正式挂牌成立。彭总按原有规划短期内就初步构建好了公司，对后勤和所招聘的五名业务人员也进行了统一培训工作，开业的忙碌也告一段落。彭总又展开了其称为"正面突击"阶段的市场拓展活动，目标直指大客户群体，并对此次的拓展充满必胜的信念。他认为：公司的开业提供了法人地位，母公司强大的品牌效应和完善的产品种类、品质奠定了胜利的基础。近两个月的时间里，在直销体系内，他拜访了40多名在行业有影响的客户，但均遭到回绝，理由主要集中在：没听说，不知道品质如何，现在做的品牌很好，不想再换，还有干脆就明确表达没有合作意向。此时，彭总终于感觉到了市场带来的压力，但这也不能让他屈服，阻挡其迈进市场的决心。

业务人员的培训结束了，彭总把其中四人分为两组，自己亲自带领一名业务员组成一组，三组同时进入市场。彭总把其称为"刺刀见红"阶段，从直销市场、战略合作、代理商市场三点突击，拼他个你死我活，意图一举进入市场。时间转眼就到了2015年10月，三组共拜访客户超过60多个，频次多达5次以上，仍然没有开发出一个合作客户，仅仅有几个意向客户。

前前后后近一年的时间转眼过去，公司账面出现亏损，市场的开拓没有任何成效。公司继续招聘业务人员，保持对市场的拓展力度，仍然不见起色，企业亏损进一步拉大，员工信心也几乎到了极限。

至此，内部，整个广东公司被压抑气氛所包围；外部，广阔的市场、优质的客户等众多的机会，就像有一面玻璃墙把公司围住隔开，公司陷入重重的困境之中。路又在何方？

(四)"破"之略

彭总停下手中的所有事务，静静地思考近一年来的得与失。

失：不仅没有客户，打不开市场，而且似乎自己的公司成为了广东建筑防水材料市场"三无"公司的典型代表。"一无"品牌——母公司在海外，特别是欧洲市场的赫赫之名，国内行业中的各种荣誉与地位，在广东市场没有起到任何影响和作用；"二无"口碑——没有任何客户和工程项目，产品品质在行业内部与市场无人知、无人晓；"三无"保障——无仓储、无物流协作者、无施工及后期维护队伍等。

得：对市场、对竞争、对客户有了更全面、更深刻的了解和认知。不仅充分认识到市场的变化和竞争的白热化程度，而且对与公司发展紧密相关的客户、代理商和协作伙伴的认识也已经完全不同。

客户，也称为直销客户，分为两类：一类以各类房地产商构成，其产品需求种类比较集中，重品牌、重产品品质、重行业内的影响性，对前期施工和后期维护要求高，多以性价比为标准选择长期合作伙伴，是建筑防水市场的重要客户群体；另一类为各类工程建筑承包商，由于工程种类多，其对产品需求种类比较分散，品牌、产品品质只要符合设计要求就能满足其心理，比较注重产品价格，对施工和维护没有要求，也是建筑防水材料市场的主要客户群体。

代理商，是建筑防水材料市场供应商的重要组成部分。其分布广，各类社会关系复杂，注重自我利益和既得利益。因此，其多选择与在市场中比较有明确前景的产品和企业合作。

合作伙伴，以仓储、物流和施工、维护队伍组成。合作时更注重合作时间的长短与"数量"。

思考分析中，彭总更是注意到了一点，直销客户的选择还会受到建筑防水材料主管部门、行业协会，以及建筑设计单位在设计时对防水材料推荐的影响。

公司的困境是什么原因导致的呢？彭总面对自己的得与失，深切感受到面对突变的市场和行业竞争以重新洗牌的动荡方式呈现出的新格局，以及客户需求巨大的变化，都没能引起公司的重视，公司还停留在原有的认识之中。而且对母公司在各方面所具有的优势没能移植到广东，更谈不上利用。

如何摆脱困境，如何运用和发挥自己的优势？彭总多次请教业内朋友，与母公司协商并结合母公司的战略意图，重新详细规划了今后发展的道路。整个规划分为两步进行：

第一步：明确目标，调整完善规划。

公司总体战略：

（1）立足广州，图谋深圳，开发广东，并逐步渗透整个华南市场。

（2）三年内进入华南防水前五强，五年内开发中国香港、马来西亚、印度尼西亚以及越南市场。

近期目标：从目前开始，用一年左右时间，打开广东建筑防水材料市场之门，产品正式进入市场，使公司扭亏为盈；再用一年左右时间开拓周边市场，以实现公司总体目标。

规划一：树立高端品牌、高品质产品形象；选择广东地区具有较高影响力的房地产企业作为突破口。

规划二：优选母公司的产品，应对竞争和满足目标客户需求；完善公司职能部门，加强队伍建设和管理；建立、建全配套服务体系；借助母公司的优势，提高广东汇源的整体实力。

第二步：提高效率，全面组织实施。

漫漫解"围"路，彭总大刀阔斧，开始了一系列的动作：

（1）搭班子，建团队。加大招聘力度，在前程无忧网、智联招聘网和猎头网招聘人才，并亲自参与招聘环节，另外加入广东省防水协会（常务理事）、深圳市防水协会（常务理事），通过协会推荐人才，多管齐下，按照规划二的构思将公司架构调整、搭建完毕。形成了以彭总为领导核心，总工办、工程部、财务部、综合管理部四大部门协同的管理机构。并在佛山设立大物流中心，统筹广东物流，进一步夯实基础，奠定了实施市场战略的强大后勤保障。

（2）根据广东地区房地产企业目标客户的需求特征和母公司完备的产品体系，选择出获得欧盟 CE 认证、集团出口核心产品系列作为打入广东市场的主力产品。以点带面，用行业最合适的价格冲击市场，以此来带动其他汇源产品的销售，以满足目标客户的高品质产品与高性价比的需求。

（3）针对广东防水市场已基本形成的四强局面，以"中国防水第一出口品牌"（欧盟论证）为核心概念，在广东防水协会与深圳防水协会的影响下，不断把"汇源"的高端概念炒到极致，通过各种报纸、杂志、电台及展会提升"汇源"的高端形象，使"汇源"在进入市场初期就具有很大的操作空间。

（4）寻找优秀合作伙伴，与四强的合作伙伴谈合作，采取联盟、合伙人形式，确定合作关系，瓦解竞争者，增强公司实力。

这些措施全力实施之后，广东汇源以新的形象出现在市场之中，公司内部也重新焕发出新活力，呈现出良好的发展势头。

当 2016 年的新年钟声敲响时，已返回家乡和亲人团聚的彭总脸上充满胜利的喜悦。因为，在新年之前，公司一举确立了与广东本土两大最具影响力的地产品牌"碧桂园控股"及"雅居乐控股"展开全国战略合作，为两大公司供应"汇源"防水材料，抓住这个引爆点，极大提升了"汇源"的知名度，奠定了广东汇源的行业领先地位。

新年之后，辞别家人，返回公司的彭总又投入到了紧张的工作之中。时间转眼就过去了半年，彭总看着手中 2016 年上半年的财务报表，露出了欣慰的笑容。虽然广东汇源公司已提前完成 2016 年的战略目标，2017 年，力图进入华南五强，启动东南亚及东盟市场的前期工作；但前十强的对手们不会就此善罢甘休，彭总已嗅到了山雨欲来风满楼的味道，各层面的竞争才刚拉开帷幕，路还很长。

二、案例使用说明

（一）教学目的与用途

（1）本案例主要适用于市场营销学课程。

（2）本案例通过新近防水行业发生的现实大事件，让学生具有分析市场的逻辑性思维，并能提出解决方案。

（二）启发思考题

（1）广东汇源前期的破围之路你觉得还有哪些补充？

（2）如果你是彭总，如何实现广东汇源拟定的总体战略目标？面对新的要求和形势，哪些方面应做出调整？

编者按：

市场拓展是每个公司，不管处在初创期、成长期，还是稳定期，即处于生命周期各个阶段的公司，只要想发展、想持续发展，都将面临的问题。

市场拓展分两个层面，战略层面和战术层面。战略型拓展的主要形式有两类，滚动型和辐射型。滚动型拓展战略是指企业以原有的市场为基础逐步向周边目标市场拓展，其成本低，效率较高，能使企业原有的优势得到充分发挥，市场风险小，但拓展周期较长，市场的影响面较小，较适合初创企业或中小企业采用；辐射型拓展战略是指企业根据发展战略目标，在全国或全球大的范围内选择对周边市场具有影响力的市场或区域，并利用其影响力向周边市场或地区辐射型拓展，做到以点带面，其成本较高，对企业资源和管理能力要求高，风险也较大，但拓展周期短，对市场的影响力强，能迅速在大范围内展开，较适合能力强的大中型企业。战术型市场拓展就是如何进入市场所采用的策略，主要从产品、价格、渠道和促销等方面来实现。

战略型拓展，还是战术型拓展，其选择都必须从两方面考虑：一是企业自身的资源能力和战略目标；二是外部环境及市场、消费者、竞争者的影响。

山东汇源的选择属于辐射型的战略性拓展，意图以广东为一个点，近向华南其他省市辐射，远向中国香港、东南亚地区辐射；广东汇源采取的则是典型的战术型市场拓展，目的就是进入目标市场。而它经历的困境和几起几落，都很好地说明了为什么要选择、如何才能正确选择战略战术和怎样才能实现目标。

"山林"何去何从①

摘　要： 熟食因其方便、快捷、味道鲜美等特点深受消费者喜爱，但该行业也由于产品的营养健康、新鲜度等问题使发展受到限制。山林品牌历史悠远，可追溯至 1949 年，公司主要走连锁品牌道路，基本覆盖上海整个地区，已成为上海的熟食龙头企业。本案例描述了山林公司的成长历程和可持续发展所面临的问题，可为相关企业开展连锁经营模式提供借鉴，并促使企业对发展中的类似问题进行反思。

关键词： 山林；熟食；连锁；经营

一、案例正文

（一）引言

2010 年，农业产业化国家重点龙头企业正邦集团入主控股山林食品，自此作为一家本地老字号企业的山林食品迎来了一次新生。在经历若干年的平稳发展后，公司近几年通过走连锁品牌道路，连锁专卖店扩展到 500 多家，基本覆盖整个上海市，实现了销售额从 5000 万元到 5 亿元规模的跨越，发展势头强劲。但公司也面临着可持续发展所带来的一系列问题，如产品线单一、口味局限、顾客群老化、市场狭窄等，这都成为山林进一步发展的阻碍。如何使山林走得更长远，这些都是摆在企业领导者面前不可忽视的难题。

（二）山林的发展历程

1. 源远流长，经典传承

1900 年前后，随着东北铁路的修建，大批俄国商人进驻中国，最早的俄罗斯大红肠也跟着他们的文化与生活习惯一同随之而来，最先风靡的便是哈尔滨地

---

① 本案例由江西师范大学商学院的刘高福老师和凌伽撰写，版权归作者所有。

区。后来俄国十月革命爆发后，大批俄国贵族及商人南下上海，其中一个叫瓦连京的酒店大厨在山林镇落脚，专做大红肠供应给俄罗斯贵族及上海富人。1949年新中国成立后，曾经做过瓦连京助理的饶师傅，对山林大红肠进行秘方改良，更受上海人喜欢，成为山林镇附近人们生活中不可缺少的菜肴。因为当时品牌意识薄弱，就以地名将改良后的大红肠称为"山林大红肠"。

1990年，在改革开放的背景下，饶姓后代依靠山林大红肠秘方，以山林大红肠为主要产品，创建了山林食品有限公司，开起了山林连锁熟食店，将山林大红肠推广至全上海，深受上海居民欢迎。

现在的山林公司主要以餐桌熟食为主，致力于做专业的中国三餐食品的运营商，以短保质期作为竞争利器，相比其他休闲类熟食，产品更新鲜、营养和健康。

2. 正邦入主，快速发展

2010年，拥有农业全产业链运营体系的正邦集团有限公司，以其雄厚的实力全资收购、入主山林食品，使山林真正进入一个快速发展的新时期。山林食品的生产工厂坐落于上海金山工业园区，占地面积5万多平方米。生产工厂拥有现代化熟食生产线4条，熟食产品品种23个，年熟食产能1.5万吨，年熟食产值5亿元。山林食品现阶段主要的市场范围在上海及周边苏州地区。主要的渠道模式是零售连锁经营。目前在上海地区山林食品拥有直营店500多家，商超、便利店等终端网点5000多家，是上海规模最大、设备最先进、影响力最大的餐桌食品企业之一，深受市民喜爱。

3. 品质保证，获多项荣誉

山林食品一直以食品安全卫生为企业发展的基本诉求，建立一系列严格的食品品质控制管理保障体系，如对食品中微生物、化学和物理危害进行安全控制的HACCP管理系统、为提高作业效率的仓储运输管理体系、对上游供应商进行有效管理的供应商评估管理体系等。公司通过了ISO9001、ISO14001、HACCP等质量认证体系。2003年荣获"上海诚信在线企业"、"上海名优产品"称号，2005年获得"中国名企质量服务信誉AAA级品牌"、"上海优质畅销品牌"称号，2006年获得"上海诚信服务示范单位"称号，2007年获得"中国著名品牌"称号，2008年获得"全国食品行业重质量放心消费联盟单位"称号，2012年入围"2012上海特色旅游食品"，2013年获得"2013最具影响力特许品牌"、"诚信5A企业"、"上海市农业产业化重点龙头企业"称号，2015年获得"最具投资价值奖"、"诚信经营示范单位"、"2015上海特色旅游产品"称号。山林以其过硬的产品品质和积极承担社会责任的态度，成为上海市居民熟食消费的不二选择。

（三）行业背景

1. 熟食的起源

我国卤味熟食文化源远流长，距今已有几千年的历史。夏商时期，卤味文化已现雏形。而到了秦朝，人们"尚滋味，好辛香"的饮食习惯基本形成。在经历了魏晋南北朝的铺垫后，唐朝时期，文人骚客们以卤菜伴随饮酒写诗，此时的卤味在唐朝时已经迈了一大步。明代时期，由于人们注重养生食疗，因而一些卤菜药料受到重视，卤味进一步得到发展。如今，卤烹技术不断进步和成熟，熟食的味道也越来越多样化，保质时间也不断延长，已经形成产业化。

2. 行业发展阶段

改革开放后，我国熟食行业大体经历了以下几个发展时期：

萌芽时期：1978~1992年。此时，江苏浙江地区出现了一定规模的熟食生产企业。但在这一时期，熟食产品种类单一，口味也以清淡为主，而且熟食技术水平普遍较低，且以人工炉灶为主。

起步时期：1993~1996年。在这一时期，熟食个体工商户类型的企业成立并急剧增长，但在这一时期熟食企业侧重于本地区消费者，熟食产品风味本土化，而且各区域发展不均衡。

快速发展时期：1997~2008年。在这一时期，熟食行业开始逐步由手工作坊向流水线生产过渡，熟食技术标准和卫生标准出现了较大幅度的提高，熟食产品生产逐渐标准化。一些规模大、效益好的龙头熟食企业开始在行业内出现，部分产业资本开始进入熟食行业。在这一时期，连锁经营是主要的经营模式。

成熟时期：大约从2009年至今。在这一时期，熟食企业开始注重品牌建设，致力于打造企业的熟食品牌，熟食龙头企业不断提升企业的管理水平并拓展业务市场份额。在该时期，熟食品牌连锁经营加强了生产和销售安全管理，确保了熟食食品安全，改变了消费者对传统熟食店的认识。

3. 行业发展趋势

（1）家庭饮食社会化、安全化的发展趋势。据中国饭店协会发布的《2015中国餐饮业年度报告》数据显示，快餐企业的门店数、餐位数、营业面积在2015年较上年分别取得7.1%、10%及7.5%的增长，营业额平均增长达到11%，而盈利能力平均增长2%，发展势态喜人。传统生活方式正在逐渐改变，类似熟食这样的快捷消费食品需求逐步提升。根据《酱卤行业深度调查报告》显示，2015年卤酱肉制品行业的销售额约为1125亿元，同比上年增长7.14%，行业发展增速稳定。

同时，由于近年来食品安全质量问题频发，消费者的食品安全敏感性不断提高，对熟食的选择也越来越谨慎。一般来说，知名度较高的熟食品牌企业更能赢得消费者的信赖。因此，对于熟食企业来说，品牌建设和推广将成为重中之重，提高食品安全度、获取消费者的信任将成为熟食行业的第一要务。

（2）饮食结构健康化的趋势。随着消费者收入和消费理念的变化，在肉类消费总量提高的同时，消费品种也趋于多样化。根据国家统计局发布的数据显示，1980 年全国肉类消费结构中，猪肉占 87.6%，禽肉占 6%。而截至 2015 年全国肉类总产量已增长到了 8625 万吨，猪肉、禽肉的产量分别达到 5487 万吨、1826 万吨。城乡居民开始注重饮食的健康化，增加对白肉的消费，而减少对红肉的消费。

就目前来看，低温肉制品类熟食符合未来消费的升级趋势。因为，第一，低温肉制熟食没有经过高温加热，肉类中的各种营养成分损失小，防止了肉类中的蛋白质过度老化变性，使肉类更容易被人体消化吸收，营养价值更高。第二，在低温加工过程中，肉类蛋白质适度变性，同时保持了肉类纤维的弹性，使其具有良好的咀嚼性，从而使其口感较好。第三，低温肉制品类熟食对原料肉的质量要求高，只有具有品质好、无污染特性的原料肉才能生产出合格的低温熟食肉制品。

4. 消费者

由于熟食方便快捷和口味独特，不同年龄段的消费者都比较喜欢，且熟食的价格也有高、中、低档次之分，不太受消费者消费能力的制约，所以熟食行业的消费群体较广，市场容量较大。总的来说，熟食行业的消费者可以分为以下三类：第一类是家庭消费者，这类消费者购买熟食主要是当作餐桌食品食用；第二类消费者是个人消费者，这类消费者购买的主要是休闲旅游熟食，当作零食食用；第三类消费者是组织消费者，这类消费者大批量订购产品，用来满足单位或团体需要。

山林食品主要以餐桌熟食为主，其产品比较新鲜营养，保质期较短，产品口味以香甜为主，是传统的上海区域口味。且山林熟食属于中高档品牌，产品价位较高，目标消费者人群需有一定的经济能力。所以，山林食品的消费人群主要集中在上海市中心的老城区，大部分是步入中老年的老上海人，收入比较稳定，有一定经济能力，属于家庭消费者。

5. 竞争者

我国的熟食行业发展迅速，各种类型的熟食琳琅满目，品牌众多，质量参差不齐。熟食的购买地点主要在肉菜市场、商业街区、商超等区域，且主要以档口、店面和超市的食品专区等形式设立。目前，该行业品牌知名度较大、销量较高的主要是全国连锁品牌，这里主要介绍绝味和周黑鸭。

（1）绝味：规模化、品牌化。 1999 年，绝味的第一家原始门店开始在武汉营业，随着产品口味的改良创新、营销方式的转变和推广，绝味以黑马姿态出现在业界。通过直营和加盟连锁的扩张方式，其门店数量由 2005 年的 61 家增加到现在的 7000 多家，迅速成为一家注重品牌的规模化大众消费品企业。绝味的发展主要得益于以下几个方面：

第一，品牌打造。绝味将自己定位于休闲卤制食品生产企业，企业的战略目标是打造、建立一流的特色美食品牌。2004 年，绝味公司确定了整体的营销思路和具体的推广方式，绝味开始走出武汉。2005 年，长沙绝味轩公司成立后，企业快速发展，并于 2011 年开始注重企业品牌知名度的打造和品牌形象的传播，公司开始在广告上加大投入力度，在北京、上海等一线城市的报纸、电视、地铁上都能看到绝味的身影。随后，网络营销也开始启动。绝味官网、网络服务平台、官方微博、微信平台等都已成熟运营，淘宝官方商城、京东旗舰店等平台也已入驻。目前，绝味已经拥有了 7000 多家加盟店，企业规模不断扩展，年销售额达 50 亿元。

第二，加强管理。绝味通过"直营连锁为引导、加盟连锁为主体"的经营方式快速扩张，这主要得益于企业拥有行业内领先强大的管理团队。公司门店的发展是以长沙为圆点划分半径，由近及远向全国推进，且每一次对外扩张都会经过精心的考察。为了确保产品质量和品牌形象，绝味首先会对加盟商的资格和经营理念等进行审查，在通过审核后，为了保证对加盟店的有效管控，加盟店在店面选址、设计、终端识别系统等方面由企业统一规划制定。而在加盟店的产品供应方面，也由企业统一提供配方。为确保产品质量，企业将保证 3~4 小时之内能将生产的产品运送到门店进行销售。

第三，产品口味细分。绝味之所以快速发展的一个关键原因还在于公司在产品口味及种类上下足了功夫。目前绝味有 200 多个产品品种，覆盖禽类、肉类、素食类、海鲜类等，且产品被细分为六大口味。绝味在对外扩张的过程中，不断对产品口味进行改良创新，进而细分消费群体，尽量满足目标市场消费者的需求。比如，绝味在进入新市场之前，会对产品的口味进行一次"盲测"。之后进行调整，确保绝味产品能够在保持原有口味的基础上，实现其口味的本土化或区域化特点。

（2）周黑鸭：标准化、规模化。相比于绝味连锁加盟的快速扩张，周黑鸭发展的最大特色在于公司一直秉承"不做加盟，不做代理，不传授技术"的直营理念。为了保证产品质量，维护品牌形象，周黑鸭一直以来采取的是开设直营店和分公司的经营模式。企业在 2011 年引进了 ERP 生产管理系统，并对门店进行系统化、标准化的管理。

经过标准化后的周黑鸭开始快速发展。目前，周黑鸭致力于实现市场规模化、原料产业化、资本多元化的"三步走"战略。公司目前已经在武汉、江西、深圳建立了三个生产中心，保证产品的规模化生产。同时，公司计划在武汉"1+8城市圈"内建设大型成鸭养殖基地，并辅以"公司＋农户＋基地"的经营模式，进一步实现原料的产业化经营，从而使企业真正进入快速发展阶段。

6. 山林的连锁品牌道路

山林食品目前所采取的经营模式是连锁品牌经营的模式，即在总部的直接领导下，实施对各零售门店在人、财、物、商流、物流、信息流等方面的统一品牌经营与管理，主要包括以下几个方面：

（1）店面选址。山林食品主要是传统的上海区域口味，且产品价位较高，所以山林店面布局大量集中于上海老城区内，老城区属于上海繁华的中心商圈，消费能力较高，且多为老上海人，符合山林产品的定位。除此之外，为加强山林品牌在上海区域的影响力和品牌知名度，公司也将店面扩展到了新城区及周边地区，基本辐射上海区域。

公司在具体的商业街区进行选址时，首先，会派专门人员蹲点计算人流量，以保证有足够的消费人群支撑店面的持续发展，并估算店面大体的销量；其次，在进行选址时需要调查周边竞争情况，一般来说要求 500 米范围内无竞争对手；再次，店面的设置还要考虑街道"阴面"和"阳面"之分，"阴面"是指上班路线，消费者上班要赶时间，来去匆匆，光顾店面的可能性很小，"阳面"是指下班路线，下班时消费者心情放松，时间较充裕，会考虑晚餐等问题，购买产品的机会增多，故山林的店面选址大多在阳面；最后，山林会尽量将店面设置在当地的上海第一食品或上海第二食品店内，这些食品店是当地知名的品牌连锁食品零售店，借助这些平台在当地的专业性和影响力，能够提高山林熟食的可信度和店铺形象。

（2）店面管理。山林的门店管理都是标准化的，可以进行不断复制。在店面风格上，山林直营店的店面以中国红为主色调，装修风格统一，以确保企业形象的一致。在员工管理方面，店员必须在统一进行培训和实习后才能正式上岗，公司会在销售技巧、礼仪和规范服务等方面对店员进行培训，比如说店员在营业时必须戴好口罩和一次性手套、对顾客耐心礼貌、店面里不能存放私人物品和其他无关物品、定期对冷柜进行除霜消毒等，以确保向消费者展示良好的店容风貌，进而提高店面销量。且每个店配有一名店长，负责统计每日销量、退货情况和每日订单量的下达等。销量好的店配有 3~4 名店员，销量一般的店配有 1~2 名店员。店员分为两类，一类是固定人员，每周定期上班；另一类为机动人员，主要是顶替固定人员的休息班。

除此之外，山林还以信息技术为基础，将店面的管理不断系统化。公司引入"智慧门店"系统，采用"ERP＋O2O 订单集成＋支付集成＋智能监控"系统，将线上和线下结合起来。该"智慧门店"系统能自动检测会员用户到达门店的时间和地点信息，记录消费者的消费情况和到店频率，并自动实现对会员用户的积分增加、特权商品的售卖、会员消费喜好提醒、会员快速收银等。并且能实时查询、打印当前及某时间段到店会员数量、购买商品及消费情况。通过该系统能够查询到店顾客的各类信息数据，从而为企业高层管理人员的决策与管理提供全方位服务。山林通过"智慧门店"，实现了所有区域内线上订单和支付的集成，能够保证就近门店的配送，从而确保配送速度和产品新鲜度，最大限度地优化资源的配置。

（3）质量控制。为向消费者提供最新鲜和营养健康的餐桌熟食，山林食品连锁门店采用双温销售模式。在该模式下，门店的操作与售卖区温度控制在18℃左右，商品陈列在0~4℃的冷柜中（很多非品牌门店的食物陈列在18℃的售卖区）。在该双温模式下，食品能够很好地保持各种营养成分，减少营养成分的丢失，防止食品过度老化变性，保持新鲜度。

山林公司产品的保质期大多在3~5天内，产品按单生产，按需配送，产成品于当天凌晨4~6点配送到各店面，确保产品当天售完，保证产品的新鲜度和美味。且门店过期产品的处理方法，都是统一退回工厂，在专门的废物处理设备中进行集中销毁，绝不重复利用，保证产品质量。

（4）危机应急处理。作为一家熟食企业，山林对产品质量安全的管控是十分重视的。所以，公司有一套较完整的危机应急机制。一旦企业发生产品质量事件，首先，该问题会在5分钟内到达山林领导高层，会由公司高层在最短时间内商议出危机处理方案，尽可能在24小时内将危机处理在萌芽状态。其次，在媒体公关方面，山林和当地主流媒体保持良好的沟通，促进行业了解，引导媒体对事件有准确的认识和客观的报道，避免引起消费者产生错误的、不理性的认知。最后，在政府公关上，山林也和当地各级政府有良好的沟通，主动接受政府监督和指导，公司在生产车间和销售门店安装监视系统，不仅公司总部可以随时监控，还接入到政府监控体系，保证生产与销售的安全透明性，随时接受政府机构的监督，实现生产与销售环节高度自律，避免出现食品安全事件。

7. 山林如何进一步发展

目前，山林公司的门店数量已扩展到500多家，基本覆盖整个上海市，已成为上海市熟食龙头企业，但公司想要长远发展也面临着一系列问题。第一，产品线单一。山林公司目前主打的产品主要是经典产品"大红肠"，其他产品种类不多，虽然目前开发了包装熟食"山林风"系列产品，但尚处在初级阶段，且销量不高。第二，口味局限，市场狭窄。山林产品主要是传统的上海区域口味，以香甜为主，很难适应其他区域消费者的口味，产品难以"走出去"，市场仍然局限于上海区域，对外扩张困难重重。第三，顾客群老化。山林产品的目标消费人群主要是老上海人，年龄偏大，对越来越多的新上海人和年轻的新一代消费人群来说，山林品牌不具备太大吸引力。第四，电商渠道还未完全打通。目前，山林公司发挥门店布局的优势，通过O2O模式在外卖、团购方面取得了较好的业绩，受散切产品流通的局限性及口味的区域性，在天猫官方商城等第三方购物平台很难有很好的发展。第五，品牌建设力度不够。山林公司目前的发展重心还是在短期的利润增长上，虽然品牌策略及品牌架构清晰合理，但在品牌形象的构建和传播等方面还未投入更多资源，这对于公司的长远发展来说是非常不利的。

革命尚未成功，同志仍需努力。山林公司想要突破上海市场，做大做强，走得更稳健和长远，这些都是山林可持续发展道路上不可忽视的问题，需要一代代领导人不懈地努力和探索！

二、案例使用说明

（一）教学目的与用途

（1）本案例主要适用于营销管理、营销渠道设计与管理、零售管理等课程。

（2）本案例是一篇描述上海山林食品公司在进一步发展过程中面临的问题的教学案例，其教学目的在于帮助学生理解企业零售营销的基本原则和要点，了解和掌握零售营销分析的相关理论知识及工具。

（二）启发思考题

（1）熟食消费者的核心诉求是什么？

（2）山林公司的竞争者有何特点？

（3）山林公司进行差异化经营的优势在哪里？

（4）你对山林公司的未来发展有何建议？

鼎盛人力的定位之道[①]

摘　要：近年来受日益增长的劳动力需求以及政府政策扶持的影响，我国人力资源服务行业得以快速发展。鼎盛人力作为江西一家本土化的人力资源服务公司，在短短6年时间内，营业额就已经突破5亿元，成为江西同行业的第一品牌。本案例描述了公司快速成长的历程以及定位方法，可为相关企业开展经营、进行定位提供借鉴。

关键词：鼎盛人力；本土化；定位

一、案例正文

（一）引言

2015年是鼎盛人力的"开元纪年"，公司营业额突破5亿元大关。作为江西本土的一家小微型企业，这样的业绩让公司高层和员工倍感兴奋和自豪。鼎盛人力创建近6年时间，在经历了颇多艰辛和曲折之后，目前发展态势良好，公司在九江、吉安、新余已成立分公司，在萍乡、抚州等地市也正在陆续筹备分公司。公司致力于做江西最大最好的人力资源供应商，自开业以来为各类企事业单位及社会劳动者提供了高水准、高质量的服务。目前公司输出劳务人员60000多人次，管理外包员工13000多人次，服务企业遍及上海、江苏、东莞等经济发达地区。然而，鼎盛人力在成立之初也面临许多困惑。例如，公司应该向谁提供服务？提供什么样的服务？这一度让公司高层感到迷茫。那么，又是什么造就了鼎盛人力现在的成功？这得归功于鼎盛人力领导人采用了一套清晰明确的定位方法，找到了企业的定位点，并努力实现这一定位点。

[①] 本案例由江西师范大学商学院的刘高福老师指导凌伽撰写，版权归作者所有。

（二）公司背景

鼎盛人力创建于 2010 年底，公司地处"英雄城"江西南昌，是一家主要提供劳务派遣和劳务外包的人力资源服务公司。公司成立之前，正是国企改革进一步深化的阶段，许多劳动工人下岗，处于失业状态。当时，还未创办鼎盛人力的公司合伙人就发现，当帮助下岗工人向企业进行就业推荐，并解决了他们的就业问题时，不仅下岗工人感谢他们帮自己解决了就业难题，企业也感谢他们带来了劳动力资源，解决了用工难题。他们收到了来自企业和就业工人双方的感谢。他们敏锐地从中发现了商机，既然双方都有需求，那么这其中一定有市场，将失业劳工介绍给企业并从中收取一定的服务费，这是一个很好的商业机会。说干就干的几个年轻合伙人马上开始创业，也就有了今天的鼎盛人力。

成立之初的鼎盛人力所服务的区域主要在南昌地区，很快于 2011 年 4 月，签下第一家合作企业——富港电子。成功迈出第一步的鼎盛人力自信满满，不断拓展南昌市场。2011 年 11 月，在公司全体员工的不懈努力下，成功签下南昌最大的电子企业——欧菲光。随后，鼎盛人力进入快速发展期，并逐步在南昌站稳脚跟。具备一定实力之后的鼎盛人力不断超越自己，于 2013 年 11 月注册成立江西鼎盛人力资源市场，朝着"专业化、信息化、市场化"的发展道路迈进。企业秉承"诚信、高效、专业、创新"的服务理念，致力于为客户提供最优质的服务，将市场逐步拓展到了上海、江苏、广东等沿海经济发达地区，员工输出规模不断扩大。2014 年 5 月，派遣人数首次突破 3000 人次。半年之后，派遣人数又突破了 10000 人次。从 2015 年上半年的情况来看，企业的派遣人数又将会有新的突破。经过近 6 年的发展，公司的实力和资源日益强盛，目前在九江、吉安、新余已经成立了分公司，在萍乡、抚州等地市也正在筹备成立分公司。鼎盛人力正朝着自己既定的目标一步一步迈进！

（三）公司的定位战略分析

鼎盛人力的成功绝非偶然，这里面凝结了"鼎盛人"的努力和付出。成立之初的鼎盛人力还未完全找准自己的位置，面临许多的困惑与苦恼。然而在经过不断的探索和总结后，公司领导人最终采用了一套行之有效的定位方法，找准了公司的定位点，并整合公司所有资源努力实现这些定位点。

鼎盛人力采用的是"钻石定位模型"的基本思路和方法对公司进行定位。定位的内容包括属性定位（构成利益定位的要素）、利益定位（满足目标顾客的利益定位）以及价值定位（为目标顾客带来的精神价值）等层面。定位的步骤包括找位、选位和到位等阶段。公司领导人以该模型的方法为基本准则，结合人力资源行业和公司的具体情况，灵活使用该定位方法，在员工要素、价格要素和沟通要素三个方面努力实现定位，并最终获得了成功，使企业得到了快速发展。鼎盛人力的定位主要经历了以下过程：

1. 找位

鼎盛人力在进入市场时，人力资源服务行业大致可以细分为中高端人才寻访、灵活用工、在线招聘等几个子市场。高端人才寻访是一种高端的人才招聘模式，需要公司去搜寻具有较高知识水平和专业技能的中高层管理人员、中高级技术人员或其他稀缺人员，并且为客户提供咨询、搜寻、甄选、评估、推荐并协助录用中高级人才等服务。这一细分市场对公司的专业化程度要求较高，且需要公司有中高质量的人力资源来源，对于一个小微创业型企业来说难度很大。而提供在线招聘服务需要公司拥有独立的招聘网站或平台，建立网站并进行运营则需要一定的时间，且国内已经有智联招聘、58同城、赶集网这些具有一定知名度的招聘网站，鼎盛人力再进入这一市场则不具备独特优势。在对该行业每个细分市场的特性及顾客需求进行分析后，鼎盛人力选择了灵活用工这一细分市场。灵活用工服务是企业在面临人员编制紧张、旺季人才短缺、项目用工短缺、三期员工短期替补等难题时，选用那些可替代性强、临时性、辅助性的岗位工人，委托专业的人力资源服务机构向企业派驻员工的一种特殊用工形式。鼎盛人力在对该细分市场进行分析后发现，由于我国经济长期保持较快增速，很多企业对劳动力需求较大，一些劳动密集型企业劳动力短缺，出现"用工荒"的现象。在沿海等经济发达地区这种现象尤其明显，特别是在春节等节假日出现"招工难"的情况更为普遍。"用工荒"成为困扰企业的难题之一，整个中国的劳动力市场处于一个供小于求的状态。而江西地区劳动力资源丰富，许多没有一技之长的普通劳工就业难，且劳动力成本相对较低。同时，当时江西人力资源服务还处在起步阶段，有竞争力的企业很少，市场存在空白点，这就为鼎盛人力进入这一细分市场创造了机遇。

于是，鼎盛人力最初的目标客户就是南昌地区的劳动密集型企业。公司主要从江西各地区招聘普工或蓝领，然后以劳务派遣或劳务外包的形式提供给客户，并从中收取服务费。伴随着鼎盛人力的成长和发展，公司的目标市场也不断扩大，目标顾客市场范围由江西地区拓展到了沿海等经济发达地区。

2. 选位

在确定目标客户群之后，鼎盛人力要做的就是确立自己的属性定位、利益定位和价值定位。鼎盛人力的竞争者主要是南昌地区提供类似人力资源服务的公司，但这些企业的掌门人大都是一些国企退休的员工，抱着赚一点外快的心态在经营公司，专业性和服务效率较低。于是，鼎盛人力将自己的服务理念定位在

"专业、高效"上（属性定位），将自己的形象与其他类似企业区别开来，并通过优质的服务质量来体现自己的差异化。同时，由于鼎盛人力有一套独特的派遣员工管理方案，使企业在派遣员工时非常高效、便利，从而使鼎盛人力的服务形成了"省心、放心"的特点（利益定位）。鼎盛人力在与企业合作的过程中，始终坚持着"诚信、共赢"的价值理念，把客户当作朋友，用心为客户服务（价值定位）。这一切使鼎盛人力很快获取了客户资源，迅速占领了南昌市场，并不断向南昌以外扩张。

此时，鼎盛人力找准了自己的位置，将自己定位于本土化、专业化的人力资源服务公司，将公司的劳动力来源定位在江西本土，将公司的目标顾客定位于各类劳动力短缺企业，并针对企业定位逐步建立了一条集"开发—派遣—管理"于一体化的人力资源服务产业链。

3. 到位

鼎盛人力的到位策略主要是围绕"本土化、专业化"这一定位点展开的。主要是从员工、价格和沟通三个方面实现公司定位的。

（1）员工要素。在员工的招聘方面，鼎盛人力经历了几个不同阶段。第一阶段是公司成立之初。目标客户主要在南昌，公司通过下乡的方式到南昌各地级市和周边村镇招募劳动力。春节前一个星期，正是农民工返乡高峰期，公司分团队出发，进行地毯式搜索，招募劳动力。除此之外，还在村镇各零售商店让店主发放宣传单，并按招募的劳动力付给相应酬劳。在春节结束即将外出务工时段，公司在各村头、路口、公交站台等人员集中地带进行招聘宣传。通过这些方式，公司迎来了数量不少的第一批劳动力。第二阶段是公司通过一些网络媒体做推广的时期。公司在 58 同城、赶集网以及南昌本地部分门户网站等做网络平台竞价推广，利用新兴网络渠道招募劳动力。此外，劳动力招募来了之后需要对其进行体检，公司为了方便这些劳动力，提高体检效率，将招聘会和接待点设置到了医院附近的公交站点，提供接人、体检、送人等一站式服务。第三阶段是公司启用了新的招募方式阶段。通过公司内部员工推荐劳动力，并给每介绍一人的员工支付500~600 元的劳务费，这样一来员工积极性高涨，也为公司带来了大量的劳动力资源。目前，公司这三种招募方式都在使用。由于社会老龄化趋势的日益明显、独生子女政策对年轻劳动力人口的制约，使得全社会劳动力资源短缺的情况更加严重。为了拓宽劳动力来源的渠道，公司又通过在少数民族地区挖掘劳动力资源来扩大企业招募劳动力的规模。

在外派员工管理上，鼎盛人力也费了很多心思。外派员工是企业发展的核心，只有培养出对派送企业有价值的外派员工才能为本企业带来竞争优势。鼎盛人力在培训外派员工方面花了很多精力。首先，为体现服务的专业性，鼎盛人力会根据客户的要求有针对性地对相应的外派员工做好岗前培训和思想工作。其次，在面临外派员工人事管理、劳动纠纷、法律仲裁等方面，公司也会第一时间出面解决，以体现服务的高效性。最后，对于不同类型的外派员工，鼎盛人力还会采取不同的管理方法，把外派员工当家人一样看待，关心、照顾好外派员工。因此，公司的外派员工素质相对较高，客户在聘用时省心、放心，也让鼎盛人力不断积累竞争优势。

（2）价格要素。对于大部分企业来说招聘费用和培训费用一般是每人每次200~600元，管理成本为每人每月50元左右。鼎盛人力对外派员工收取的服务费一般为每人每月50~100元，略高于市场平均价格。这一方面可以为鼎盛人力增加收入、降低管理成本；另一方面可以留住一些整体素质相对较高、就业率也相对较高的外派员工，从而降低外派员工发生劳务纠纷的可能性，让企业从纷繁复杂的劳动事务中解脱出来。事实上，这样的服务价格对很多客户企业来说也能够接受，而且感觉物有所值。

（3）沟通要素。在沟通方面，鼎盛人力一直注重极力维护好客户关系。公司通过建立QQ群、微信群等方式与客户保持着联系，会及时在QQ群、微信群里分享相关信息的即时动态情况，还经常与客户举办沙龙活动，增进与客户之间的感情。鼎盛人力还一直向客户企业传达公司的价值理念，对待客户企业诚信、友好，以共赢的态度为客户服务，与客户产生价值上的共鸣。

（四）小结

定位对于一个企业发展来说至关重要，缺乏准确定位的企业难以持续发展。鼎盛人力使用"钻石定位"模型的基本理论和方法，结合企业所处的实际环境，找准了企业的定位，有效地占据了顾客心智。首先，公司在市场分析的基础上找到了目标市场（目标客户群）。其次，确定了细分市场目标顾客的利益点，并根据这个利益点确定了公司服务的属性定位点和价值定位点。最后，通过整合企业所有资源，在员工要素、价格要素和沟通要素方面实现到位，使企业获得了快速发展。

二、案例使用说明

（一）教学目的与用途

（1）本案例主要适用于营销管理、市场营销、创新管理等课程。

（2）本案例是一篇描述鼎盛人力公司定位问题的教学案例，其教学目的在于帮助学生理解企业定位的基本原则和要点，了解和掌握"钻石定位"模型的相关知识和具体方法。

（二）启发思考题

（1）企业是否需要定位？

（2）企业应该如何定位？

（3）何为"钻石定位"模型？

（4）你对鼎盛人力公司未来定位有何建议？

汉唐品阁酒店的文化营销①

摘　要： 餐饮业步入了文化营销的新时期，餐饮企业在突出菜品、技术、服务、环境优势的基础上，更加注重文化营销和企业文化的培育，市场竞争也逐步向全方位和深层面转化。文化营销作为市场营销的一项重要手段已经逐渐受到企业的重视，我国本土餐饮企业应充分运用文化营销手段，不断提高竞争力，才能在日趋白热化的市场竞争中脱颖而出。南昌市青云谱区汉唐品阁酒店，作为一家集文化博览、旅游、书院、餐饮和建筑艺术为一体的酒店，在南昌已小有名气。通过对汉唐品阁酒店文化营销的分析，能让我们了解文化营销的内涵及文化营销的组合策略。

关键词： 餐饮企业；文化营销

一、案例正文

（一）引言

在汉唐品阁酒店富有文化气息的会客大厅，温文尔雅的董事长陈建宇先生依然保持着其低调内敛的风格。陈先生一直致力于中式餐饮文化事业，从 2007 年的乡下菜餐饮连锁酒店到现在的汉唐品阁酒店，无论是设计装饰风格的定位还是把中国传统文化元素的有机植入，无一不体现出其对中国传统文化的热爱和独到理解。说到汉唐品阁酒店的成功，陈先生认为酒店独到而富有成效的文化建设与传播是一个极为关键的因素。

（二）公司简介

通过汉唐品阁酒店低调的正门，一进入院内，便豁然开朗，潺潺流水，曲径通幽，美不胜收。汉唐品阁酒店依托百年老宅而建，融明清徽派建筑与江南园林

_____

① 本案例由江西师范大学商学院的陈建老师撰写，版权归作者所有。

禅境为一体，是一座典型的中国古典园林、古典中式庭院，是名士雅集、高端宴请、私人会晤的理想场所。酒店主营淮扬菜、粤菜、杭邦小菜和精品赣菜，酒店开业 8 年来，殊荣无数，因其深厚的古典中国风范被法国酒店设计协会荣誉收藏。在汉唐品阁酒店入驻之前，这是一座很普通的四合院式的院落，在陈先生进行重新布置和装修后才成就了院落的此番气势。并且汉唐品阁酒店也因其恢宏气势和深厚的文化积淀，成为了一座传统与现代相互交融的地标性建筑，成为南昌这座历史文化名城的一张文化名片。

（三）公司的文化营销

说起公司经营的成功，陈先生说起了公司的文化营销。他说，随着消费者生活水平的提高、生活方式的改变，消费者的消费行为越来越具有"文化性"。而文化营销是要在消费者能接触到的每一个点上，都渗入文化的影响力，使文化营销成为一条活灵活现的龙，如果一个环节断裂，就给人一种死气沉沉的感觉，无法达到理想的效果，也无法实现企业的预期目标。

陈先生当初选择了这个并不为人看好的院落，从立项定位到设计装饰，从选材用料到工艺色彩，从硬装到软饰，全过程中亲力亲为，从平面到立面，从每个区间到每个角落，不放过每个细节的处理和表达。现在的汉唐品阁酒店，由内而外古朴自然、生机盎然。汉唐品阁酒店再现古典建筑艺术景观，外呈江南徽派建筑的恢宏气势，内含园林、走廊、天井、斗拱等中国古典建筑艺术元素，环境优美、布局雅致。集中式餐饮、园林建筑、禅宗意境于一体，传承与再现"天人合一"这一中华传统文化景象。每一个光顾汉唐品阁酒店的消费者无不被其中所蕴含的传统文化氛围所感染。

汉唐品阁酒店除了外在形式上让顾客感受到高档、雅致外，还强调深化其内在。出于对中国传统文化的热爱和独到见解，陈先生立足汉唐品阁酒店，携手江西师范大学文化研究院和江西书院研究协会设立了江西书院博物馆。江西书院博物馆是一家综合性、公益性、体验式的书院博物馆，集书院文化展陈、艺术展览收藏、文化学术交流、文化餐饮旅游于一体，再现儒家书院文化盛况。而今的汉唐品阁酒店由内而外，无论是其建筑外观还是内在布局，与书院环境氛围和功能需求别无二致，书院构成的藏供祭、讲学和藏书"三大事业"区与园林、生活区在汉唐品阁酒店内自然形成，无须另外重建改造，这是陈先生当初对汉唐品阁酒店文化前瞻性的定位使然。正是书院文化，让汉唐品阁酒店的文化深度获得了提升，同时也丰富了汉唐品阁酒店的品牌形象。

汉唐品阁酒店所提供的菜品，不仅有淮扬菜、粤菜中的名菜，而且也有杭邦小菜和精品赣菜，以满足不同口味偏好的顾客的需求。汉唐品阁酒店是一个综合体，其中不仅包括餐饮，还有书院文化传播、中式生活推广、艺术交流策展、园林艺术设计等文化活动，这样的产品设计不仅契合酒店本身的品牌定位，而且能够增加其品牌的附属价值。

随着互联网的普及和电子商务技术的发展，产品和服务可以通过网络被消费者所了解，企业品牌也可以通过网络得到建立和传播。汉唐品阁酒店适时地利用了互联网，为其文化营销助力。在公司的宣传展板及菜单上有企业公众号的二维码，顾客通过扫码可以关注汉唐品阁酒店的微信公众号。而在公众号中，通过家居风水、汉唐讲述之书院文化和艺术品鉴赏三大板块中相关信息的日常发布，让用户了解汉唐品阁酒店，并认同其所传达的文化，使得消费者即使身不在汉唐品阁酒店，心却受着汉唐品阁酒店文化的熏陶。

文化营销已经成为我国餐饮企业营造差异化优势、提高市场份额、提高竞争力的重要途径。餐饮企业应充分认识到文化因素对企业经营的推动作用，增强文化营销意识，构建餐饮企业文化价值链，丰富品牌文化内涵，有效实施文化营销策略，充分满足消费者的精神、文化需求，提高自身知名度和美誉度，进而建立长久的竞争优势，在市场竞争中立于不败之地。

（四）尾声

夜幕降临，陈先生坐在汉唐品阁酒店董事长办公室里，思考着酒店下一步的发展……

二、案例使用说明

（一）教学目的与用途

（1）本案例主要适用于市场营销学、服务营销学等课程。

（2）本案例是一篇描述餐饮企业文化营销的教学案例，其教学目的在于使学生对企业的文化营销实践具有感性的认识及深入的思考。

（二）启发思考题

（1）你如何看待目前餐饮企业的文化营销热现象？

（2）汉唐品阁酒店文化营销的模式是怎样的？

太阳酒业淘宝店的售后困惑[①]

摘 要：随着网络购物的日益发展，消费者维权的案例也日渐增多，综观各大报纸和电视媒体，包括"3·15"晚会，都曾把网络购物纠纷作为头条来报道，而产生这些网购纠纷的很大一部分原因是经营者产品的售后工作没有做好。产品售后是指产品出售后所提供的各种服务，包括产品介绍、安装、调试、维修、技术培训等。产品售后对一个企业的发展尤为重要，不但可以密切联系顾客与经营企业的关系，增加顾客对经营企业的信任感，增加顾客的再次购买率，而且可以提升企业的形象，丰富企业的文化，巩固和培育企业的核心竞争力。网购产品的售后问题是所有网店均需面对的，产品售后决定着顾客的好评、店铺信誉等级评分、经营销售额，甚至是网店的定位和发展方向，对网店的可持续性发展起着举足轻重的作用。本案例以太阳酒业淘宝店为背景，描述了其产品售后问题，从中找出一些关于电子商务行业中小 C 店所面临的产品售后环节中的共性问题，希望能帮助中小 C 店生存发展，繁荣整个电子商务行业。

关键词：太阳酒业；电子商务；产品售后

一、案例正文

（一）引言

近几年电子商务作为一种新型经济体，已大大推动了我国经济的发展，网络购物已成为当今社会的一种时尚，随着网购覆盖面的日益扩大，开网店的人也渐渐增多，但网店开着容易，经营难，每天有成千上万个网店诞生，也有不少的网店处于经营不善、濒临倒闭的困境。太阳酒业淘宝店的经营者王军回忆起自己淘宝店昔日的辉煌，再想到目前的窘境，不禁陷入沉思。

[①] 本案例由江西师范大学商学院的陈建老师撰写，版权归作者所有。

（二）公司及相关背景

太阳酒业是一家专业从事原装进口洋酒的进出口贸易，并在淘宝网进行销售的公司。公司位于江西省南昌市高新区，拥有海外多个洋酒品牌的独家进货渠道，150 平方米的淘宝网店工作室和商品存储空间。创办人王军于 2004 年在当地工商部门申请营业执照，并在淘宝网开店，经过 3 年的时间，网店信誉度达到两颗皇冠，月平均销售额 20 万元左右，聘请了四名员工，其中客服三人，打包一人。

淘宝网于 2003 年 5 月 10 日成立，距今约 13 年，经过多年的摸索发展，已成为中国最大、拥有消费者最多的网购平台，也是亚洲规模第一大的网络零售商务圈。淘宝网最初由阿里巴巴集团投资创办，其目标是创造全世界首选的网络零售商圈，通过联合帮派、社区、江湖等多种方式来提高网购人群的凝聚力，并采用网络团购优惠、聚划算、"双十一"、"双十二"节日促销等方法，激发网购人群的购物欲，让购买者买得满意，乐在其中。根据中国互联网信息中心（CNNIC）相关数据显示，截至 2014 年淘宝网注册用户约 8 亿人，每日的访问量很大，日访问峰值曾超过 1.2 亿次，每天的交易量也很大，日交易量峰值曾达到 43.8 亿元，而这些数值还有机会突破。随着淘宝网络技术和平台业务的发展，现在其电子商务模式已不是单一的 C2C，而是转变为一个集 C2B、拍卖、C2C、分销等多层次和多样化的综合电商平台。淘宝网创造了中国网购的神话，也为社会提供了千万个就业机会，还繁荣了金融、包装、物流等行业。据有关部门统计，2014 年天猫淘宝"双十一"全天成交额达 571 亿元，其中移动无线端交易额达 243 亿元，物流订单为 2.78 亿个，交易覆盖面达 217 个国家和地区，2015 年"双十一"，天猫淘宝全天的交易额为 912.17 亿元，其中无线移动端成交占比为 68.67%，有 232 个国家和地区参与交易，这是多么令人惊叹的数字。

（三）面临的问题

随着 2014 年阿里巴巴在美国上市，淘宝网也取得了空前的发展，在淘宝开网店也成了时下的潮流，特别是一些家庭主妇和在校大学生，开网店不仅可以增加阅历，还可以增加收入。但注册容易，经营难。据有关资料显示，在淘宝网，有 90% 多的 C 店（淘宝普通非商城店铺）在成立初期就倒闭了，随着淘宝规则和国内经济形势的改变，淘宝网 C 店的生存环境日渐艰难。虽然，淘宝网 C 店生命周期短、存活率不高有多方面的原因，但售后环节对一个 C 店的生存起着不可忽视的作用。售后环节不仅代表着企业的文化和企业的形象，而且可以密切企业与顾客的联系，提高顾客对企业的忠诚度，增加顾客的二次购买率，提高销售额，还可以得到市场对企业的反馈消息，从而提高企业的核心竞争力和可持续发展水平。

太阳酒业淘宝店截至 2016 年 6 月 30 日共有 584 件宝贝，卖家信用 31689（两颗皇冠），粉丝 237 个，好评 30677 个，差评 12 个，中评 27 个，好评率 99.88%。其中宝贝与描述相符 4.8 分（满分 5 分），比同行业平均水平高 33.17%；卖方的服务态度 4.8 分（满分 5 分），比同行业平均水平高 17.19%；物流服务的质量 4.8 分（满分 5 分），和同行业平均水平持平。购物纠纷 8 起，退货退款 15 单，部分退款 13 单，被投诉 3 次。目前销售额从开店以来的 20 万元/月降到约 2 万元/月，流量平均每天 134 次，访客 78 人左右，销售额亟待提升，网店的现状亟待改进。

（四）淘宝网部分 C 店经营者的访谈内容

2016 年初，太阳酒业在网上进行了一次市场调查，随机在淘宝网四钻以上的 C 店经营者中抽出 5 位经营者做了一次访谈，访谈的问题是：您认为对于一个淘宝网 C 店来说，影响店铺生存发展的最主要因素是什么？要想成长并持续性发展，最需要做的是什么？

被访谈者 A，男性经营者，38 岁，其经营的是皮衣行业，同时有一家天猫商城和一家 5 钻 C 店。他认为流量和售后环节是影响淘宝网店最重要的因素，没有流量意味着访客少，就算店铺的产品再好，网页做得再漂亮，没有人浏览点击也是无用的，售后对一个新开的网店来说尤其重要，做好售后工作，不仅可以挽留顾客，而且可以提高网店在顾客心中的形象，让顾客给个好评。

被访谈者 B，男性经营者，32 岁，其经营的是验钞机行业，他的淘宝 C 店等级已是一颗皇冠。他认为产品和进价是影响淘宝网店最重要的因素，高质量的产品，比别人进价低的进货渠道就是核心竞争力。他说在当今同质化严重的市场，物美价廉才可以让你的店铺脱颖而出，他还说售后服务也是非常重要的，有很多购物纠纷都可以通过积极的售后沟通化解。

被访谈者 C，女性经营者，48 岁，其经营的是服装行业，她的淘宝 C 店等级已是五钻。她认为打造爆款和周到的服务态度是影响淘宝网店最重要的因素，在一个店铺里面，有一到两款爆款产品，就能带动整个店铺的销售业绩，而周到的服务态度要贯穿售前的询问、售中的货物跟踪、售后的咨询反馈。

被访谈者 D，女性经营者，20 岁，其经营的是零食行业，她的淘宝 C 店等级已是四钻。这家零食网店成长很快，才注册一年的时间，就升为四钻店。此网店经营者同被访谈者 A 一样，认为充沛的流量是一个网店成功最重要的因素，但是单有流量是不够的，一定要转化为有效的订单，才可以让网店和产品在淘宝网的排名靠前，同时她也提到，作为一个零食经营者，她经常听取已交易成功的顾客的意见，问询顾客的口味对于进货时是必不可少的。

被访谈者 E，男性经营者，46 岁，经营保健产品，开店已 5 年，其经营的网店已达两颗皇冠级别。他说做淘宝做的是心态，一个良好的心态，不急不躁才可以把淘宝网店做成功。遇到困难时不放弃，成功了不骄傲，特别是在淘宝网，因为信誉是可以累加的，所以踏实地做好每一步，功到自然成！那种刷单，短时间花大代价打造爆款的方式是不可取的，一个好店是时间沉淀出来的，他还说，在销售的过程中，碰到一些职业差评师，在收到货后，拿差评来威胁卖家时，一定要好好地沟通，要镇定，不要害怕。

（五）王军的担忧

2015 年 3 月 15 日正式实施的新消费法"网购产品 7 天无理由退货"，成了一些不良消费者的发财之道。有的酒被用了半瓶，有的衣服被穿了 7 天，但是酒的包装和衣服吊牌都在，只要买方支付来回的邮费就可以退货，而且如果卖方免邮了，在买方退货时，卖方连寄出去的邮费都收不回来。目前淘宝的一些售后政策倾向于维护买家的权益，买家可以因不喜欢、不合适、没看清等原因要求卖家无条件 7 天退货，卖家还得承担来回的运费。有些素质低的买家把试用拆封了的产品退回给卖家，如果卖家不从，买家就会给差评，如果卖家感到委屈，要求淘宝小二维权，而此时无论是淘宝小二，还是大众评委，都是倾向于维护买家的利益。

根据对太阳酒业的每日流量、产品点击率、每月销售额、店铺级别、店铺得分、退货退款及投诉纠纷率的分析，结合对个体访谈结果和部分交易成功顾客的调查问卷，王军感到自己的淘宝店存在的问题很多，但最重要的似乎还是售后问题，因为交易评价、顾客评分、退货退款、购物纠纷这些都是在顾客收到货之后产生的，所以统统可以定为售后环节，而根据淘宝网的规则，店铺的好评、退货退款率、购物纠纷都与货物的排名和展示挂钩，都与流量相关，进而影响网店的销售额和网店的发展。

（六）尾声

近期王军一有时间就会想到太阳酒业淘宝店，面对目前网上酒类销售的激烈竞争环境以及国家对网店退货政策的改变，太阳酒业淘宝店应如何应对？是关闭结束店铺的经营还是想方设法改进淘宝店的售后服务，王军陷入了深深的思索。

二、案例使用说明

（一）教学目的与用途

（1）本案例主要适用于网络营销、电子商务等课程。

（2）本案例是一篇描述太阳酒业淘宝店售后问题的教学案例，其教学目的在于使学生对企业把互联网作为重要销售渠道时存在的售后问题具有感性的认识及深入的思考。

（二）启发思考题

（1）你如何看待淘宝店的盈利模式？

（2）你如何看待淘宝店的售后问题？

（3）如果你是王军，在面临这个局面时你将如何决策？

内外兼修：南昌洪都工程实业有限公司的精准营销①

摘　要： 在家装行业外部环境越发严酷和恶劣的挑战下，南昌洪都工程实业有限公司的家装业务在困境中逆势飞扬，以稳固增长的经营业绩一举奠定了南昌本土家装设计行业领军企业的地位。在此背景下，本案例描述了南昌洪都工程实业有限公司家装业务的发展情况，介绍了公司基于家文化的私宅定制精准营销模式。本案例还进一步介绍了该公司针对高端客户进行的别墅定制业务，分析了公司精准营销高效开展的条件保障，从而为相关企业的精准营销提供启示。

关键词： 洪都公司；家装设计；精准营销

一、案例正文

（一）引言

看似风平浪静，实则暗流涌动。楼市低迷所引发的蝴蝶效应逐渐在家装行业蔓延。2012年，全球最大的家居建材超市家得宝突然关闭了在华的所有建材门店。家得宝败走麦城，引发了业界对家装行业倒闭潮的担忧。近年来，家装行业作为房地产下游产业，和建材行业一样，面临行情冷淡的困境。消费需求难以拉动，签单慢、签单难。各种营销活动密集轰炸，透支消费者的兴趣。家装市场总容量虽大，但利润空间缩小，劳动成本上涨，家装企业遭遇"内忧外患"。

家装行业传统营销与服务模式的弊端日益凸显，随着商场租金和劳动力成本的逐渐上涨，"守株待兔"等客上门的坐店销售模式投入和产出极不对称。再加上媒体的多样化，单一媒体铺天盖地进行产品宣传的方式投入巨大而收效甚微，通过销售人员散兵游勇式地外出跑市场也很难达到长期良性的规模化营销。传统"跑马圈地"式的粗放型营销方式已经走到尽头，新营销革命已经来临，"精耕细

---

① 本案例由江西师范大学商学院的金虹老师撰写，版权归作者所有。

作"式的精准营销越发成为家装业企业发展的大趋势。在家装行业外部环境越发严酷和恶劣的挑战下，凭借"内外兼修"的精准营销战略发展，南昌洪都工程实业有限公司（以下简称洪都公司）的家装业务在困境中逆势飞扬，以稳固增长的经营业绩一举奠定了南昌本土家装设计行业领军企业的地位。

（二）公司背景

南昌洪都工程实业有限公司坐落于享有东方"爱丁堡"之美誉的江西省南昌市，是一家集内外装饰工程设计、园林绿化工程设计、预算、施工、材料于一体的专业化装饰设计公司。公司于 2003 年 9 月 6 日在南昌工商局登记注册，注册资本 120 万元。公司从事装饰设计行业多年，有着创新的设计、合理的报价，还有一批独立的专业化施工队伍，确保施工绿色环保，安全文明。

洪都公司本着"崇尚自由，追求完美"的设计理念，凭借超前的设计构思、合理的预算报价、精良的施工工艺、优质的全程服务，真诚地为每一位顾客量身定制全新、优雅、舒适的居家生活、文化空间。自公司成立以来，全体员工一直秉承"以质量求生存，以信誉求发展"的经营理念，始终坚持以客户的需求和满意为核心，以"诚信"为宗旨，不断地用优质、精美、具有创造力的空间装饰产品为客户提供更大的价值回报，从而使公司不断发展壮大。在发展壮大的 13 年里，洪都公司更凭借其精准的家装业务定位、良好的家装设计技术与服务支持，成为南昌家装设计行业中的知名企业。

20 世纪 90 年代，家装行业初现。当时大多数人的"装修"概念都停滞在了依葫芦画瓢的表层抄袭，或照搬亲朋好友的创意，或抄袭国外的装修风格。20世纪 90 年代末期，家装设计开始遍地开花，家装设计公司也逐渐壮大，人们也开始从艺术的角度考虑装修。伴随着改革开放，中国私人别墅兴起，别墅装修也进入了人们的视线。别墅装修在功能分区上也越来越清晰，艺术气息也越来越浓厚。至此，别墅装修才真正走上了正轨。洪都公司自 2003 年在南昌创立以来，一直秉承着"为本土客户打造梦想中的家居生活"的使命，通过精准营销，将公司家装设计业务明确定位为高端家装尤其是别墅家装。通过在家装行业动荡中独辟蹊径，公司在家装领域取得了卓有成效的发展。

（三）独特的爱家文化：家庭美满与事业成功相辅相成

精准高效的发展离不开文化的支撑，精准独特的文化是企业精准营销的内核。洪都公司的陈总对"家"这个字有着独到的见解。他认为，"家"对于中国人有着特殊的意义。上至国家，下至家庭，都脱离不开这个字。家文化是绵延数千年中华文化之精粹，它对我们的精神、行为都影响深远。而洪都公司家装业务的精准发展，则离不开对"家"的理解与诠释。

作为南昌本土家装行业的领导品牌，洪都公司自成立以来一直所倡导的企业精神，就包含"爱家"文化。洪都公司的爱家文化，并非很多企业所倡导的"把公司当成家"一样，简单归结为激励员工热爱公司、热爱工作的一种管理手段。它把爱自己的小家、爱企业的大家、爱国家和社会联系起来，融入企业自身的建设和发展中，并潜移默化地影响着每个洪都人的行为方式。

陈总强调，小家庭是整个社会的组成细胞，爱家，首先从爱自己的小家开始。爱小家，就要懂得爱自己的父母，懂得珍惜家庭，懂得关爱子女。一个充满欢笑、充满快乐的家庭是员工能够安心工作的坚实后盾，如何处理好家务事，维护家庭和睦，是洪都员工对自己人生的一场修行，也是公司对员工能力的一种考量。

企业则是洪都员工的第二个家，爱家，就要在企业内部形成"家"文化。长期以来，洪都人秉承的企业最核心的文化内涵就是员工的凝聚力。企业的生存发展、开拓创新、稳定持久都与员工的努力休戚相关。在家装这个人才流动率非常大的行业中，在洪都工作超过6年的老员工不胜枚举。洪都公司这种用爱家文化浸润人心的方式，已成为当地业内有口皆碑的典范。

"一定要有内涵才能成为品牌，否则只是招牌，精准的家文化让我们拥有着爱家的员工，为我们带来了众多爱家的客户，精准的家文化为我们传递和创造着精准的市场价值。"陈总对洪都品牌有着自己的理解。洪都公司为客户设计家，并不只是提供一种设计方案，更希望传递一种美好的生活方式给每一位选择洪都的客户。洪都公司用设计自己的家那样的"小爱"去装饰每一位顾客的"家"，使得每一位居住在这个空间里的成员，都感受到人与人之间美好的情感。

陈总深知，目前还有相当一部分消费者选择"游击队工人"来装修新家，但随着消费者对品质及环保越来越重视，做得好、真正为消费者考虑的家装公司，将会逐渐占领行业市场。"我觉得各家装公司，此时应精准定位市场，将原细分市场的目标客户进行重新审视与细分，选择目标市场进行有针对性的市场营销。另外，应该更重视一些关系到客户满意度的装修基础的提升，比如施工品质、设计品质、服务品质。"陈总称，近年南昌家装市场竞争特别激烈，要想占得较大的市场份额，企业应拿出自己的"看家本领"。"房子装修后最重要的是要好住、好用、安全，而洪都公司的品牌和产品价值主张，是在'家'文化的引领下，通过分析消费者个性化的生活需求，从整体功能规划到各种功能空间生活流程的设计，最终提供合适的单品配置，来实现'好住的家'这个理念。"家装市场上做"居所"的公司太多了，而洪都公司想做的，就是"家"。

（四）定位高端家装设计："私宅定制"让生活更完美

伴随着越来越多的企业踏入家装行业，如何保证装修质量？如何突破同质化的竞争？如何满足客户的不同需求……这些问题曾一度困扰着陈总。实际上，每个人从出生开始就是独特而唯一的。而房屋作为占有人的时间比较长的一个环境，从心理学的角度，需要与每一个消费者的经历、个性、习惯相连接。因此，家装要尊重房屋与人的关系，将"家"文化最终落实到每个独立的个性化小家。在这样的背景下，家装从最初的游击队式装修，到后来的模块式装修以及套餐式装修，20 年时间里，已历经整整三代发展。如今，整个行业开始朝着第四代——私宅定制的方向前进。"私宅"，是关于客户定位的，指大一点面积的房屋，有改善型居住者的业主。"定制"，指个性化，是区别于同质化的产品。

讲到定制化，其实我们很容易想到服装定制，它和人的地位及很多方面都息息相关。有一定地位的人群，更需要的是个性的凸现，不一定要奢华，但一定要量身定制。比如用材、配饰，甚至每一个图案，都是有生命的、有寓意的、有自己个人故事的。而洪都公司则将自身精准定位于家装的定制化，通过"私宅定制"的精准营销获得了差异化的市场竞争优势。谈及家装的定制化，陈总坚持这样一种观点："私宅定制要理解到材料、空间、人等所有环境里的因素的统一。在大的方面，要金、木、水、火、土等所有与环境相关联的融合，而不是材料的简单堆砌。私宅定制即为私宅个性化定制，区别于同质化的家装产品。针对目前纷扰的市场，高端消费者选择家装的时候，尤其是别墅家装，更注重闹中取静、修身养性的高层次功能。那么，装修时就需要充分考虑到这些角度。"

（五）参透高端设计之外功，修炼企业管理之内力

"修身、齐家、治国、平天下"，是中国古代成功人士的毕生追求，尽管时过境迁，时代不同，现代社会的成功人士依然有着这种人生追求。别墅，作为大多成功人士居住生活的有形载体，成为满足业主精神需求的关键，成为业主对内"修身"、"齐家"，对外"回报天下"的衔接桥梁。

"别墅是一个高端的消费，它是精英人群的一种追求。精英人群经过多年拼搏发展，达到一定境界后，非常需要追求那种能够体现个人身份的、符合自身个性的、一户一世界的生活方式。我们认为高端别墅正好完美地满足了精英人群的以上追求，而高端别墅的定制则堪称我公司私宅定制精准营销中的极致。"陈总说道，产品的创新和公司间的博弈，其焦点需要从大众市场转向细分市场、小众市场、专业市场。对家装的身份属性、阶群属性、自我肯定等属性的深入挖掘，将成为新的行业主战场。

近两年来，大大小小的高端设计公司如雨后春笋般在南昌这片热土上冒出来，同时各大装饰设计公司也纷纷发力高端，高端设计日渐显现出前所未有的市场活力。真正的高端客户在家装风格上充分张扬自己的个性，追求完美甚至是苛刻，他们特立独行，寻求自己的精神家园。而正是他们的苛刻与挑剔让设计师热血沸腾，让"设计"一词再度有了用武之地。

当然，家文化引领下的"私宅定制"精准营销需要企业全方位的支持。在家装业务方面，近年来，洪都公司精准定位于"私宅定制"，专注于150平方米以上大宅别墅排屋的个性化全装全配，打造硬装、软装真正一体化的服务。为保障公司精准营销战略的顺利开展，在洪都公司，设计师从助理设计师、主案设计师到工作室级别，有一个严格的晋级模式，每个工作室级别设计师成员的工作经验基本都在10年以上，有着很好的专业基础和丰厚的设计经验，能真正为高品质客户服务。并且洪都公司分工专业，每个人角色定位明确，每个设计师背后都有一个专业细分的团队支持，在制图、效果图、预算上细分协作，帮助设计师做到全装全配的服务落地。此外，洪都公司还实行了项目经理第一责任制，开工后项目经理是100%责任人，为所有工地现场发生的事负责。每个项目经理本身在行业也有一定的积累，对行业、工程及客户的理解很深。在项目经理背后，更有施工队长、管理中心、质检部、研究部、材料中心五大中心支持，对客户进行全面化的服务。

（六）尾声

"洪都公司有着未来的战略规划。"陈总介绍道，"洪都公司的成长概而言之，就是精准营销。"陈总表示，"在楼市调控背景下，家装市场极度萎缩，家装企业压力倍增。只要有好的产品和服务能力，相信客户会主动找到你，市场蛋糕实际上很大，如何充分挖掘客户，这就需要企业对市场进行细分，同时精准营销。"

旺市中大家跟风抄袭便可分到一杯羹，而淡市中则需要富有创造性的产品和服务来实现目标市场的精准定位。以具有差异性的优势来引导目标消费群的分流，将有限的市场份额把握在自己手中。陈总坚信，受大环境影响，家装终端客户的消费降幅最大，而位居金字塔顶层的高端群体消费反而在淡市中愈发坚挺。他认为，不单是"家"文化引领下的高端"私宅定制"，科学合理的客户消费的细分是精准营销的关键。"比如你是一家专业中式装饰公司，那就从中式设计开始，秉持中国传统特色的文化理念，把中国的文化传统、中式的装饰工艺、中国传统材料产品、家具供应链等都研究透彻，给客户一整套解决方案，你也会客源不断。只有把客户群体细分，挖掘特定群体特定文化下的特定需求，才能不断积累建设家装企业的差异化优势，从而赢得他们的认可。"陈总建议道。

细分市场的好处在于，品牌家装公司可以在保持高端形象不变的前提下，向中低端或大众市场渗透，分属的不同品牌服务不同人群，不至于流失消费者，又能争取到中低端消费者，在家装行业不景气的当下，帮助企业抢占先机。洪都公司在家装领域十余年的深耕细作和经验累积，为未来的起飞奠定了坚实的基础，而内在的模式创新又为其插上了飞翔的翅膀。经历快速创新、独树一帜的品牌特质发展阶段，洪都公司开始走在精准营销的征程上，聚集内核能量，更期待未来的崛起，当仁不让地成为南昌乃至全省高端家装领域的领军力量。

二、案例使用说明

（一）教学目的与用途

（1）本案例主要适用于管理学、市场营销学、企业战略管理中涉及市场定位、战略发展等内容的相关课程。

（2）本案例主要适用于 MBA、EMBA 或全日制工商管理类研究生、本科生教学，也适用于具备一定管理理论知识基础的企业高管自主学习。

（3）本案例是一篇描述洪都公司家装业务精准营销问题的教学案例，教学目的在于使学生对企业业务发展、精准定位等营销管理问题具有感性的认识及深入的思考，从企业核心文化塑造与业务定位选择两个角度分析问题，并提出相关解决方案。

（二）启发思考题

（1）你如何看待洪都公司家装业务的定位发展？

（2）你如何看待陈总提出的"家"文化？

（3）洪都公司家装业务精准营销的难点及症结在哪？

（4）如果你是陈总，面临市场发展困境时你将如何进行精准营销？

"奥希维康"：打造中国硒品牌①

摘　要： 本案例以江西川奇药业有限公司为对象，描述了其转型升级塑造品牌的发展道路，对中小型保健品企业打造企业品牌具有启示作用。

关键词： 科技创新；品牌；保健品

一、案例正文

江西川奇集团股份有限公司成立于 1993 年，位于江西省南昌市国家高新技术开发区，占地面积 80000 平方米，是一家从事药品与保健品研发、生产和销售的高新技术企业。2014 年，公司主营总收入超过 1.2 亿元，是目前江西药品和保健品研发与制造的领军企业。集团旗下的江西川奇药业有限公司（以下简称川奇公司）现已开发生产了 30 多个门类的"国食健字"保健食品。公司凭借自主研发的 L-硒-甲基硒代半胱氨酸产品成为江西省第一个拥有自主知识产权产品的保健品企业，并成功打造出以 L-硒-甲基硒代半胱氨酸为原料的硒补充剂——"奥希维康"。

川奇公司秉承打造"中国硒第一品牌"的理念，以"世人健康，川奇天职"为企业文化，践行"质量求生存，科研求发展，品牌为引领"的经营理念，赢得了广大消费者的信赖和社会赞誉，被评为江西省"3·15"诚信品牌建设单位。

20 世纪 80 年代末到 90 年代初，太阳神口服液等保健品一炮打响，拉开了我国保健品发展的序幕。全国的保健品企业从不到 100 家迅速发展到 3000 家，年产值从不到 16 亿元大幅上升到 300 多亿元。全行业迎来了发展的第一个黄金时期。这对于当时毅然放弃国企的平稳待遇而下海经商的孙总来说，无疑是一个巨大的机会。1993 年，孙总将创办一年的川奇食品饮料厂改名为川奇保健品厂，

---

① 本案例由江西师范大学商学院的赵卫宏教授和肖若愚、易明月撰写，版权归作者所有。

注：未经允许，本案例涉及的案例内容都不能以任何方式与手段擅自复制或传播。由于企业保密的要求，在案例中对有关名称、数据等做了必要的掩饰性处理。案例只供课堂讨论之用，并无意暗示或说明某种管理行为是否有效。

并决心采取"短平快"的战略，抢占商机。

然而，随着 1996 年"三株常德事件"的爆发，我国保健品行业出现全面的疲软。在充斥着大量虚假广告和恶性竞争的市场中，消费者对保健品也越发不信任。没有名气的中小型保健品企业更是举步维艰。保健品市场的萎靡、弥漫的品牌信任危机以及日益激烈的竞争使孙总无所适从。特别是听到消费者质疑自家的保健品时，孙总心里不是个滋味。面对严苛的市场监管体系和竞争对手的抄袭，作为老板的孙总深知唯有开发拥有知识产权的产品才有一线生机。

在孙总苦恼之际，妻子无意间提醒吃安眠药让孙总恍然大悟。"对啊，制药就是最安全、最踏实的行业。"孙总越想越激动，觉得转型制药大有可为。第二天，孙总便迫不及待地把自己的新想法与公司的领导层商量。最终，孙总成功说服领导层实施药品和保健品"两条腿走路"的转型发展战略。

通过大量的走访调研，孙总发现，资金薄弱和规模偏小，迫使很多保健品企业首先要求得生存，才能够有充足的资金和精力投入科研开发和产品生产。目前许多企业都是"一个产品打天下"，但发达国家的保健品企业都非常注重新产品的研发创新。面对外资企业的强势猛攻和国内企业缺乏技术创新、品牌忠诚，又急功近利做市场的局面，孙总意识到唯有用科研技术创新做强企业才能成功，否则不管几条腿走路都将失败。下定决心做药品的孙总首先收购了江西医药集团旗下的光华制药厂，全面展开制药业务。他一方面建设药厂，狠抓药品和保健品的质量；另一方面建立并完善全面质量管理体系，用制度保障生产合格的产品。川奇公司制定了符合其所在行业特点的质量方针和目标，并于 2004 年先后通过了国家食品药品监督局的 GMP 认证和江西省出入境检验检疫局的《进出口食品卫生注册》认证。

然而在当时的政策环境下，开发新的保健品从功能性实验到拿到证书可能要花三年时间。短短的三年却是一个企业发展的瓶颈，这让孙总如鲠在喉。2002年，研发团队在开发一个具有排铅功能的保健品时发现了排铅最好的物质——有机硒。仔细了解有机硒的市场情况后，孙总仿佛看到了公司未来发展的蓝图，感觉有机硒提取技术正是当前公司发展面临的巨大机遇，说不定能一举成为中国第一家合成有机硒的公司。三个月的时间，孙总跑遍了全国各大高校科研机构，寻找专业的研究团队进行研发。然而得到的回复却是出奇的相似，"目前中国还没有谁可以做出有机硒来"。也是机缘巧合，心灰意冷的孙总在返程的飞机上碰到了老朋友杨教授。杨教授表示自己刚刚成立的一个拥有七个化学博士的国家重点实验室愿意一试。孙总仿佛抓住了救命稻草，当即拍板启动该项目。在孙总不抛弃、不放弃精神的带领下，将有机硒的提取纯度从 20% 一直提高到了当前世界第一的 99.9%。这期间，川奇公司坚持与高校合作，共同成立了集教学、科研为一体的实习基地，并与中国科学院、中国军事医科院及美国、日本的科研团队保持长期的沟通，实时掌控保健品科技创新的第一手资讯。凭着孙总不屈不挠的精神和研发团队日复一日的努力，终于成功地开发出纯度高达99.9%的L-硒-甲基硒代半胱氨酸有机硒原料。

有了有机硒提取专利技术和国家生产许可证，接下来便要投入生产，进行产业化。依托公司强大的GMP生产线、完善的质量管理体系和高素质的科研团队，历经三年的不懈努力，川奇公司终于打造出了具有自主知识产权的功能性保健食品——"奥希维康"。该产品为国内独创，具有增强免疫力、辅助降血糖、保护化学性肝损伤、促进排铅、缓解视疲劳、提高缺氧耐受力等多种功能，是一种安全而极易吸收的小分子氨基酸片剂。公司围绕"打造中国硒第一品牌"的发展愿景为起点的品牌化体系，从品牌定位、品牌个性、视觉符号、支持功能、市场认知和情感连接六大方面构筑"奥希维康"品牌体系，通过整合营销传播形成品牌联想。川奇公司将产品命名为"奥希维康"，取自维护健康之意。产品上市两年来，形成了稳定性高、毒性低、生物活性强、代谢机理清楚的市场认知。公司前期推广采用人员推销方式，派出多名经验丰富的销售人员进行大规模直销，同时也为顾客提供专业的保健品咨询服务，使顾客增加获得感而自愿保持良好的关系。

在多年的保健品生产销售过程中，孙总深知，"如果'奥希维康'能作为一种常备的东西，让消费者理所当然地选择它作为自备或送人的好东西，那么它的销量将超乎想象"。早就怀揣自建营销网络想法的孙总拜访了各省级经销商。他发现刚起步做市场、经济实力和市场运作能力较一般的经销商，非常需要大公司的支持。于是，川奇公司决定在每个省只选择一个经销商。这样既可以防止区域窜货的发生，又能够有效地对各地经销商进行监管，形成覆盖全国市场的营销网络。

川奇公司在产品推广中发现，产品品牌和企业品牌两者是相辅相成的。如果企业没有名，产品也会大打折扣。对于这方面，孙总有着自己的规划，"川奇公司的企业品牌推广是需要火候的。当企业有了上市的公信力，且整个产品线的质量得到保证，营销推广才是最有效的。"在"奥希维康"逐渐站稳脚跟后，孙总打算在新浪网、腾讯网、中央电视台等主流媒体上投放广告，并以企业名义赞助娱乐节目和足球、女排等体育赛事，凸显企业品牌形象。公司还将投身于公益事业，成立有机硒的健康基金，惠及更多百姓。

初夏的周末，忙碌了一天的孙总拉开办公室的窗帘欣赏着窗外的美景。如今的他更多的是从容和淡定。孙总坚信，下一个20年将是历经风雨砥砺的川奇公司发展的黄金时代！

二、案例使用说明

（一）教学目的与用途

（1）本案例主要适用于管理学、市场营销学、品牌管理等课程。

（2）本案例是一篇关于川奇公司以创新铸造品牌的教学案例，从公司转型升级、科研创新、品牌塑造三个阶段展现了中小型保健品企业如何以科技创新为驱动，塑造企业品牌的过程。案例的教学目的在于使学生对中小型保健品企业如何塑造品牌、进行品牌推广等问题有感性的认识和理性的思考，对品牌塑造的动因和历程有更透彻的理解。

（二）启发思考题

（1）川奇公司是如何依托核心产品进行品牌体系构建的？

（2）试析川奇公司每个发展阶段的动因和历程。

（3）你如何看待孙总坚持科研创新的做法？

（4）你对川奇公司依托产品塑造公司品牌的战略有什么建议？

江西林发公司的现代农业市场开发[①]

摘　要：江西林发现代农业科技有限公司是主营水稻生产与销售的现代农业企业。公司自创立以来，经历了从规模化承包自种到"七代一管"全价值链科学管理的商业模式的转换过程，具有现代农业商业模式开发的典型意义。本案例描写了该公司为解决农村土地谁来种、怎么种的问题，探索以规模化租赁耕地和定制化代管服务为内涵的"七代一管"水稻生产销售全价值链管理的现代农场化发展模式过程。

关键词：现代农业；市场开发；"七代一管"

一、案例正文

程鹏，江西师范大学商学院市场营销专业本科生，2015 年毕业返乡务农创业，成为农业部"全国万名现代青年农场主"培育对象。大学四年间，程鹏进入广东大型农机公司实习，积累了现代农业生产与管理的实践知识和经验。即将毕业的 2015 年初，程鹏依托江西农机服务的基础注册创办了江西林发现代农业科技有限公司（以下简称林发公司），任公司法人、董事长兼总经理，开启了脚踏实地探索现代农业发展的梦想之旅。

秋日的稻谷芬芳，秋风吹起，千亩稻田掀起金色的稻浪。在林发公司的董事长办公室，董事长兼总经理程鹏在窗边默然伫立，思绪已远离眼前一望无际的稻田。回想着这一年半来引领公司不断开拓市场、探寻现代农业发展模式的历程，感叹至深。历经一年半的艰辛探索，他将一个初创的小公司塑造成年销售收入过千万元的企业，一举成为现代农业企业的新星；历经一年半的蓄力，他将公司生产的稻米成功打造成地方大米品牌；他致力于打通公司的生产销售全价值链，总结提炼出现代水稻生产的"七代一管"商业模式，用标准化的管理模式促进公司快速发展。看到公司的发展渐入正轨，业务范围不断拓展，他对公司的发展也满

[①] 本案例由江西师范大学商学院的赵卫宏教授和程海兵撰写，版权归作者所有。

怀憧憬。

公司创立于 2015 年 1 月，位于江西省上饶市余干县，是一家主营水稻生产与销售的公司。公司通过规模化承包耕地和定制化代管服务，采用"七代一管"商业模式，从育秧、整田、插秧、田管、收割、烘干、储粮、销售等环节对水稻生产、销售全过程实施机械化高效种植、农场化集约经营、信息化科学管理和制度化安全生产，实现了水稻生产销售的全价值链科学管理。林发公司秉持创新驱动、科技领先、诚信为本、服务至上的理念，致力于将公司打造成我国现代农业龙头企业。

江西是我国重要的粮仓，拥有水稻种植面积 5009 万亩。余干县是江西农业大县，地处鄱阳湖平原，地表平整，湖泊众多，被誉为江南"鱼米之乡"。随着城镇化的发展，农村外出务工人数不断攀升，留守老人和家庭妇女成了种田主力；"70 后"不愿种地，"80 后"不会种地，"90 后"不提种地。那么，农村的耕地谁来种？怎么种？针对农地抛荒日益严重的现象，程总既感到不安，又看到了机会。

"余干县抛荒的农田和需要代管的农田面积巨大，需要大量人工进行耕种。而农村青壮劳动力大量流出的现实使我们必须要通过引进先进的农业技术，实施机械化规模生产以提高生产效率，这意味着公司需要购入大量的农业机械设备和投入大量资金。这巨额的资金该怎么筹备呢？"程总内心焦虑不安。尽管如此，程总还是坚持认为这是一个千载难逢的机会，时不我待。他毅然决定创办林发公司，希望能为解决农业发展困境贡献自己的绵薄之力。

公司创立之初，程总立即抓住市场机会，与广大农户签订土地承包合同，获得了大量的农田耕种使用权。与此同时，程总之前的那些顾虑也随之而来。种植大量的农田需要引进先进的农业生产技术和设备来提高生产效率。此时的程总心里始终念着一件事："我该到哪里去寻找拥有先进农业技术和设备的企业？"凡打听到哪个省份在农业方面比较先进的，他就立马前往该地调研学习。就在公司招商引资一筹莫展之际，程总突然想到曾经实习过的广东科利亚现代农业装备有限公司（以下简称科利亚）或许能够对公司有所帮助。为了引进科利亚的农机设备和生产技术，程总亲自前往广东与科利亚董事长彭总谈了十多次，把项目计划书改了一遍又一遍，最后终于请到彭总到公司进行实地考察，并成功引进了科利亚的农机设备和现代工厂化育秧项目。

"购入科利亚先进农机，引进科利亚的工厂化育秧等先进农业生产技术将助力公司开拓市场，促进公司快速发展；为传统农业的现代化转型升级做出巨大的贡献。该项目的推广也将改变农民'脸朝黄土背朝天'的传统劳作方式，节约大量的人力、物力，提高公司收益。"想到这里，程总内心十分激动。然而，林发公司引进的工厂化育秧项目虽然技术先进，但是由于广大农户和种粮大户对工厂化育秧技术不了解，所以他们一开始并不接受这项技术，也不愿购买公司的商品秧。为了引进这项工厂化育秧技术，公司通过贷款和借款总共欠下了200万元巨债。公司一方面无法解决农户对工厂化育秧技术的质疑，另一方面还承担着200万元巨债的压力。夜幕降临，程总陷入了彷徨，"自己走的路到底是不是对的？这样做到底值不值得？200万元的巨款，什么时候能还回去？农户为什么不肯接受公司的商品秧？公司应该通过什么方式进行市场推广？"这些问题一直在程总的脑海中回荡。"但我是个认定一件事就坚决干到底的人，哪怕困难重重，内心还是坚信公司前景是光明的。"程总倔强地说。

为了弄清楚老百姓为什么不信任公司引进的工厂化育秧技术、不愿意购买公司生产的商品秧，程总深入到农户家里和田间地头找种田人了解原因。程总了解到，一些农户习惯了自己播种育秧，觉得经过自己的手育出来的秧可以获得稳定的收成，不相信也不愿接受他人提供的秧苗。还有一些农户认为反正育秧时节闲着也是闲着，与其花一笔钱购买商品秧，不如自己亲自育秧，还能节约一些育秧成本。"农户们最关心的事情有两个，一个是价格，另一个是质量。如果这两个关键问题都能够得到有效解决，是不是农户们就会相信公司引进的工厂化育秧技术，购买公司的商品秧呢？"程总反复思索着这一问题。深思熟虑之后，程总做出了一个大胆的决定：自己贴钱，免费给农户试用公司工厂化育出的商品秧。在农业收成后根据收成结果向农户收取费用。如果使用公司的商品秧降低了收成，公司一律给予补偿；反之，若增加了收成，则收取秧苗和插秧的费用。公司这一做法引起了农户们的热议，一时之间，许多农户纷纷上门咨询。虽然前来咨询的农户络绎不绝，但是真正选择接受服务的农户却少之又少。许多农户只是跟风前来咨询了解，实际上他们都只是观望，没有人愿意拿自己的田地进行尝试。

此时，程总又毅然做出了一个重要的决策。程总选择了十几个种田大户使用公司的商品秧作为示范，让广大农户和种粮大户亲眼见证公司商品秧的种植效果。最终，公司的商品秧以高于普通稻种的产量和质量获得了广大农户的信任，农户们也争先恐后地来公司下订单购买下一季度的秧苗。该项目的成功推广，使公司在坊间的口碑美誉不断提升。与此同时，也有越来越多的农民愿意把农田交给公司来统一耕种。程总心里感慨："工厂化育秧节约了育秧成本、提高了粮食产量，广大农户和种粮大户只有得到了实惠才会真正信任公司。"

通过免费为农田大户提供商品秧进行示范推广，广大农户和种粮大户也都对工厂化育秧所带来的效益越来越认可。看到市场上的推广效果越来越好，程总长长地舒了一口气，心里更加坚定了走下去的决心。随着工厂化育秧的技术推广，公司商品秧的订单一天天地在增加；与公司签订土地租赁承包合同的农户也越来越多。

正当农户对公司工厂化育出的商品秧表示认可，公司商品秧订单和耕地承包不断增加时，程总脑海中突然闪过一丝灵感："水稻生产包括育秧、插秧、整田、田管、收割、烘干、储存和最后的销售等环节。公司目前除了规模化承包自种业务外，只为农户提供了育秧的服务。整个生产价值链还有许多环节是空白的。如果把这些环节都做了，不就形成了一个完整的价值链，赚取水稻生产所有环节的利润吗？"想到这里，程总内心再次澎湃起来。

通过观察、走访和问询等方式了解余干县及江西其他市县水稻生产的基本情况及未来的发展情况，程总发现，江西大部分市县的水稻种植农户总体年龄结构偏大，文化程度较低，消费观念保守，水稻种植以传统的方式为主。虽然有数据显示70%的用户愿意把土地租赁给公司统一耕种，但仍有30%的农户觉得种田是一种安全和保障，希望自己亲手种植水稻。

2015年夏末，程总对水稻生产销售的所有环节进行了整合，摸索出了"七代一管"的商业模式。当客户有育秧、插秧或全程服务需求时，公司整合机械化、集约化、信息化和制度化的现代"四化"农业生产技术，为农户从育秧、插秧、整田、田管、收割、烘干、储存到销售等环节提供全价值链科学管理，使农户增收、公司增利。"七代一管"商业模式的运用使公司每亩增产稻谷100公斤以上，降低成本300余元，实现了对耕地的统一配置和集约管理，保障了粮食质量安全和员工权益，促进公司内部生产管理和外部市场开拓的有机统一，也为农业现代化发展提供了值得推广的经验借鉴。

为了运营推广"七代一管"商业模式，持续开拓市场，程总实施了一系列的营销策略。例如，公司借助官网和土地资源网等电商平台发布土地招标信息，承包自种面积得到快速扩展；公司组建了销售团队进行市场推广，使定制化代管服务范围由余干县拓展到南方水稻种植区；公司建立了股权激励体系，通过"以田入股"的方式维持与农户的长期合作关系，保证耕地的持续获取。随着市场规模的扩张，公司目前以技术入股的形式与湖南、湖北等南方水稻种植区企业建立了合作关系，形成了良好的市场认知和市场美誉。

承包种植和代管服务面积的扩大使公司的稻谷产量和服务收入持续增加，可程总觉得公司的发展还是不够。一次偶然的机会，程总被邀请参加第十一届江西鄱阳湖绿色农产品（上海）展销会，展会首日现场交易额竟超过5000万元，这让程总大为震惊。"江西鄱阳湖绿色农产品展销会上亮相的农产品无非是银鱼、脐橙等江西常见的农产品，这些看似不起眼的农产品竟然也能达到这么高的成交额，归根结底在于这些产品有一个标签——鄱阳湖绿色农产品。如果我们公司的稻米和加工后的大米能做出自己的品牌，进入鄱阳湖绿色农产品的名录，公司的产品是否能更畅销并获得更高的利润呢？"程总慎重地考虑着。

回到公司后，程总立即召开会议讲述了在上海参加展销会的所见所感，提出公司的发展要打造自己的强势产品品牌。他深知企业要长久地生存下去必须拥有自己的核心竞争力并以此获得高额利润。在市场竞争日益激烈的当下，看到机会时必须及时出手抢占，否则就会失去先机。为此，程总和各部门的主管一一约谈，并向他们描述了公司农产品品牌化发展的战略规划，最终，各部门主管被程总的执着所打动，管理层一致通过程总的提议。

程总将公司生产出的稻谷和加工后的大米送往国家质监部门进行质量安全认证，不但获得了大米安全认证，还获得了大米有机认证。获得认证后，程总立即注册了公司大米品牌，并赋予"绿色、安全、可靠"的品牌内涵。目前，公司已与湖南、湖北等地米业公司建立了长期合作关系以销售公司的安全稻谷。

公司经过一年多的运营，通过实施规模化承包自种和定制化代管服务，创造了丰厚的业绩。公司开发的"七代一管"商业模式也得到了江西省、市各级政府农业部门的高度重视和调研推广，并受到江西卫视、江西农机信息网等多家新闻媒体的专题报道，形成了良好的经济效益和社会效益。

2016年的中秋节，程总和腾讯江西与江西联通的高管坐在南昌一家咖啡厅里谈着公司的项目与发展。农业社区、农业游戏化、农产品增值、"互联网＋农业"这些前卫的概念在程总看来并不难，必须依托先进农业机械的基础，以工厂化育秧为切入点，有机整合水稻生产销售的全价值链；帮助农民从繁杂的农业作业中解放出来，促进农业增效、农户增收、公司增利。在农业生产现代化变革的风口上，公司未来的市场开拓该何去何从？是否要拥抱互联网？如何打造自己的农产品品牌？一个个疑问在程总的心中似乎已有了答案。

二、案例使用说明

（一）教学目的与用途

（1）本案例主要适用于管理学、营销管理和销售管理等课程。

（2）本案例是一篇描述林发公司市场细分、市场选择、市场定位和品牌化发展的教学案例。教学目的在于使学生对企业进行市场开发和商业模式选择等营销管理问题具有感性的认识及深入的思考，从STP和品牌两个角度分析问题，提出解决方案。

（二）启发思考题

（1）请梳理林发公司的市场开发过程。

（2）你如何理解程总的每一次决策？

（3）试分析江西林发公司品牌化发展的难点。

（4）如果你是程总，你将如何规划公司未来的发展？

洋名字，好品质

——爱家斯特门窗的品牌名称设计①

摘　要：本案例以爱家斯特门窗品牌为背景，描写了该品牌名称设计的新思路。由于发达国家的经济和科技水平高，具有良好的原产地形象，爱家斯特门窗基于刻板印象的理论基础，提出洋品牌名称设计策略。爱家斯特的洋名字有助于消费者对产品品质产生积极的联想，进而增强公司的品牌形象。

关键词：好名字；好品质；爱家斯特；品牌形象

一、案例正文

（一）引言

"好的品牌名字是会说话的"，品牌名称最重要的是区别功能和传播功能，有助于消费者轻而易举地通过公司名称来识别产品。品牌名称作为企业的无形资产（知识产权）的一部分，已被越来越多的人所知晓，因此许多企业开始追求名称的新奇和独特。品牌管理者最首要的决策就是选择一个好记的或有意义的品牌名字。由于任何特征的品牌名字都必须借助消费者的认知差异来实现真正的差异化，因此，从消费者认知特点出发制定一个有暗示性的品牌名字就显得尤为重要和有意义。在日常生活中，越来越多的企业开始给自己的企业起个"洋"名称。从事门窗经营多年的徐总近期也在筹划为自己的品牌起个好名字。

（二）公司背景

爱家斯特门窗是宏伟建筑有限公司旗下的品牌，创立于 2010 年，是专注于为不同应用环境建筑外立面的门窗及户外结构提供产品应用解决方案的系统门窗的供应商。爱家斯特门窗合理规划的厂区集设计、研发、生产为一体，占地面积

---

① 本案例由江西师范大学商学院的熊小明老师撰写，版权归作者所有。

1000 平方米，建筑面积 720 平方米，有优秀的设计研发、工程技术管理人员 20
余名，企业职工 80 多名。公司具有门窗一级、幕墙二级资质，目前年产能力达
8000 平方米，年产值达 200 万元，是一家具有雄厚实力，从事节能门窗幕墙设
计、生产、销售、安装及售后服务的专业公司。公司拥有国内外先进的数控生产
设备和检测设备，相继开发了呼吸窗、水艺窗、木纹彩色节能门窗。公司的主要
产品有铝合金、塑钢门窗、木门窗、铝包木门窗及幕墙工程，各种规格系列的门
窗达 20 多种，具有性能好、功能全、装饰性强等特点。各种系列门窗均已通过
国家检测。

爱家斯特门窗在产品上力推经济有效、节能创新的系统方案，提供符合不同
建筑物要求和不同客户要求的系统解决方案，满足客户对建筑美观、舒适、安全
的要求。爱家斯特门窗已通过 ISO9001 标准质量管理、ISO14000 环境质量管理、
OHSAS18000 职业健康安全管理三项体系认证，实施严谨的流程化管理。"精品制
造、诚信服务"是爱家斯特门窗的经营宗旨。爱家斯特门窗提供创新和技术领先
的产品解决方案，涵盖建筑外立面门窗系统、阳光房系统、遮阳和户外围护系统。

从江西南昌地区高端豪宅，到区域性标杆建筑，爱家斯特门窗丰富的产品应
用和服务经验，正为越来越多的建筑项目提供更具价值的系统门窗应用解决方
案。坚持优质的系统门窗产品和专业的技术服务，爱家斯特门窗始终致力于为江
西乃至中国的建筑带来更具前瞻性和可持续性的发展，为消费者带来全新的生活
享受。

（三）品牌名称设计规律

品牌名称设计规律通常采用"组合式"的设计思路，其实并非是单一的某一
种设计理念，但品牌名称设计的核心思路并没有变化，这就是我们常说的万变不
离其宗。通常而言，好的品牌名称设计规律要依据五方面的原则，即五大招式，
有了这样的基础，后续的品牌传播也就有了较好的基础。所谓的品牌名称设计五
大招式指的是：第一招为好记，第二招为好意，第三招为好说，第四招为好看，
第五招为好用。好的品牌名称通常有以下几个特点：一是简单，二是语调朗朗上
口，三是高大上。接下来就具体说明每个招式的运用。

第一招要好记。例如，感冒药品牌"白加黑"，相比"康泰克"、"可立克"、
"快克"等其他品牌，更为好记。

第二招要好意。公司品牌名称要考虑其蕴义、文化特征、产品属性、市场定
位，也要考虑和目标消费群体的关联性。

第三招要好说。品牌名称除了要朗朗上口之外，是否有故事内涵，是否有嚼
头，是否有曝光点，可以成为消费者茶余饭后的谈资。

第四招要好看。例如，"KFC"和"麦当劳"的品牌名称标识是非常显著的，其品牌颜色、形状都非常醒目、清晰。

第五招要好用。功能性产品对品牌名称设计还是非常讲究的。例如，清洁类的"立白"、"舒肤佳"、"超能"等品牌。

"好看"、"好用"貌似和公司名称设计的规律不相关，但事实上，其相关性是非常高的，是支撑企业品牌名称的基础。

（四）品牌命名价值

品牌名称设计的策略通常要考虑产品层面、消费者情感和观念以及目标市场特征等因素。好的品牌名称设计可以更好地作用于营销绩效，这些因素主要体现在以下几点：

（1）产品形式突出品牌内涵，产品形象丰富品牌特色。产品形式包括产品的外形设计和包装。

（2）洞察消费者情感，强化品牌联结，洞察需求情感，强化品牌记忆。只有动情的联结才能有效强化消费者对品牌的记忆。

（3）产品情感形象提升品牌形象，顾客品牌情感提升品牌价值。根据"爱屋及乌"理论，消费者对产品的情感最终会转移到对品牌的情感，进而提升品牌价值。

（4）目标市场策略确定品牌地位，市场定位战略保障品牌地位。企业明确自身的市场定位，精准掌握潜在客户的行为特征，好的品牌名称设计会有效强化特定顾客的关联，进而明确市场定位。

（五）爱家斯特命名新思路

"从长远观点来看，对一个品牌来说，最重要的就是名字。"品牌名称对品牌提升至关重要，品牌名称直接影响品牌传播效果。古有俗语："名不正，则言不顺，言不顺，则事不成。"所以，品牌名称设计成了塑造品牌的开端。

"洋"品牌名称，从登记和经营角度看，确实能带来一些好处。对登记管理者来说，由于"洋"品牌名称重名率低，名称的查询、录入工作量随之减少，提高了工作效率；对经营者来说，这些"洋"企业名称减少了因重名而跑腿之累。爱家斯特抓住了以洋求"洋"的命名新思路，迎合了部分消费者的崇洋心理。

（六）结束语

纵横商海，最终目的无疑是推出属于自己公司的品牌，使其成为世界著名品牌。把品牌装进消费者的心中，把钱装进自己的口袋。公司品牌视觉感知非常重要，而品牌名称设计是创立品牌、树立名牌的第一步。消费者都喜欢好的名字，其是一个公司产品拥有的长远性无形资产。爱家斯特以洋求"洋"的命名思路为企业进行有效的品牌营销提供了很好的借鉴，使暗示性品牌名称设计和具有不同特征的消费者人群相互协调，从而获取了最佳的传播效果。市场中一个恒定不变的标准就是：如果一个公司的产品不在乎用什么名字，设计什么商标，产品、渠道、价格都没有问题，加上大面积的营销，产品肯定都能热销，但是会增加额外的营销成本和时间成本。

二、案例使用说明

（一）教学目的与用途

（1）本案例主要适用于市场营销学、品牌管理和新产品营销等课程。

（2）本案例是一篇描述爱家斯特门窗的品牌名称设计思路的教学案例，其教学目的在于使学生对品牌名称可以遵循哪些原则强化品牌联想等品牌管理问题有更清晰、准确和透彻的理解。

（二）启发思考题

（1）你对爱家斯特品牌名称有何感知？

（2）你如何看待爱家斯特品牌名称的设计思路？

（3）分析爱家斯特品牌名称对公司品牌形象的影响表现在哪些方面？

构建产品信任体系的新方式

——以上海房隆实业有限公司为例①

摘　要：本案例以上海房隆实业有限公司为背景，描写了该公司为了应对市场经济的信任危机，采取的诸多积极措施。该公司基于"人文交流、社区经济、产业发展"的运作模式，开发出了一套独具人文特色的"YOY"社区（家庭）运营平台模式，并详细介绍了公司如何挑选产品构建公司产品的信任体系。

关键词：产品；信任体系；社区平台；生态系统

一、案例正文

（一）引言

近年来，产品丑闻层出不穷，无论在国际品牌还是国内品牌中均时有发生。如丰田汽车召回、霸王洗发水致癌事件、速成鸡、双汇食品"瘦肉精"、香奈儿5号香水丑闻等，此外，夸大其词的误导性广告，假冒伪劣的商品，任意欺骗消费者的行为等均使得各公司产品市场受到严重冲击，销量迅速下滑，损失严重，且消费者对产品丑闻极度关注，进而导致对产品产生信任危机。产品信任是消费者信任的重要一环，是品牌形成与发展的根本。如何构建产品信任体系，赢得消费者对品牌的信任是企业当前面临的重要困惑。经过十多年的市场观察，上海房隆实业有限公司在创始人林先生及夫人的带领下，探索出一套建立以家庭信任为基础的产品信任系统和服务信任系统（简称为产品信任体系）的新方式。

（二）公司背景

上海房隆实业有限公司成立于2008年，是一家致力于社区（家庭）人文健康活动与进口商品销售相结合的新型公司。上海房隆实业有限公司自成立以来，

---

① 本案例由江西师范大学商学院的熊小明老师撰写，版权归作者所有。

长期与澳大利亚维多利亚州政府、澳大利亚地方政府、澳大利亚 3000 多家庄园与企业、国内外高校、社区、国内的部分央企、地方国企、浙江和福建的民企保持良好的合作关系。上海房隆实业有限公司与澳大利亚维多利亚州亚拉腊市政府签订全面的国际社区人文家庭交流合作协议，引进了澳大利亚绿色无公害的葡萄酒、果酒、橄榄油、蜂蜜、果汁、薰衣草精油、巧克力、饼干、洗发水、肥皂等高端进口食品与日用品，与中国（上海）自贸区外高桥进口商品直销中心（即 D.I.G）签订全面合作协议。上海房隆实业有限公司通过设立在外高桥区进口商品直销中心的销售平台及社区的各种形式的品鉴体验中心，形成了一整套完整的关于人文家庭品牌运营建设的线上线下相结合的 YOY 系统：线下方面有示范综合基地、品鉴体验中心、研发配套中心、集货（团购）中心、人文交流（品鉴）VIP 示范区、移动的示范品鉴（销售）点、示范销售点、品牌营运中心；线上方面有 YOY（人文家庭 DNA）社区网站、跨境通的 YOY 优品汇体验店、微商城及订阅号和公众号。

上海房隆实业有限公司下设法律事务部、行政人事部、销售市场部、国际贸易部、电子商务部、客服中心、财务中心等部门，全面负责中国大陆区域的平台运营、建设中国大陆区域人文交流品鉴综合示范基地及国际间人文家庭协作网络体系在中国大陆区域的建设。Fundlong Pty. Ltd., Australia 为上海房隆实业有限公司在澳大利亚的关联公司，Fundlong Pty. Ltd., Australia 下设采购中心、设计中心、研发中心、品牌营运中心、跨境电子商务营运中心五个中心，分别负责在澳大利亚开展产品采购、产品与服务的营销形象设计、项目研发、品牌营运、营销策划、跨境电子海外运营等具体工作，并在澳大利亚建设人文交流品鉴综合示范基地，负责与澳大利亚的家庭及地方政府等相关机构的全面合作事宜的具体开展。

（三）运营模式

上海房隆实业有限公司致力于"人文交流、社区经济、产业发展"的运作和研究，开发出一套独具人文特色的"YOY 生活左右岸"（以下简称 YOY）社区（家庭）运营平台模式。倡导以社区（家庭）的人文家庭群落活动与人文商务服务相结合的运营模式，并以这一"家·务"模式为主，兼以其他方式推动和谐家庭、和谐社区及城市消费经济的转型升级和城镇化的深度建设，进而带动企业与社区家庭的良性互动，促进企业和社区经济的长期发展，实现社区（家庭）的和谐持续发展，构建在产品层面上的个人责任、家庭责任、企业责任、社会责任、历史责任为五大核心要素的人文家庭品牌生态责任系统。上海房隆实业有限公司秉承"圆融无碍"的理念，实现了从自贸区到社区，从自贸区的超市到自贸区的家庭的人文交流平台，从国内社区到澳大利亚社区，再到澳大利亚家庭，到澳大利亚庄园主，从国内城市到澳大利亚城市，从前端一公里，到终端一公里，公司以独创的理论，实践形成了立体化的国际间人文家庭协作网络体系。

（四）构建产品信任

众所周知，澳大利亚以食品质量和安全著称。澳大利亚是一片独立的大陆，污染比其他地方少很多，阳光雨露充足，害虫细菌也少。加之政府对食品的检疫很严格，对于食品中的添加剂和农药的使用也控制得很好。此外，澳大利亚所有食品都是天然的，无须担心转基因的风险。上海房隆实业有限公司目前阶段的产品主要通过引进澳大利亚关注人文家庭生活和注重家庭精品体验的这一阶层所长期饮用的纯庄园原生态传统产品，来推广 YOY 的生活方式。上海房隆实业有限公司通过与国内外优质生活及生活品基地共建合作，形成自有采购渠道，并系统、长期、稳定、定向地提供原产地优质生活品。YOY 人文家庭生活品鉴协作体平台上的家庭成员，凭借多年来对生活品的使用经验，借助家庭协作体平台，前往澳大利亚的各大庄园，按照严格的程序考察和筛选优质产品。在食品安全上，公司所有的生产和销售都是全透明的，从选址到种植到采摘，从酿制到精选到升华，从包装到储存到运输，每一个环节都以严谨的态度完成，每一个环节都展现在大家面前，真正做到全过程透明。具体步骤如下：

步骤一：意见领袖（寻找当地具有专业能力、专业鉴别力的名流绅士和专家进行推荐）。

步骤二：当地家庭（深入到当地家庭，考察产品的试用和使用情况，并予以举荐）。

步骤三：当地政府（得到当地政府认证，并予以举荐）。

步骤四：原产地论证（进行原产地、车间及仓储物流的全过程考察）。

步骤五：产地市场论证（深入产地的超市、酒店及相关的使用人群中，听其评价的意见和建议，并予以举荐）。

步骤六：产地社会评价（参加产地各种专业评比，接受社会公众盲品、盲评）。

步骤七：产地国家论证（严格参照澳大利亚食品及相关商品的规范和标准）。

步骤八：中国国家标准（严格按照中国商品的进口标准引进）。

步骤九：中国社会家庭认证（在社区部分群体中先行试用和使用，并予以举荐）。

步骤十：中国超市及社会评价（参加各种专业评比，在超市设立实时的品鉴和鉴赏活动，接受社会公众盲品、盲评）。

步骤十一：实时消费者评价（对客户进行系统分类，对客户的产品和服务满意度进行全动态管理)。

步骤十二：中国营销团队论证（市场营销及推广环节，并提请相关环节的工作人员予以信用道德行为质押及推荐）。

由此可见，上海房隆实业有限公司通过跨境让利，尊享澳大利亚家庭的真诚待遇，全过程全产业链地构建信用系统保障，具体来说，公司进口的产品有以下几个特色：产地优质、领袖推荐、过程透明、达到国标、品鉴推荐。上海房隆实业有限公司的 YOY 平台希望用真实的人、真实的事、真实的生活方式演绎，共同追求一种有尊严、有空间、有品质的人文家庭生活，并为协作体平台成员提供乐活、有机、手工、无污染、不含添加剂的健康优质生活品。此外，上海房隆实业有限公司的产品在澳大利亚采购和在中国大陆的销售是一体的，节省了至少5、6个中间环节，故而有着超高的性价比。

（五）结束语

公司诚信是产品信任的保障，产品信任是社会信任的基石，完善公司诚信机制、打造产品信任体系是构建社会信任的最基础工作，也是建设社会信任最直接、最实在的途径。社会信任是一个相互关联的完整系统，需要从各个方面协作努力进行综合整治方可见效。从企业构建产品信任角度，推进社会信任体系构建需要做好以下两点：一是公司需提高危机防范意识，建立危机预警机制。公司品牌是全体员工辛苦建立起来的，危机意识应时刻记在心里，不少品牌都有可能在短时间内轰然倒塌。通过建立准确灵通的监测信息系统，及时发现消费者对产品不信任的原因，从而为解决品牌信任危机提供基础，这也能间接促进社会信任体系的构建。二是公司需拥有强烈的社会责任感。这是获取消费者对产品信任的重要方式。公司在产品质量、服务、品牌传播上都应当保证真实、诚信，履行社会责任，打造一个诚信的品牌，从而能有效避免信任危机。

二、案例使用说明

（一）教学目的与用途

（1）本案例主要适用于市场营销学、品牌管理和新产品营销等课程。

（2）本案例是一篇描述上海房隆实业有限公司如何构建产品信任体系的教学案例，其教学目的在于使学生对企业可以采取哪些策略提升产品信任等品牌管理问题有更清晰、准确和透彻的理解。

（二）启发思考题

（1）你如何看待上海房隆实业有限公司构建产品信任体系的做法？

（2）你如何看待上海房隆实业有限公司挑选产品的步骤？

（3）分析上海房隆实业有限公司构建的产品信任系统对公司品牌的价值表现在哪些方面？

人力资源篇

企业初创期的艰难与彷徨①

摘　要：本案例描写了 A 企业华南分公司在初创期以及较为严峻的经济大环境下开辟新天地的艰辛和困难。A 企业尽管在程总的领导下有较快的发展，但同时也面临一系列棘手的问题，例如，核心员工消极怠工，不能快速发挥优势；总公司支持力度不够，分公司举步维艰；销售与技术服务脱节，各扫门前雪；新生力量一心跳槽，公司留人不易。这些问题此起彼伏，一直抓挠着程总的心，这些问题对任何一个初创型企业来说都是巨大的挑战。

关键词：初创期；业务骨干；销售；新员工

一、案例正文

（一）引言

A 公司华南分公司成立才一年多，分公司的程总却经历了各种喜悦、忧愁与茫然。作为一个初创的销售类企业，如何带领员工在当前这种经济形势下开辟新的天地，如何留住更多优秀的员工，如何不断扩大公司的规模和增加公司的优势，如何激发员工的工作斗志等一系列的问题，从公司成立之初就一直困扰着程总。当他认为某个问题已经解决了，新的问题却又初现端倪，一年多来他一直在焦灼中度过，受过总公司的嘉奖，也受到过总公司很多的质疑。

（二）公司背景

A 公司是国内最早、规模最大的塑料管材管件、卫浴、开关、五金挂件多元化建材生产企业之一。A 公司产品采用法国进口生产设备和韩国进口原料，严格把关生产流程和技术环节，全面实施高品质产品工程，曾经获得"中国知名管道品牌"、"中国驰名商标"、"中国十大管业品牌之一"等荣誉，还是南极科考合作伙

---

① 本案例由江西师范大学商学院的王碧英撰写，版权归作者所有。

伴以及建材下乡重点推广品牌。公司拥有现代化生产基地，产品广泛应用于给水、排水、排污、燃气、采暖、电力、矿山、家庭整体装修、大型办公场所、酒店以及商场等领域，曾与万科房产、绿城房产、迅驰房产、鲁能房产、阳光100等大型房地产公司进行过合作，产品还被应用于鸟巢、奥运村运动员宿舍等工程中，与大企业合作、参与大项目等充分说明A公司是一个产品质量过硬、专业服务水准高超的现代企业。

A公司从20世纪末加入塑料管道行业。2003年，公司第一次有产品出口国外，从此以后，公司出口量以每年10%的速度不断增长。2005年，公司把超过营业收入8%的费用用于研究开发方面，使得企业从早期模仿起步，凭借苦心钻研管道技术，到跳过PVC给水、纳米抗菌等几个技术等级，直接开发出最核心的技术产品——PP-R磁化净水高品质管道，并将该技术应用在全系管道产品中，拉高了进军管道行业的门槛，使每户家庭都能用上不花钱的磁化水。2009年之前，A公司一直将利润视作核心目标，公司内部以产品线为主导，采用事业部制管理模式，大力推行分权和授权管理。事业部制管理模式曾经极大地调动了管理层的积极性，使得公司市值从最初几千万元高速增长到近亿元。然而，在事业部制管理模式下，产业链的一体化运作和内部资源的协同整合严重受阻。2009年后，公司的经营战略发生了巨大的转变，公司开始关注新的三大目标——市场占有率、企业现金流以及最终的企业利润。为此，组织管理也进行了一系列重磅改革，如实施精细化管理、采用组织纵向一体化与横向协同的管理模式：第一，A公司借助金融危机的契机，因势利导地全面推动精细化管理。在硬件方面，公司购买国际上最先进的制造管理系统，在工厂内部大力推行精益生产系统，实施了拉动式需求作业管理方式、JIT的物流配送方式和柔性化的生产单元。在软件方面，公司通过大力宣传，让精细管理理念深入到公司各个阶层员工的心中。第二，2009年，公司大力推行组织内部的纵向一体化与横向协同化，一方面加大内部供应比例，通过内部供应链整合降低成本；另一方面协调各事业部间的利益分割，避免产生过多的内耗，从而提升公司的综合竞争力。

A公司华南分公司的成立正是A公司战略实施的结果。该公司成立于2015年，位于享有东方"爱丁堡"之称的南昌市，主要负责A公司华南6省的市场开发、招商以及市场维护工作。分公司的最高负责人程总是总部以前负责华北地区销售的优秀区域经理之一，程总属于自动请缨来到分公司工作的。分公司自创建以来，一直坚持"诚信为本，客户至上"的宗旨，本着"品质为本，精益求精"的经营销售理念，力求为客户提供全方位优质服务的同时，也使企业得到长足的发展。

（三）事件发展

1. 矛盾初显

A 公司华南分公司刚成立时，老总还从总部抽调了两名业务骨干来帮助程总建功立业，服务时间为两年，工资待遇由总公司和分公司共同承担，总公司主要支付这两名业务骨干的外调生活补贴、绩效奖励以及分红，分公司主要支付他们的基本工资以及本地区的绩效奖励。同时，程总也通过网络、报纸以及电视等媒体招兵买马。由于公司刚刚起步，人力、物力、财力等各方面都比较缺乏，招聘来的 8 名销售人员和 3 名技术人员基本上都是新手。程总不得不和两名总部的业务骨干一起对这 11 位新手进行系统的培训。总共进行了为期一周的业务和技术培训，内容包括技术能力培训、工作态度培训以及专业销售技巧培训等。接下来，公司要做的就是开拓市场，先从江西省开始开发。程总要求公司所有员工对潜在的客户挨家挨户进行拜访，这种方式有利于不熟悉市场和客户的新员工更快地了解和熟悉市场，但这种方式遭到了两名业务骨干的强烈反对。原因在于，这两名业务骨干中，一位是总公司的销售主力，另一位是总公司的技术主力。他们以前的工作更多的是针对大型企业和公司来做的，工作条件比较好，市场维护相对容易，再加上前几年生意比较好做，公司的产品质量相对领先，公司产品很容易就推销出去了，即使现在经济不景气，他们在总公司的客户群仍然是很稳定的。现在来到分公司工作，让他们像刚开始做销售的推销员一样，一家一户地开拓市场，他们确实非常不适应。加上这两位业务骨干不是江西人，对江西这边的很多情况不是很了解，他们不得不想方设法地采用新方式去推销产品和拉客户，厚着脸皮求人成了家常便饭，因此，这两名业务骨干情绪很大，动不动就向总部请示，希望调回总部。总部由于没有合适人员接替这项工作，因此对此事没有明确表态。

由于分公司开展业务的需要，程总不得不多次与这两名业务骨干进行沟通，希望他们能够"既来之则安之"，帮助分公司渡过难关。看到总部没有明确回应，这两名业务骨干也就慢慢死心了，但工作积极性仍然不是很高，有点坐等时间流逝到两年之后的感觉。程总在公司没有明显实力的情况下，只能通过口头说服来稳定员工情绪。对于新员工，程总把上门推销作为主要的考核指标，甚至硬性规定，每个销售人员每天必须发出至少 3 张名片。程总还不定期地组织员工召开经验交流会，希望帮助新员工快速成长，也促进公司市场的快速开发。两个多月后，上门推销取得了小小的成绩，有个别新员工的业绩甚至已经超过了借调来的两名业务骨干；程总也基本了解了江西的市场需求，并开始规划下一步的工作重点。然而，程总心里还惦记着一件事：怎么才能让这两位业务骨干充分发挥他们的能量呢？

2. 波澜再现

2015 年底，程总给公司总部写了第一份工作总结，不仅描绘了目前公司所开发的市场状况以及下一年的工作规划，而且向总部提出了几个请求：第一，在华南地区销售的产品在材质上要进行适当的改变。华南地区的气候特征和自然环境与华北地区有很大区别，例如，空气湿度常年比较大，产品在使用一段时间后往往由于湿度大的原因而导致外观发生较大的变化，这在很大程度上会降低消费者对产品性能的信任。第二，华南地区属于总公司新瞄准的市场，需要总部给予更多的价格优惠。由于华南分公司成立时间比较晚，加上目前的经济大环境不是很好，新员工开拓市场不具有明显的优势，总部如能暂时放弃短期利益，在价格上给予一定的支持，必将为公司带来长期的收益。第三，总公司在华南地区的广告投放以及其他总部规定的合理的政策支持，需要依据分公司的要求来提供。例如，就广告投放来看，分公司有权要求总公司投放多少块广告牌以及按照各销售地区的文化习惯提供恰当的广告内容。总部基本上同意这些请求，并在总部大会上进行了强调，但具体如何解决问题，总部要求程总自己去和总公司的研发部、生产部、市场部、销售部等进行沟通协调。

沟通之后程总才发现，与总部各个部分负责人打交道是一件多么困难的事情。每个部门都有自己的小算盘和利益考虑，比如研发部门，让他们改变产品的材质，他们就需要重新琢磨华南地区和华北地区到底有哪些区别，有没有适合而成本又比较低的替代性材质。再比如销售部，想让他们给予价格优惠，这样他们部门的利益就会受损，谁来弥补他们的损失？市场部就更烦琐了，要求他们提供个性化的广告投放，那么每个地区都要进行透彻的研究，并且要和分公司进行多次的沟通协商，这会大大增加他们的工作量，而他们所得的回报丝毫没有改变。尽管老总也承诺过会考虑这些措施的实施可能给各部门带来的业绩损失，但程总在沟通时依然阻力重重，几乎每个部门的负责人都以委婉的方式拒绝了程总的请求。

程总不敢再轻易向总部提出任何要求，当初自以为比较好处理的事情现在全变成了棘手的问题，他感觉自己很难施展拳脚，未来的一切都是未知数。忧虑之余，程总也在想，他到底应该在公司扮演一个什么角色，一个创业者还是一个经理人？到底是在公司的条条框框下进行管理，还是创新思路改进绩效？自己是不是要竭尽全力地完成一项"不可能的使命"？自己这样做到底值不值呢？一旦分公司管理不好，老总会不会对自己失去信任，要想回到原处，还有自己的位置吗？处在公司初创期的程总经常会感觉自己像热锅上的蚂蚁，业务骨干的情绪抵制，新员工的不完全信任，市场开拓的进程缓慢，员工管理的经验缺乏，一切都很难在短期内理顺。思考再三，程总决定还是要去总部与老总好好面谈一下。然而，老总给出的回答是，"你遇到的主要还是沟通方面的问题，工作环境的改变肯定会带来一系列以前没有遇到过的问题。你就当锻炼自己的沟通能力吧，这对你来说也是一个学习的过程。"

3. 一波未平，一波又起

2016 年 3 月，A 公司华南分公司接到客户的几个投诉电话，投诉技术人员未按照销售时提供的技术服务承诺履行义务，客户甚至拿出其与销售人员的谈话录音来证明销售时给出的技术服务承诺内容。最后，客户还施压说，如果不及时解决此问题，他们将向公司总部投诉，并向业内散布不利于企业产品销售的信息。程总一时气上心头，到底问题出在哪里呢？程总立刻召开了公司全员会议，要求在外地跑业务的员工也必须赶回来，否则扣掉他们本月的绩效奖励。通过深入的沟通交流后，程总得知，原来销售人员为了拉客户和提高业绩，在销售环节使出各种方法，包括给客户超出服务范围的技术服务承诺。开始时，技术人员处于市场维护的考虑承担了这些额外的服务项目，但随着客户的增多和市场的增大，技术人员难以应付过多的没有额外回报的技术服务项目，由此就出现了上述的情况。程总深刻思考了这一问题，公司销售和技术服务"两张皮"的情况，可能会给以后的人员管理以及经营管理带来很大的问题，应该想出一个方法来改变这种情况。可是，如何能让销售和技术服务变成"一条绳上的蚂蚱"呢？

（四）余波难平

在 2016 年的炎热夏季，突然有两名新员工提出辞职，而这两名新员工在所有新员工中的业绩是名列前茅的。为什么他们会突然辞职呢？程总决定与这两名员工进行一番谈话，希望他们能留下。但员工给程总的反馈是，公司工作难做，待遇还不高，员工感觉在公司没有希望，想通过跳槽改善待遇，所以不得不辞职。作为一个刚刚起步的公司，原以为员工能忍耐一时的困难，大家同甘共苦渡过难关，没想到花费很大心血培养的员工还是毅然决然地选择了跳槽。程总开始反思这个问题，关心员工们的想法，听取大家的心声。原来愿景激励并不能解决现实的生活问题，员工希望得到的是市场上公平的薪酬待遇，而不是一张空头支票。程总这才意识到公司对于竞争对手薪酬的认知缺乏，但作为初创期的企业，如何给新员工合理的工资待遇呢？公司显然在这方面还缺乏系统的研究。再过半年多，两名业务骨干也要调回总公司了，公司又少了两名能干的员工。尽管公司每天都在进行招聘的工作，但前来应聘的基本上都是应届大学毕业生，招聘过多的应届毕业生，会不会使上文的一幕不断上演呢？公司是否有能力建立一个动态的薪酬系统，现在有没有足够的人手可以去做这件事呢？是不是又要招聘人力资源管理方面的能手呢？这一个又一个的问题使程总焦头烂额。

（五）尾声

尽管程总遇到了一个又一个难以应付的问题，但经过一年多的历练，程总深刻认识到初创企业与以前工作岗位的巨大区别，他需要在管理方面做出改变，他仍然坚信困难总会过去，自己要做的就是笑对挑战。本案例看似是一个失败的案例，但其实是所有初创期的企业都会面临的普遍问题，这些问题的解决会促进企业的发展，这些问题的回避却会导致企业胎死腹中。案例中的程总并没有放弃，因为企业经过一年多的努力已经取得了较好的业绩，而且程总还在深刻反思下一步该如何改变企业的管理局面。

二、案例使用说明

（一）教学目的与用途

（1）本案例主要适用于企业管理、管理学、组织行为学和人力资源管理等课程的教学工作。

（2）本案例描述了 A 企业华南分公司所面临的用人、留人、纵向沟通以及企业管理等一系列问题，其教学目的是让学生利用企业管理、管理学、组织行为学以及人力资源管理学科中有关沟通、激励、营销等方面的理论，结合企业初创期的特点以及当前的经济大环境，提出可行的解决方案。

（二）启发思考题

（1）A 公司华南分公司的业务骨干消极怠工的深层原因是什么？

（2）你认为程总有没有可能通过自身的力量与总公司的相关人员进行顺利的沟通？

（3）对于销售和技术服务"两张皮"的问题，你能否提出一个可行的解决方案？

（4）新员工的激励与老员工的激励有什么本质区别？

中国邮政储蓄银行 J 分行人才队伍建设的困惑[①]

摘　要：企业创新发展与人才队伍建设往往是相辅相成、互为因果的。本案例中，中国邮政储蓄银行 J 分行在新金融时代的压力下，人才队伍建设落后于公司发展需求，突出问题为人员整体素质偏低、人才结构性矛盾突出、招聘机制不灵活、培养开发体系不完善、考核与退出机制不健全及人力资源管理队伍人员不足。于是，J 分行主管尝试从招聘配置、培养开发、绩效激励等方面完善该分行人才队伍建设。

关键词：人才；改革；邮政储蓄银行

一、案例正文

（一）引言

拖着疲惫的身子，王总一进家门就瘫坐在沙发上。强忍困意抬眼望去，墙上的时钟已过了凌晨 2 点。自从总行下达《年度考核目标改革方案：综合化、轻型化、精细化、智能化》任务后，身为中国邮政储蓄银行 J 分行（以下简称为"J 分行"）行长，王总日日忙得不可开交，下到一线员工上到支行主管纷纷抱怨不休，原本就捉襟见肘的人力班子几乎陷入瘫痪。打从几个支行陆续捅了篓子后，王总不得不事事亲力亲为，本非事必躬亲，两个月来却是身心俱疲，这都要从涣散的人力政策说起。J 分行业务量在区域内数一数二，人人挤破脑袋往里钻。但其内部人才结构不合理，加之管理不善，一直存在着低岗位人员冗余，复合型人才稀缺，高管员工老龄化，新晋员工业务不精，培训效果不佳，绩效评核执行受阻，人员流动率颇高等问题。如今行业发展逐步跨入新金融时代，总行目标远大，J 分行也不得不赶鸭子上架。可这样的日子什么时候是个头？

[①] 本案例由江西师范大学商学院的李晓园教授、李文娟、陶辉撰写，版权归作者所有。

（二）公司背景

经过近百年发展，中国邮政储蓄银行在我国金融市场已占据了举足轻重的地位，其主要发展历史如图 1 所示。自 2007 年 12 月 6 日 J 分行正式挂牌开业以来，J 分行共辖 11 个市分行、81 个县（市）支行、739 个二级支行和 655 个邮政代理网点。到了 2015 年底，全行从业人员达 6420 余人。经过 20 余年的长足发展，J 分行建立的金融服务网络在全省范围内涵盖最广、交易额最多、跨省交易成功率最高，其业务内容如表 1 所示。

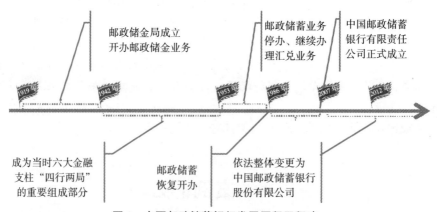

图 1　中国邮政储蓄银行发展历程里程碑

表 1　J 分行主要业务范围

业务类型	主要内容
负债业务	本外币储蓄存款、公司存款等
中间业务	国内与国际汇兑、支付结算、银行卡业务、代理保险及基金业务、理财、代收代付等
资产业务	同业存款、银团贷款、个人商务贷款、再就业小额担保贷款、小额贷款、存单质押贷款等

1. 经营效益

2015 年，J 分行迎来了"各项业务快速发展、风险管控全面加强、经营效益持续提升、员工收入稳定增长、社会影响不断扩大"的大好局面，实现了"十二五"圆满收官。五年来，全分行总资产从 1117.74 亿元增加到 2008.3 亿元，增长80%；各项存款余额从 1098 亿元增加到 1932.63 亿元，增长 76%；各项贷款余额从 51 亿元增加到 773.22 亿元，增长 1416%；营业收入从 8.9 亿元增加到 40 亿元，增长 349%；利润从 0.85 亿元增加到 16.4 亿元，增长 1829%。其中，利润、各项贷款规模、消费贷款规模、公司贷款规模和信用卡结存卡片量五个指标更是在近两年便实现了翻番。

2. 组织结构

在 J 分行辖区内，各分（支）行基本由高级管理层和内设部门两大支点组成。首先，高级管理层根据需要设立专门委员会，委员会主任由各分（支）行领导担任。一级分行高级管理层下设 5 个委员会，二级分行高级管理层下设 3 个委员会。

其次，根据业务特点、规模效益、管理幅度等因素，各分支行精简设置不同数量的内设部门，内设部门从上至下逐级减少（见图 2）。

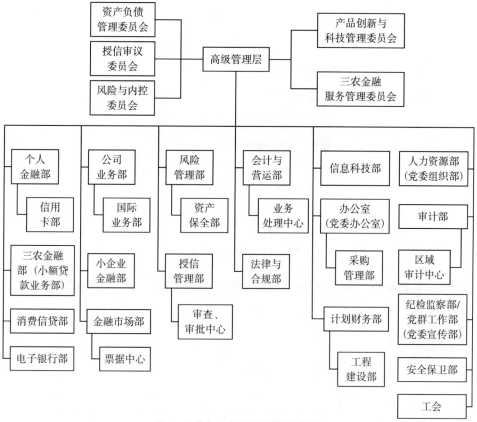

图 2　J 分行一级分行组织结构图

（1）一级分行设置个人金融部、三农金融部（小额贷款业务部）、消费信贷部等 20 个一级部门以及信用卡部、资产保全部、工程建设部等 9 个二级部门。

（2）二级分行设置 11~14 个一级部门，5~7 个二级部门。规模较大的二级分行机构设置最为齐全。

（3）一级支行设 2~3 个内设部门：公司业务部、综合管理部、三农金融部/个人金融部（规模较小的一级支行三农金融部、公司业务部合并设为综合业务部/三农金融部）。①

3. 人才队伍现状

（1）用工总量情况。截至 2015 年 12 月底，J 分行共有从业人员 6420 人，其中合同用工 5361 人，占比 83.50%；劳务用工 1059 人，占比 16.50%（见图 3）。J 分行近年来一直在加大劳务工转合同工力度，完善用工结构，劳务工累计转正 2000 余人。但由于前期劳务工占比高达 50% 以上，导致现在离《劳务派遣暂行规定》劳务工占比 10% 的红线仍有一定距离。

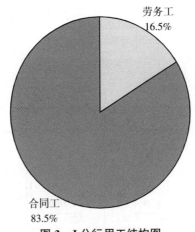

图 3　J 分行用工结构图

（2）年龄结构。截至 2015 年 12 月底，J 分行 20~30 岁人员 2623 人，占比 40.86%；31~40 岁人员 2014 人，占比 31.37%；41~50 岁人员 1537 人，占比 23.94%；51~60 岁人员 246 人，占比 3.83%（见图 4）；员工平均年龄为 35 岁，从整个银行业来看，特别是与其他国有大型银行相比，J 分行的人均年龄相对比较年轻，主要是由于近年来大力招聘优秀大学生、村干部及同业人员的加入。

（3）学历结构。截至 2015 年 12 月底，J 分行有博士研究生 8 人，占比 0.12%；硕士研究生 256 人，占比 3.99%；本科生 3079 人，占比 47.96%；大专生 2628 人，占比 40.93%；高中及以下 449 人，占比 6.99%。多年以来，J 分行一直致力于提升全分行从业人员学历水平，但目前博士、硕士等高端学历人才占比不到 5%，远低于其他商业银行平均水平（见图 5）。

---

① 鄢然. 九江邮储银行中小企业信贷融资风险识别与控制［N］. 2013-06-03.

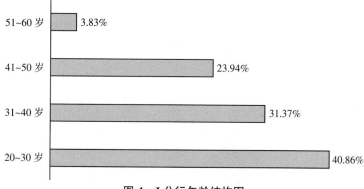

图 4　J 分行年龄结构图

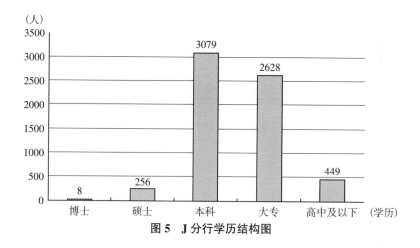

图 5　J 分行学历结构图

（4）岗位结构。截至 2015 年 12 月底，J 分行管理类人员 527 人，占比 8.21%；专业类人员 2783 人，占比 43.35%；销售类人员 1291 人，占比 20.11%；操作类人员 1602 人，占比 24.95%；其他类人员 217 人，占比 3.38%（见图 6）。

（5）高级管理人才结构。高级管理人才，主要指 J 分行各级分支机构中的主要管理人员，具体包括省、市分行的领导班子成员及省分行内设部门领导。这些人员是 J 分行经营决策和业务管理的指导者。总体来看，J 分行高级管理人才学历层次不高（见表 2）。

如表 2 所示，J 分行高级管理人才中，研究生学历不到 28%，甚至还有少量为大专学历；年龄结构老龄化严重，51 岁及以上的高级管理人才达到 44%，女性领导干部比较少，只有 12 人。

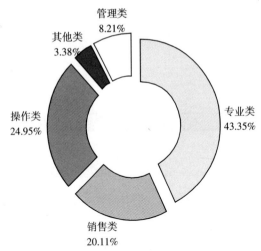

图 6　J 分行岗位结构图

表 2　J 分行高级管理人才结构

项目			合计	女	年龄						学历					政治面貌			专业技术职务			
					35岁及以下	36~40岁	41~50岁	51~54岁	女	55岁及以上	研究生	本科	专科	中专	高中以下	中共党员	民主党派	其他	高级	中级	初级	无
19~20职级	小计		2	0	0	0	0	2	0	0	1	1	0	0	0	2	0	0	2	0	0	0
	领导职务	一级分行	2	0	0	0	0	2	0	0	1	1	0	0	0	2	0	0	2	0	0	0
	非领导职务	一级分行	0	0	0	0	0	0	0	0	0	0	0	0	0	0	0	0	0	0	0	0
17~18职级	小计		13	2	0	1	6	2	0	4	5	8	0	0	0	13	0	0	5	5	3	0
	领导职务	一级分行	6	1	0	1	4	1	0	0	3	3	0	0	0	6	0	0	3	2	1	0
		二级分行	2	1	0	0	1	1	0	0	1	1	0	0	0	2	0	0	0	0	2	0
	非领导职务	一级分行	1	0	0	0	1	0	0	0	1	0	0	0	0	1	0	0	1	0	0	0
		二级分行	4	0	0	0	0	0	0	4	0	4	0	0	0	4	0	0	0	1	3	0
15~16职级	小计		28	10	0	3	14	8	3	3	6	20	2	0	0	27	0	1	1	12	13	2
	领导职务	一级分行	14	7	0	2	10	2	1	0	4	9	1	0	0	13	0	1	0	6	8	0
		二级分行	9	0	0	1	4	4	0	0	2	7	0	0	0	9	0	0	1	4	3	1
	非领导职务	一级分行	1	1	0	0	0	0	0	1	0	1	0	0	0	1	0	0	0	1	0	0
		二级分行	4	2	0	0	0	2	2	2	0	3	1	0	0	4	0	0	0	1	2	1

4. 发展战略

当前金融国际化进程不断加速，国际金融环境更趋复杂，我国经济结构正面临转型升级，国内金融市场竞争也日趋白热化。我国银行业也顺势所趋纷纷重装上阵。[①②] 总体战略的落地必须依靠了解邮政储蓄银行实际、具有高度战略眼光、对企业具有忠诚度的优秀人才来推动执行。但目前 J 分行人才队伍素质整体不高、高端人才缺乏，难以达到现代商业银行所需要的人才素质标准，与企业发展战略不相匹配。到底哪里出了问题？王总点燃戒了一年多的香烟，陷入了沉思。

（三）问题重重

1. 整体素质

自 2007 年中国邮政储蓄银行从中国邮政集团公司分营而立后，王总与公司里许多其他员工一样，从邮政企业整建制划转而来，与其他缺乏系统的金融专业知识和业务操作技能的员工不一样的是，取得国内外名校金融双学历的他，不仅精通传统业务、人民币业务和单一专业，还懂得外汇业务、贷款业务、信用卡业务、电子银行业务等现代业务。然而反观 J 分行人才状况，整体文化水平偏低，高学历人才占比较少，博士、硕士等高端学历人才占比不到 5%，远低于其他商业银行的平均水平，即使是本科、专科等学历的从业人员也多是通过电大、夜大、自学考试等途径获得的学历，受过系统化高等院校教育的全日制学历员工数量较少。此外，高管人员大多数是由邮政局管理人员直接转任的，根本不熟悉银行业务，特别是部分人员仍带有以往邮政局的工作思路来经营银行，不能及时地跟上市场发展和银行内控管理的需要。金融专业人才匮乏，很多从业人员以往只是在邮政储汇局从事过储蓄业务，在银行成立前基本都没有从事过公司业务、信贷业务、票据业务、理财业务等核心业务。从业人员无法及时捕捉市场的需求，缺少对市场的敏锐感，导致有市场需求的产品无法及时开发、创新，不能满足客户日益增长的多样化现代金融服务需求。[③]

2. 人才结构

王总反复查阅人力资源部提供的资料发现，J 分行劳务派遣用工占比较高，男女比例失衡，高端学历人才偏少。最近几年，虽然 J 分行也积极采取了同业人员引进、校企对口招录等措施，在一定程度上促进了高端人才数量的增长，但与日益剧增的业务发展需要相比，占比依然较低，总量依然较小。就这一情况，王

---

① 新华网. 中国邮政储蓄银行简介 [EB/OL]. 2012. http://news.xinhuane.

② 邮政储蓄银行的现状与发展前景——含情脉脉的橙堡 [EB/OL]. 2014. http://blog.sina.com.

③ 公告信息——赣邮网欢迎您 [EB/OL]. 2012. http://www.jxpost.com.

总特意询问了分行人力资源部多位负责人，得到的统一反馈是："当前全行低端岗位人员冗余，核心人才不足的结构性矛盾突出。"特别是缺少复合型、创新型人才。员工普遍不了解国际金融运行规则和发展形势，不熟悉国内外法律、保险、金融、证券等知识，而具备先进管理经验和创新能力的复合型人才更是十分短缺。

3. 招聘机制

有一件事让王总印象颇深。2014 年 5 月，J 分行下属的 A 分行（二级分行）业务部已成立票据中心二级部门，总行也同意批复开办票据业务。为了尽快开展票据业务，急需引进有相关从业经历的其他银行的票据人才。但由于人才招聘权限在总行，经过前期的人才招聘方案制定、等待总行批复、批复后人才招聘开展等一系列程序之后，前期初步谈好的某家商业银行的票据人才已被其他地方银行聘走，之前的招聘工作都成为无用之功，直接影响了 A 分行票据业务的发展。目前 J 分行的人才招聘主要通过三个渠道：校园招聘、社会招聘、同业引进，其中最主要的补员渠道是校园招聘。但此项工作由总行统一组织开展，人员必须要到每年的 8 月才能培训上岗到位。在这期间出现人员退休、离职、休假等导致的人员紧缺无法及时进行补员，容易导致人员的"断链"，无法形成有效的岗位制约。而社会招聘、同业引进也同样需要经过总行的批复才可开展，程序复杂，流程较长，省分行缺乏一定的招聘自主权，可能千挑万选找到的合适人才由于漫长的审查审批程序而最终化为泡影。

4. 培养体系

很多时候就算人招进来，公司的培训流程也让王总对分行的人才队伍建设缺乏信心。虽然培训计划将在每年年初经由业务部统计上报后交由人力资源部汇总，以制定当年的培训计划，但培训计划的制定没有考虑不同层面员工的个体职业能力和需求。而由于培训的开展与实施基本都是按照业务条线单独进行，导致专一人才培养多，多功能复合型人才培养少，加之内训师资薄弱，外聘专家行内知名度低，难以适应现代化商业银行对复合型人才的培训需求，培训实际效果往往令人大失所望。更多时候，J 分行的培训强调培训数量、理论培训和个人培训，较少关注实践操作、情景模拟或者团队效果。[①]

5. 考核与退出机制

自 2007 年银行从邮政公司划转的人员陆续到位后，对于 J 分行的人才队伍状况，王总记忆犹新。当时行内人员素质良莠不齐，存在个别人员特别是工龄较长、与企业签订了无固定期限的人员，长期不上班。由于一些特殊原因，企业无

---

① 中山网络问政平台［EB/OL］. 2015. http://wz.zsnews.cn/.

法与员工解除劳动合同，导致员工能进不能出，管理者能上不能下，企业无法真正有效地实施考核与退出机制，影响了人才积极性的发挥。而近 10 年来，这一状况并没有明显的改善，人才队伍缺乏竞争意识、危机意识，各项人才管理制度难以有效实施。

6. 管理队伍

当前，J 分行只有 40 多人专职从事人力资源管理岗位，却管理着全分行 6000 多人的人力资源管理工作。人力资源部经理曾向王总抱怨，包括自己在内的管理人员人力资源部只配备了三人，却需要负责全市的薪酬绩效考核、培训开发、招聘录用、社保退休、人力系统维护、干部管理等各种工作，部门经常加班。由于人力资源管理人员配备不足、管理经验欠缺、深入基层较少，不少管理人员对工作疲于应付，对基层缺乏深入细致的检查管理。此外，从事人力资源管理的人员相当部分是非人力资源管理专业毕业，许多人员并未进行过系统的培训或自学。县支行从事人力资源管理的专业人员只有一个兼职人员，而且很多是从业务岗位转岗过来的，连综合管理知识都很缺乏，更谈不上人力资源管理专业知识和技能。

（四）改革试水

想到这里，王总眼里亮光一闪，突然提起一股劲儿，"噌"地起身走进书房开启电脑，嗒嗒嗒的键盘敲击声在寂静的深夜里显得格外清脆而有力。一个月后，《J 分行人才队伍建设改革方案》（以下简称为《方案》）正式提请，以待总部审核。以下截取《方案》部分内容：

（1）改进人才招聘与配置方式。根据总行要求，拓展人才招聘渠道，加大校园招聘宣传工作，创新招聘工作流程，吸引优秀毕业生加盟 J 分行。加大同业人才引进力度，特别是加大票据、公司信贷和营运管理等条线的人才引进力度，发挥同业引进人才的辐射、带动作用和"鲶鱼效应"。开展同业引进人才培养使用情况的跟踪摸底工作，制定专门针对同业引进人才培养成长的计划。同时，实施"人岗相宜、滚动淘汰"制度。扩大竞争性选拔的层级和范围，科级及以下管理岗位原则上可以采用竞争上岗方式，实行聘任制。纠正以简单考试替代整个竞聘工作的招聘方式，防止"高分低能"现象。优化人力资源配置，向重点业务和风险控制条线倾斜，确保新增人员重点用于新业务、重要业务及风控岗位。鼓励大学毕业生等高素质人才从事信贷员、客户经理、理财经理等一线营销工作。

（2）加强人才培养开发体系建设。为员工建立参加教育培训申报审批和登记备案制度；采取问卷调查、实地查看和征求意见等方式，加强对各分（支）行的教育培训工作的督促、检查和指导，确保人才培养工作健康有序地开展。拓展培训渠道。积极参加总行与培训机构的合作办学，加强与社会培训机构合作，适度扩大网络培训规模，进一步提高视频会议的利用率和培训效果。通过集中培训、高校培训、专题研讨等形式开展管理类人才培训，提高其综合管理、财务经营与分析决策能力。通过集中、远程、外派、岗位交流锻炼等形式，促进专业类人才尽快提高专业工作能力。通过集中短训、远程学习、案例分析、营销竞赛等多种形式，提高销售人才市场拓展能力和有效营销能力。通过自主选学、远程教育、脱产培训、在职培训、岗位实操、竞技比赛、业务导师制、班前班后例会等多种形式，提高操作类人才的操作技能、业务水平和综合素质。开展职业技能大比拼活动。举办岗位技能、营销沟通、点钞等大比拼活动，规范一线人才在操作、服务、营销、网点管理等方面的行为，提升人才的操作技能，提高服务水平。

（3）完善人才激励考核机制。建立科学合理的考核指标体系。把业绩考核作为衡量人才的"硬指标"，将业绩考核的结果与岗位目标管理结合起来，制定职务晋升与考核的挂钩机制。对于考核不合格的予以退出，形成优胜劣汰，能者上、平者让、庸者下的用人机制。按照国家法律法规和总行相关文件规定，对业务发展缓慢，或管理混乱，或在排名评比中名次靠后的分（支）行，负有主要责任的领导给予调整岗位或改非。对几经考评不合格，或经群众评议不合格，或经组织考察不合格，或工作发生重大差错，或发生重大案件及以上事件的，严肃追究负有主要管理责任者的相关责任。对不符合岗位要求的人才，进行转岗培训，培训后仍达不到要求的，通过解除劳动合同、退回劳务派遣单位等方式，依法完善从业人员的退出机制。

（4）强化二级支行人才队伍建设。二级支行是银行基本组成元素，直接关系到 J 分行改革发展的推进和竞争优势的培育。其中，二级支行长的作用可见一斑。充分激发二级支行长，对二级支行长"量身定做"培训计划。同时提高大家去二级支行任职的积极性，通过职务晋升和待遇提高的方法，使收入与贡献相匹配。通过竞聘上岗或者网点综合排名，对其中部分优秀的二级支行长兼任市分行内设部门副总经理（总经理助理）或者县支行副行长（行长助理）。充分给予其一定的绩效奖励和相关待遇，以激发其工作热情。在县支行领导或市分行内设部门领导竞聘时，专门拿出一部分名额给二级支行长，好比公务员考试中专门拿出一些职位给那些"三支一扶"、村干部等人员，或者给予担任过二级支行长岗位的人员一定加分，或者在同等条件下，优先聘用有二级支行长任职经历的人员。

（五）尾声

《方案》提请总部两个月后，J 分行内刮起一阵"改革风"。大家对改革的内容分外好奇，空气中弥漫着一些紧张的气氛。更让大家意外的是，平日里许多都见不着的同事最近到行里来出勤了……

二、案例使用说明

（一）教学的目的与用途

（1）本案例主要适用于管理学、企业管理和人力资源管理等课程。

（2）本案例是一篇描述中国邮政储蓄银行 J 分行的人才队伍建设的教学案例，其教学目的在于使学生对企业，特别是国有企业人才队伍建设的重要性、人才队伍建设过程中可能出现的问题具有感性的认识及深入的思考。此外，案例中从四个角度开展的人才队伍建设方案可供参考。

（二）启发思考题

（1）你认为 J 分行人才队伍建设过程中为何会出现上述问题？

（3）你认为案例中的《方案》能否解决 J 分行的人才队伍建设问题？请说明理由。

（3）案例中对 J 分行如何推进人才队伍改革建设方案未做说明，你认为实施过程中可能出现哪些阻碍？可以采取哪些有效策略以保障方案的顺利施行？

（4）除上述《方案》外，你对于 J 分行人才队伍建设有何建议？

（三）分析思路

J 分行人才队伍的现状是受内外部环境、行业特性、自身发展等多因素共同影响、积累而成的。根据本案例透露的消息，迫于经济"新常态"下的企业转型压力，J 分行的人才队伍在实现总行提出的新金融任务目标时显得尤为力不从心。J 分行长期存在着人才结构不合理、低岗位人员冗余、复合型人才稀缺、高管员工老龄化、新晋员工业务不精、培训效果不佳、绩效评核执行受阻、人员流动率高等问题。J 分行行长王总尝试从人才招聘配置、培养开发、绩效激励等方面提出改善方案，为改进 J 分行人才队伍建设提供了探索性思路。限于中国邮政储蓄银行相关制度制定、实施流程规定，案例中并未明确说明改革方案的最终实施效果。

(四) 理论依据及分析

1. 人力资源战略理论

人力资源战略应当符合企业组织战略需要，企业应当根据当前发展现状科学预测未来需求，确定符合企业组织发展战略的人力资源战略，同时制定与组织战略相匹配的人力资源规划，这样才能有效促进组织战略中关键环节的实施，为企业战略目标达成保驾护航。企业要高度重视人力资源战略与企业组织战略的匹配，高度的契合性利于企业的可持续发展，实现企业市场竞争优势，同时获得管理层及员工的高度认可。

人力资源战略的制定与落实一般需要经过内外部环境分析、战略制定、战略实施、战略评估四个步骤 (见图 7)。

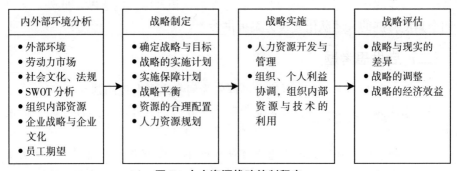

图 7 人力资源战略编制程序

2. 激励理论

尝试利用激励理论 (见图 8) 来理解和解决管理实践中遇到的问题。

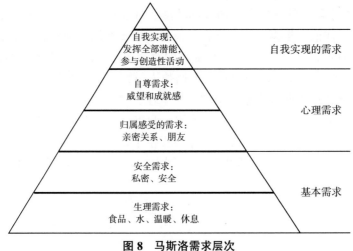

图 8 马斯洛需求层次

3. 人才队伍建设的影响因素

人才队伍建设是个长期性、系统性的工程，关系到很多方面，会受到来自外部环境、行业组织、企业自身等多重因素的制约，从而影响企业人才队伍建设工作的有效开展。企业经营管理者和决策者必须高度重视并深入分析这些因素的状况，及时制定有效策略来规避或者降低其造成的不良影响。

（五）关键要点

（1）了解国有企业人力资源改革流程的复杂性，分析总结国有企业人力资源管理工作开展常见的共性问题及其原因。

（2）注意人才资源与人力资源这两个概念的区别。

（六）建议课堂计划

本案例可以作为专门的案例讨论课来进行。如下是按照时间进度提供的课堂计划建议，仅供参考。

整个案例课的课堂时间控制在 80~90 分钟。

（1）课前计划：提出启发思考题，请学员在课前完成阅读和初步思考。

（2）课中计划：简要的课堂前言，明确主题（2~5 分钟）。

（3）分组讨论（30 分钟），告知发言要求。

（4）小组发言（每组 5 分钟，控制在 30 分钟）。

（5）引导全班进一步讨论，并进行归纳总结（15~20 分钟）。

（6）课后计划：如有必要，请学员采用报告形式给出中国邮政储蓄银行 J 分行的人才队伍建设改进方案，包括具体的实施策略等，为后续章节内容做好铺垫。

附录：邮储银行人才分类

参考国家人才分类、职业分类标准及中国邮政集团公司人才规划分类，结合中国邮政储蓄银行实际制定的《中国邮政储蓄银行人才发展规划》（2016~2020年），中国邮政储蓄银行人才分类可以构建为六大类的人才分类体系，为有针对性地培养、使用和管理人才奠定基础，人才分类具体如附表 1 所示。

附表 1　J 分行人才分类表

人才类别名称	人才类别定义	人才类别岗位举例
经营管理人才	担任领导职务并具有决策、管理权的人员	董事和监事、高级管理人员、部门负责人等
专业人才	从事业务与产品管理、风险管理、支持与服务管理的人员	产品经理、会计、营业主管、贷后管理等
科技人才	从事信息科技研究、规划设计、软件研发和运行维护的人员	信息科技管理、软件研发、运行维护等
营销人才	从事产品销售的人员	客户经理、理财经理等
基层经营骨干人才	在基层网点承担一线生产经营管理任务的负责人	网点支行长等
技能人才	在生产和服务等操作性岗位上工作的人员	柜员、内部处理等

NP 啤酒公司的绩效考核体系改革①

摘　要： 本案例以 NP 啤酒公司为例，描述了该公司在改革前期，生产系统员工工作积极性不高、生产效率低下、生产成本与日俱增、各项生产指标游离在全国行业内中下游水平、企业发展脚步严重受限的局面。在这一系列困境之下，NP 啤酒公司对生产系统员工绩效考核体系进行改革。改革后，公司成本控制、产品质量、员工工作积极性有所提高，但在实施过程中也遇到了许多有待探讨和解决的问题，公司各级目标的完成也未达预期。本案例可以启发读者思考如何提升劳动密集型企业一线员工工作绩效问题，通过有效的绩效管理留住、培养和激励一线员工，以稳固企业生产基石。

关键词： 一线生产员工；激励；绩效考核

一、案例正文

（一）引言

深夜，NP 啤酒公司的总经理办公室的灯光依然亮着，黄总在办公室一边踱步一边思考：NP 啤酒公司生产员工绩效考核体系推行至今已有两年时间，生产效益有一定的改善，但是，也遇到了一些问题，生产员工的工作积极性不太高，特别是最近员工离职人数明显增多。这究竟是为什么呢？怎样才能改变这种现状呢？黄总陷入了沉思。

（二）企业概况

NP 啤酒公司在 1994 年以 2200 万美元资本注册成立。作为江西最大的啤酒生产商，NP 啤酒公司在生产经营、技术革新、品质控制方面获得的成果在行业内遥遥领先。其发展过程中的重大事件如表 1 所示。

---

① 本案例由江西师范大学商学院的李晓园教授、邓思曼、余锦撰写，版权归作者所有。

表1　NP啤酒公司重大事件

年份	重大事件
2000	完成了20万吨/年技术改扩建项目，引进了国内外著名企业的先进设备和自动化技术，生产设备技术水平进入了国内先进行列
2009	建设年产60万吨的新厂生产基地
2011	年产10万吨的一期项目建成投产
2012	公司员工总数1500多人，其中生产系统的员工为800多人，占员工总数的53.3%
2013	啤酒年产量约26万吨，年产值近10亿元，主要经济技术指标达全国先进水平，利税总额在全国同行业排名前15

在人力资源方面，NP啤酒公司的主要机构包括15个部门，其组织结构图如图1所示。其中酿造部、包装部、动力设备部、仓储部和生产调度中心属于生产系统部门。动力车间的一线生产员工的工作主要是为各车间提供动力支持；酿造车间的一线生产员工的主要工作是制作出符合标准的清酒；包装车间一线生产员工的主要工作是对酿造车间生产出的清酒进行包装，贴标签，最后经过检验存放于仓库。一线生产员工每天都在从事着这样简单重复的工作。

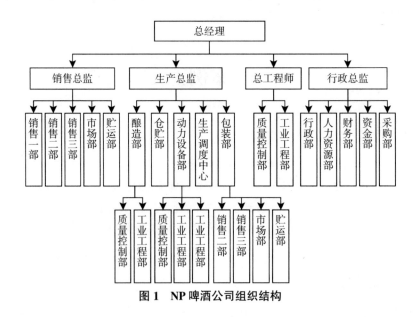

图1　NP啤酒公司组织结构

截至2012年末，NP啤酒公司员工总数达1500多人，其中生产系统的员工占到了员工总数的53.3%，超过800人。生产系统员工包括酿造部、仓储部、动力设备部、生产调度中心和包装部五个部门的所有管理人员及一线生产员工。公司内九个生产车间所有一线生产员工共有739人，占车间总人数的93.8%。一线生产员工专科及以上学历只有 14%，高中以下学历占 85%，整体素质中等偏下。

在绩效管理方面，由于 NP 啤酒公司属于劳动密集型企业，承担着全部产品的酿造、包装、提供动力设备等任务的生产系统部门，名副其实成为公司非常重要的部门，一线生产员工的工作也无疑成为企业极其重要的一部分。在过去，公司并没有形成一套完整的绩效考核体系，作为长期沿用行为考核的生产部门，管理者缺乏明确的管理目标，员工也只能盲目而重复地接受考核评价。长期以来缺乏绩效考核的生产部门没有发生大的矛盾和问题，直到 2010 年 8 月底一件事情的发生。

（三）矛盾出现

23 岁的王强是公司酿造部酿造车间的一名一线生产员工，几年前从技校应聘进入 NP 啤酒公司。王强自进入公司以来，一直都在勤勤恳恳地工作，从没有因为自己的私事而请假。2009 年春节期间，王强与自己相恋两年的女朋友结婚， 2010 年 3 月王强的妻子即将临产，为了更好地照顾和陪伴妻子，王强以陪产为名向公司请假 1 周，公司也批准了。1 周后，王强重新回到公司上班。孩子的出生，使王强更加努力地工作。2010 年 3 月底，公司按以往的流程，对公司一线生产人员进行行为考核。由于 2010 年 3 月王强请假 1 周，王强的考核分数为 65 分，这对于以前考核分数一直都是 90 分以上的王强来说是一次很大的打击，王强对此很不满，他急匆匆跑到人力资源部找到对自己进行考核的人事专员小李理论。小李说："一个月上班时间 21 天，你请了 7 天假，所以你的考核分数是 65 分。"王强对此很生气："这次我也只是因为家里确实有事情才请了一星期假，那我之前那么努力的工作你们没看到吗？怎么没有一点人情味？此外，公司的考核制度也只是概要，并没有具体的细则，谁知道你们是怎么打分的！"小李反驳道："你自己的问题不要推卸到公司的头上，请假那么久分数当然低！"王强一听就火了："谁家没点事？你们也太不讲道理了吧。"就这样，王强和小李在人事部里大吵了起来，惊动了人事部的陈部长，陈部长了解情况后，让双方先冷静一下，并对王强说："王强，你提出的意见有一定的道理，公司的管理制度确实不够具体明确，稍后我会妥善处理，你先回车间工作去吧。"

陈部长回到自己的办公室，觉得这件事有必要报告给他的直接上司人力资源总监方明，于是便拿起电话把这件事详详细细地向方总监述说了一遍，方总监听后感觉很震惊，因为公司里从来没有出现过这样的争吵事件，挂掉电话后，方总监仔细思考这件事情的原因并联想起这段时间大多数员工缺少工作热情甚至消极怠工。于是他走出自己的办公室，来到黄总经理办公室，把刚刚在人力资源部发生的事情讲述了一遍，并补充道："黄经理，我觉得这件事情和这段时间出现的一线生产员工工作积极性不高的问题，都反映出我们管理中出现了问题，那就是我们公司忽略了对公司一线生产员工明确具体的绩效考核，一线生产员工因为其岗位处于产品制造的一线现场，对生产效率、成本和质量控制具有非常重要的影响，直接决定着生产目标的达成与否，他们的工作直接关系着公司的盈利，对于我们这样的制造型企业更是如此。现行的考核方案用于公司所有员工，没有考虑到生产员工的特点，建议公司修订绩效考核方案，引导员工朝着我们公司所需要的方向努力，调动一线员工的生产积极性。"黄总经理最近也正在考虑如何提高管理科学水平，听了方总监的汇报，深以为然："你说得很对，一线生产员工对我们这种制造型企业来说很重要，直接关系到我们产品的质量和数量，确实是需要一套完整的绩效考核体系了，请你尽快制定出来，我期待着好的结果。"于是，方总监便布置人力资源部完善生产部门生产员工绩效考核方案。为了更科学地设计这套绩效考核体系，人力资源部找到了当地一家颇有名气的咨询公司。

（四）"维新变法"

2011 年初，NP 啤酒公司专门聘请了专业的管理咨询顾问公司，特别针对生产部门绩效考核体系进行问诊把脉。其中对一线生产员工的绩效考核体系是根据其完成每月规定的指标数，依照具体的评分标准进行相应的打分，打分由人力资源部门负责。一线生产员工的绩效考核分为岗位 KPI、标准作业、日常行为三个维度，其分数分别为 70 分、20 分、10 分，总分为 100 分。具体的一线生产员工绩效考核流程为收集考核数据、统计考核数据、公布考核结果、运用考核结果四个步骤。其中，收集考核数据是人事部门人员在每个月最后一天盘点一线生产员工的指标完成数，并对其进行打分；统计考核数据是一线生产员工的直接上级统计汇总当月所有下属员工的指标完成数及考核分数并报部门领导审批，再将其交给人力资源部，由人力资源部进行总分的计算，这些工作在次月 5 日之前完成；公布考核结果是在每个月的 8 日，人力资源部总监签字审批考核结果后，张贴在车间公告栏内，如此一来，一线生产员工便可知道自己上月的考核得分情况；运用考核标准是根据考核结果给生产员工发放上月的绩效工资，同时各考核周期结束后（月/年）对各车间生产员工绩效结果进行排名，根据排名"奖励第一，辞退后三"。

公司生产部门员工绩效考核体系实施之后，王强虽然没有仔细看绩效考核体系的指标及其考核的方式，但他认为公司是鼓励努力进取的，自己努力工作一定会有成效，公司一定能够看到，他相信凭着自己的努力，工作业绩会更好，收入会更高，但是 2011 年底的绩效考核却让王强很泄气。

（五）风波再起

2011 年底绩效考核，不巧的是，这次又是上次和王强有过争吵的小李主持生产部门员工的考核。这次王强的绩效考核分数还是不高，王强的 KPI 指标分数和标准作业分数很高，这两项无可挑剔，但是小李却在个人日常行为给了王强很低的分数，相应的理由是个人平时生活不检点，经常在卫生间里吸烟，污染车间环境。王强觉得很不平，便跑到了人力资源部找小李，虽然这次王强很气愤，但是他记住了上次陈部长的话，面带笑容地对小李说：“小李，你看我在我们公司也工作好几年了，一直都是勤勤恳恳地工作，也从来没有人说我的不是，虽然上次我们发生了点矛盾，但最后也算是和平地解决了，这次你给我的绩效考核分数有点偏低，绩效考核制度里并没有关于不准在卫生间里吸烟的扣分项目啊。你看我也挺不容易的，现在家里又多了个孩子需要抚养，如果这次年底考核没达到标准的话，我的年底奖金就要被扣掉，你看能不能通融下，下次我保证不在车间卫生间吸烟。”小李说：“考核成绩已无法更改，已经提交上去了。”王强听到这话顿时很生气，认为小李是在记恨上次争吵的事情。王强于是想申诉，但是其他的人事专员告诉他，人力资源部目前没有受理申诉的人员，王强申诉无门，自此对NP 啤酒公司越来越失望，在心理与生理备受煎熬了 1 个月后，毅然决然地从公司辞职，他再也无法忍受了。

（六）集体辞职

在王强辞职后的几天，公司生产部门出现了一次集体辞职事件，人数达 10 多人，他们分别来自酿造部、包装部和动力设备部，他们好像是商量好了一样，不约而同地辞职。至于这次集体辞职的原因，仍然是这段时间开始实施的绩效考核体系。虽然公司实施了这套绩效考核体系，但是大部分的一线生产员工还是并不了解绩效考核的目的及具体的细则，认为这是公司没事找事。因为这些一线生产员工大部分都是高中及以下学历水平，对于这么专业的绩效考核体系确实是看不太明白，人力资源部没有给一线员工讲解绩效考核方案，也没有对相关考核人员进行培训。因此在考核时，不同的人员对考核条款的理解也有分歧，打分也不一样，一线生产员工觉得这种考核不公平、不客观，许多一线生产员工绩效考核分数低，绩效奖金较以前有明显下降，于是一气之下，干脆集体辞职。

黄总经理看着人力资源部交上来的年度考核结果汇总表，很不满意。于是急匆匆地把管理人力资源部的方总监叫到了办公室。

“方总监，这个年度生产部的考核结果你看到了吗？这是怎么搞的？”

“黄总，我们生产部门员工的年度考核是根据每个月绩效考核分数平均值计算出来的。"

"我说的不是怎么计算的问题！你看看，本来我们啤酒生产效益比之前增长了那么多，按理说我们一线员工的绩效考核也应该是不错的，怎么大部分的分数反而只有 70 分，这样员工怎么能没意见啊？以后谁还拼命给你干活啊？为什么会出现这样的状况，怎么给我解决这个事情？你现在去请方总，让他组织人力资源部搞清楚这件事情，马上给我一个修改方案，以后绝对不能出现这样的情况！"

（七）尾声

方总监走后，黄总在办公室里思考了很久，员工积极性不高、集体辞职等这段时间以来发生的事情一幕幕不停地在黄总脑海中浮现。市场竞争越来越激烈，NP 啤酒公司究竟应该如何增加竞争力？如何科学地对一线员工实行绩效考核，以提升其积极性？黄总陷入了深深的沉思。

二、案例使用说明

（一）教学目的与用途

（1）本案例主要适用于管理学、组织行为学和人力资源管理等课程。

（2）本案例是一篇描述 NP 啤酒公司绩效改革问题的教学案例，其教学目的在于使学生对企业留人、激励等人力资源管理问题具有感性的认识及深入的思考，从群体特征和个体特征两个角度分析问题，并提出解决方案。

（二）启发思考题

（1）你如何看待 NP 啤酒公司的绩效改革方案？

（2）你认为是什么原因导致 NP 啤酒公司员工集体辞职？

（3）如果你是公司的黄总，你将怎样解决公司目前出现的问题？

BE 医药公司某分公司的人才流失问题①

摘　要：本案例通过描述 BE 医药公司某分公司在面临历史机遇及行业竞争的背景下，通过调整组织结构及薪资等措施，激发员工的工作潜能，提升公司的整体竞争力。但是，事与愿违，该改革措施不仅没有调动员工的工作积极性，反而导致员工的流失和工作倦怠。本案例分析表明，制定科学合理的人力资源战略规划对于企业是非常重要的，能为企业消除由人才供需不平衡所带来的各种棘手问题；要有有效的措施留住人才，激励人才，最终实现整个企业的战略目标。

关键词：医药企业；人才流失；员工激励

一、案例正文

（一）引言

2012 年初冬的清晨，窗外飘着雪花，BE 医药公司的李总凝视着办公桌上近期员工的辞职报告，陷入了沉思。自 2011 年春节假期结束，本来想通过公司结构调整采取一系列措施来激励员工，提高员工的积极性，以促进公司的业务发展，没想到公司销售骨干、销售员工纷纷选择辞职，就连公司销售部经理刘洋也主动离职，业务队伍力量面临着被削弱的局面。这一切是如何一步步导致的？李总很迷茫。

（二）公司发展现状

BE 医药公司的总部位于德国，是一家在医药保健领域内居领先地位的新型医药公司。在全球范围内经营保健消费品、糖尿病保健和处方药等业务。BE 医药公司是世界领先的化工及医药保健公司之一。而作为全球发展最具活力的区域，中国的发展日新月异，不断创造举世瞩目的成绩，随之而来的是生活水平的

---

① 本案例由江西师范大学商学院的范丽群老师、刘思聪、胡玉华撰写，版权归作者所有。

提高和大众对健康越来越多的关注和需求。BE 中国医药公司于 1996 年成立，依靠着公司总部先进的生物制药技术，以及公司不断投入的科研经费，不仅产出一大批疗效良好的产品，还研制了中国独立知识产权的药品，并计划未来继续在中国上市世界领先的医疗产品。目前，中国市场已成为 BE 医药公司的最大单一市场。2014 年，BE 中国医药公司的销售额达到 25 亿欧元左右。

BE 中国医药公司总部位于北京，拥有员工 6000 多人，其以业务为导向，分设以下三个业务部门：处方药品部、保健消费品部、动物保健部。在 BE 医药公司处方药西部分公司，几乎承担着公司全部业绩的销售部名副其实地成为核心部门，由于行政职能工作较少，所以将行政和人力资源合并为一个部门，由两位专员级别的员工负责。而销售部下设经理 1 名，副经理 4 人，其余为在编医药代表，共有 600 余人，根据能力又分为销售专员、高级医药代表、医药代表，公司呈现扁平化结构。由于 BE 公司的行业特点，决定了其员工都是受过良好教育的知识型员工，即便是业务型的员工大多也有医药背景。35 岁的李总是 BE 医药公司处方药西部分公司的总经理，他也是从销售部提拔而上，医科高等院校毕业，经验丰富。以刘总、陈总为代表的几位副经理也非常有能力，与李总不相上下。为此，整个销售团队中每个人都积极主动地工作，整个部门呈现和谐的局面。

然而，销售部门的积极向上并不代表公司管理制度的完美无缺。BE 医药公司的医药代表们一直以来实行"底薪＋提成＋年终奖金"的薪资制。底薪每月3000 元，提成由当月的业务销售额抽成，且业绩必须达到 80% 以上后，再根据销售额获得提成。且公司制定的业绩目标对于不同级别的医药代表是相同的。而奖金发放也不规范，几位副总在月末之时会根据每个人的表现最终确定奖金数额。不论奖金分配是否公平，工资制度的业绩导向就倾向于那些已形成广阔的人脉资源及已掌握大客户资源的医药代表。而很难去衡量那些刚进公司，奔波在外、无人脉、无资源的医科高等院校毕业医药代表的工作表现，这极大影响了这一部分员工的工作积极性。而销售部全都是通过正规招聘而不是"关系"进入公司的，其他部门从助理到文员，各种利益关系联结、错综复杂，且实行固定薪资制，工作积极性不高，部门间的协调沟通效率低下。所幸由于公司的效益一直很好，一团和气的基调下，也没有人斤斤计较。

（三）矛盾显现

2011 年以来，国家陆续出台了《全国医药流通行业发展规划（草案）》及《全国药品流通行业发展规划纲要》，中国医药行业面临着一系列变革。国家对医药行业的投入力度将不断加大，面对着这一历史机遇，各个医药企业都希望能做大做强，同时也进一步加剧了医药企业之间激烈的竞争。医药行业的迅速发展，也加速了医药企业之间的收购兼并。随着对外贸易领域开放度的深化，全球医药行业前 50 强的医药企业纷纷在华建厂，以扩展业务，迅速占领中国市场。这些全球化的医药企业，在资金、研发、人才、管理等方面都非常成熟，也进一步加大了医药企业间的竞争压力。

面对医药行业发展的历史机遇，以及在西部区域同行业公司的激烈竞争，公司总经理李总打算通过组织机构调整，加速公司的业务扩张，以稳固市场占有率。同时，BE 中国医药公司进行了战略调整，决定把总部几十种新研发的处方药率先投放在西部区域试点销售，并且把中部区域的 1/3 市场并入西部，归入西部分公司。李总随即根据总公司下达的指令，召开公司上层管理层会议，最终决定成立新的销售部奔赴中部发展新市场，将从现销售部成员中抽调及通过招聘会招聘新员工加入到新的销售部。同时也将公司其他部门员工抽调到销售部成为医药代表。这一决定在公司公布后，在公司内部人员间掀起一阵涟漪。公司是编制型，几年难得一次组织机构调整，像今日这般招聘新员工，这让在公司行政部已工作一年的小刘兴奋不已。

小刘本是国内一家知名医药大学的大四学生，做事积极主动、认真负责，希望大学毕业时能找到一份与自身专业相关的工作，进入知名的医药企业，成为一名医药代表。2009 年，BE 中国医药公司基于行业普遍的人员流失问题，联合了国内众多医药大学开展了校企联合培养计划，为 BE 中国医药公司进行人才储备，刚好小刘所读的医药大学就是试点之一。于是，经过几番考核，小刘被纳入 BE 医药公司的校企联合培养计划之中，大四一开学就开始接受相关专业知识培训。历时半年的培训结束，小刘已经熟练地掌握了 BE 医药公司各方面的业务知识。而在培养计划结束后的正式竞聘中，小刘也凭借自身扎实的专业知识及在培养计划中的优秀表现赢得招聘主管的好评。最终根据自己的意愿，小刘被分配到距离家乡最近的西部分公司。

然而上班第一天，小刘除了激动之外着实感到有些失望。本想着进入 BE 医药公司能成为一名高薪的医药代表，但报到时，却被告知分到了行政部门工作，而这与招聘主管先前的承诺不一致。而当时分公司人力资源行政部因忙于年终考评工作，没有人员前来搭理她，也没有人为她办理入职手续，并把她引荐到行政部门。经过半天时间的等待，小刘才被带到自己的部门。部门里的气氛非常和谐，大家都谈论着最近的一些热门话题，且同部门同事都很友好，每天的工作看起来也井然有序。但进公司快一年了，小刘每天都做着一些简单的行政工作，时不时还得端茶递水什么的。小刘知道这并不是她想要的！行政部没有什么大风大浪，总的来说工作环境并不像销售部门等核心部门那么紧张，气氛很是轻松。而后她也了解到当初自己为什么会被调剂到行政部。原本自己被分到了销售部，成为一名医药代表。但当时公司内部主管为挖掘掌握许多医院客户资源的"关系户"的墙角，而暗地里把她的名额挤掉了。小刘只能暗自羡慕着公司医药代表能够将自己的辛勤劳动转化为个人效益。

小刘原本担心自己的青春就这样被浪费掉，打算辞职。但听到公司这一决定，知道机会来了。她马上向原来接触并挺欣赏认可她的销售部经理刘总提出了申请。随后她就被抽调到了销售部，成为一名医药代表。在公司进行改革的这段时间，小刘上午得到消息后，下午已经被安排学习新业务，任务重时间紧，培训和学习工作每天都要进行到晚上 8 点以后，这让平时轻松惯了的小刘一时非常不适应，不过小刘非常高兴。而因为公司并没有合理的人员规划，此时的销售部因为新抽调的员工及新招聘员工的加入，医药代表人员反而比原先更多了。相比其他员工，经过联合培养计划的小刘对于公司销售业务的了解和熟悉程度远远超过其他人。小刘是位勤奋的员工，经过认真的培训和学习后，小刘马上跟进接手了原有的客户资源，但由于客户经过先前的医药代表的热情维护，对于医药代表的认可超过对产品的认可。要尽快接手，小刘只得经常上门拜访，这让她在接下来的一段时间里没有了节假日，每天奔忙于公司和医院。为了适应新的工作岗位，小刘在回家之后还得通过自学来提升自己。

经过几个月的努力奋斗，小刘和其他新进医药代表慢慢发现由于自己先前并无市场实践经验，要建立与客户的合作关系难度很大。特别是如今西部地区的客户资源大多被拉帮结派的销售专员或高级医药代表们所掌握，要融入这样的关系网真的不是自己想要的。所以，陆陆续续地有新员工迫于生存压力而选择离开公司。这种状况已存在许久。同时和已在公司工作了两三年的部分老医药代表接触后发现，他们倍感客户点增量乏力，而公司逐年逐月下达的销售任务却不断增加，医药代表人数也在不断增加，人均投入产出比降低，个人收益也在不断减少。而最重要的是工资待遇方面，小刘知道销售部以业绩第一为导向，且参照东部地区的各级医药代表的业绩目标来设置，这使得刚入职不久的代表们明显感觉，对于经济并没有其他地区发达的西部地区来说，业绩目标普遍偏高，能达到目标的月份实在是少，因而最终能拿到的工资并不高。这让起初满怀希望的小刘的情绪受到了影响，为自己的前途甚为担忧，有这样心态的不只小刘一人。面对这种情况，小刘很沮丧，她甚至想到了像其他新进员工那样离开公司。但她转念一想决定将这种情况向上级反映。于是她想把自己在工作中的发现及一些改进建议和大家分享一下。想到这里，她打开电脑，下载了《BE 西部分公司合理化建议表》，认真地填写起来。

（四）风波涌动

李总一直追求着速度与效率，也知道员工们一直承受着过于繁重的工作压力。没想到这次结构调整，会不断收到新员工的离职申请。面对这样的情况，管理层商议，决定进行工资制度改革。员工收入还是由"底薪＋提成＋奖金"构成。底薪由原来的统一标准改为以职称级别和工龄两个标准进行划分。各级职称之间的差额为 500 元，工龄每年的差额为 100 元，奖金依然不透明。新工资标准颁布刚开始时，小刘和其他医药代表都很激动，但仔细一算，公司工资中，提成占了绝大比例，虽然这样会极大地调动员工的积极性，但公司晋升渠道本就有限，"劳"与"得"的比例没有改变，小刘此时有点失望。而一批员工见状心灰意冷，悄然选择了辞职。

（五）风波难平

刘洋于 2010 年下半年加入 BE 公司，任销售部经理。他毕业于"985"高校，获得过 MBA 学位，是一位接受过良好教育、有想法有能力的中年男子。入职于 BE 医药公司之前，刘洋曾在一家上市企业任销售总监，经公司高薪聘请而来。虽然刘洋是公司的高层管理人员，但入职以来很喜欢与基层员工接触，听取员工的想法，所以对基层的情况还是很了解的。而员工们也很是欣赏刘总高度负责的态度和极强的工作能力。此时，他坐在办公室内，望着桌上的近期部门员工递上的辞职报告，暗自沉思。BE 医药公司的销售人员一直以来实行"底薪＋提成＋奖金"薪资制，除了国家规定的五险一金外，没有其他福利。但此种薪资制并不符合实际情况，也并未很好地调动员工们的工作积极性。虽然公司属于外资企业，但由于本土化及员工 100% 本籍化，其管理体制不太灵活，而医药销售出身的李总较重视销售部门，而轻视人力资源部门，该部门还停留在传统意义上的人事角色，没有设定专业人员负责人力资源的规划，导致公司岗位设置也缺乏系统规划，岗位设置行政级别采用纵向从医药代表到经理的四级制，销售人员普遍存在职位晋升通道单一、职业生涯发展受限的问题。另外，刘洋就职于 BE 医药公司之前，销售部由原先的李总分管，李总缺乏销售方面的管理经验，导致销售人员工作目标设置不合理，感受不到工作中的成就感和乐趣。由于公司本身没有人力资源部和长期规划，以致公司不重视培训，几乎没有划拨用于培训销售人员的经费，员工得不到系统职业培训带来的能力提升，只是持续地把自己的精力投入到企业中，却吸收不到企业培训的知识养分，职业生涯发展空间有限。进入公司半年多以来，细心的刘洋一直在观察其中存在的问题，也深刻认识到销售部门现存问题的严重性，如果公司不赶紧采取相应的改进措施，那么销售部将面临巨大的人才流失，影响公司的持续发展。为了吸引、留用和激励销售员工，调动现有销售人员的积极性，使公司得到长远发展，针对公司现在存在的一系列问题并结合公司实际情况，刘洋写了一份改进建议书，并决定与李总好好谈一次，希望李总能够认识到问题的严重性，并根据公司目前的发展阶段采取相适宜的管理策略，并把细节的改进实施计划书递交给了李总。

一个月后，刘洋看李总没有什么举动。有一次他到李总办公室汇报工作，看到那份改进建议书被压在李总办公桌一大堆厚厚的文件下面，似乎被封存到了岁月里。谈话间，刘洋找机会试探李总对改进建议的看法，李总先是赞扬了刘洋很有思想，然后轻描淡写地说："你的想法很好，但是由于改进计划牵涉到更大范围内的组织架构、培训、薪酬福利等制度的重大调整，需要专业人力资源管理人员和所有的部门通力配合，花费大量的时间和精力组织实施。以公司现有的状况，不论是人力、物力还是财力都不具备条件，改进计划的可操作性不强，还是以后再说吧。当前，我们全员集中精力，完成年度工作指标才是重中之重，这也是母公司最为关注的。"

李总这番话让刘洋的心凉了半截，看来李总没有认识到现有问题可能导致的人才流失和员工倦怠的工作态度给公司造成损失的严重后果。员工多数是受过良好教育、具备极强的市场竞争力的知识型人才，成就和自我价值实现欲很强，要想保留并激励他们的动力，调动其积极性来为企业创造价值，可不是那么简单的事，更不是单凭刘洋个人的热情能解决的问题。销售部门的管理工作将面临巨大的困难，面对这样的局面，又想到自身在公司的发展空间受限，公司的薪酬于他而言也不具备什么优势；想全心投入公司的变革，又得不到上司的支持，自己的才华在 BE 医药公司这个平台上难以施展，自我价值的实现受挫，无奈之下刘洋递交了辞呈。

公司正值改革关头，刘洋递出辞呈无疑给了李总当头一棒。先前几个销售员工辞职原本没引起李总的重视，如今刘洋的辞职令公司所有员工都感到很吃惊，包括还在犹豫的小刘在内的销售部员工。小刘心想，连刘总这样的高级人才都会选择离开，继续待在 BE 医药公司还有什么发展前景呢。同事们也议论纷纷，原先还在犹豫的员工也开始关注其他医药公司的招聘信息，悄悄发简历，纷纷准备跳槽。

（六）尾声

此时夜深人静，李总陷入沉思。最近公司发生的事情一幕幕在其脑海浮现。面对现如今的困境，李总该如何带领公司应对？重新调整公司组织结构？听取员工意见，制定人力资源管理战略，构建薪酬管理体系？"如何留住剩余的员工，如何吸引外部的优秀人才来公司呢?"李总陷入了深深的思考……

二、案例使用说明

(一)教学目的与用途

(1)本案例主要适用于管理学、组织行为学和人力资源管理等课程。

(2)本案例是一篇描述 BE 医药公司某分公司人才流失问题的教学案例,其教学目的在于使学生对企业吸引、留用和激励人才等人力资源管理问题具有感性的认识及深入的思考。

(二)启发思考题

(1)你如何看待 BE 医药公司某分公司的人才流失问题?

(2)为了应对人才流失问题,李总采取了哪些办法?你如何看待李总的做法?

(3)从人力资源管理的角度分析 BE 医药公司某分公司激励人才的难点在哪?

(4)如果你是李总,面临这个局面你将如何决策?

江西小马奔腾影视科技公司人力资源战略规划①

一、案例正文

(一) 引言

夜幕已降临，而小马奔腾影视科技公司的胡总却仍在办公室里沉思。近年来公司成长形势喜人，可以说是喜事一件接一件。《女神吃货季》系列微电影成功拍成，且影响很大，好评良多；省委副书记亲临公司视察校企合作基地和项目，并对企业称赞有加；一批专业精英人才加盟；无人机航拍技术及设备的引进和成功运营等。这一切让胡总对公司这几年的发展感到较为满意。但是和许多成长的影视企业一样，胡总也正经历着成长的烦恼。摆在胡总面前的是公司虽然经历着成长，但却需要为未来的方向进行合理规划。因为目前公司也有很多困难：企业未来的大方向急需抉择；人才不足，特别是复合型高层人才不足；公司有很多竞争对手；如何巩固占绝对优势的市场？未来的主要业务是什么？公司的核心竞争优势是什么？胡总感到必须对未来进行一个全盘的战略思考和规划。

(二) 公司背景

随着近年来人民群众对文化文艺方面需求的不断提高和增加，文化产业、文艺产业也日渐繁荣。政府也于近年来出台了一系列发展文化产业、广播影视业的政策，肯定了广播影视业的地位和作用。在这种大好机遇下，民营影视公司在我国应运而生。民营资本、社会资本逐渐进入影视制作行业，并开始成为中国影视产业的重要组成部分。江西小马奔腾影视科技公司正是其中一员。

落户南昌的江西小马奔腾影视科技公司是一家集脑力激荡、思维开发、理念

---

① 本案例由江西师范大学商学院的姚岳军老师和刘笛撰写，版权归作者所有。

创新、文化产品开发为一体的专业影视机构。公司拥有专业的大型电影、电视、视频设备，专业的无人机航拍设备、新媒体设备和微电影拍摄团队。企业管理人员具有较深厚的文化积淀、活跃的思维和长期的影视从业经验。企业汇集了专业的编剧、导演、摄像、编辑、化妆、灯光、包装等一流专业人才及管理人才。公司专注于影视剧、微电影、广告片、宣传片策划与摄制；提供无人机航拍、大型影视设备租赁、新媒体宣传服务；具有丰富的画册制作、网站制作、组织大型文化交流活动经验；与江西师范大学、江西现代技术学院等多家高校建立了校企合作就业实习实践合作关系。

（三）江西小马奔腾影视科技公司近年来取得的成就

江西小马奔腾影视科技公司自成立以来，便本着创新和实干精神，在一系列有特色的项目上取得了成功。公司成功策划了《女神吃货季》百集系列微电影；特别是与高校开展职业人才的培养方面卓有成效，并受到了江西省委、省政府的重视和关注。

校企合作是职业教育人才培养的重要途径，也是企业接引地气，培养企业未来技术人才和管理人才的重要方式。江西小马奔腾科技有限公司联合高校开展校企合作共建大学生专业社团，迈出了江西影视文化企业搭建校企合作平台的第一步。不久前，江西省委领导就对公司校企合作实训基地进行了专门的视察和调研。对公司职业教育实训基地建设及校企开展大学生专业社团取得的成果表示了赞许。公司先后与江西现代职业技术学院、江西师范大学、江西科技学院等高校建立了校企合作实训基地及大学生专业社团。在省委领导视察期间，以公司专业技术人员为导师、学生参与的大学生微电影协会正在组织影片摄制，省委领导一行饶有兴致地观看了现场拍摄和演出，对演员们的精彩演出和摄制人员的出色工作表示了肯定和鼓励。江西小马奔腾影视科技公司负责人汇报了小马奔腾影视剧组的发展情况以及校企合作基地建设的基本情况，当了解到江西小马奔腾影视科技公司在学校建立了含 5D 数字影院体验厅在内的 3000 多平方米的影视剧拍摄、制作一体化场馆，并吸纳了一批优秀毕业生进入公司就业的情况时，省委对这种校企合作、工学结合的人才培养模式表示了充分的肯定；对职业教育实训基地建设的作用和意义进一步作了强调，指出职业教育实训基地建设的目的就是强化学生的技术技能培养，同时企业参与职业教育，不仅提高了大学生的实践动手能力，也提高了企业专业技术人员的积极性，丰富了校企人才培养模式；基于技术角度的大学生专业社团的组建，也丰富了大学生的课后生活，为企业培育了未来的人才。公司表示将进一步加强校企合作的建设和推广，强化职业教育及对专业技术人才的培育，为大学生就业和全社会对技术人才的需求做出自己的努力和贡献。

1. 公司经营业务由单一走向多元化、纵深化发展

如今江西小马奔腾影视科技公司的业务面已经非常丰富并且已经向纵深化发展。近年来公司经营的业务包括：企业宣传片的制作、配音、字幕制作、视频编辑、大型及微电视电影制作等。随着互联网的发展及大数据时代的到来，企业宣传片的制作业务成为影视企业的一个重要业务。企业形象片、宣传片对企业展示良好形象及树立品牌有着重要作用。企业宣传片还可以直接为企业的营销提供服务。公司此方面的业务在这几年的增长态势也较为良好，主要原因是企业越来越重视品牌的经营和管理，也非常重视新媒体在公司宣传方面的作用，企业宣传片和企业形象片方面的制作要求也越来越高和更趋专业化。

此外，除了对企业提供企业宣传片制作和企业形象片制作方面外，公司还提供专业的配音业务和字幕制作业务。其中有很多顾客不是企业而是个人。普通老百姓自娱自乐方面的业务也成为公司业务发展的一个增长点。人民大众的文化娱乐形式丰富多彩，有创意的各种文艺形式将成为人民群众快乐生活的消费品。而配音和字幕制作为普通百姓提供了方便的工具和形式。近年来公司在上述几个业务市场都取得了不斐的成绩，业务可谓是增长迅猛，形势喜人。在某些业务方面，产业链还向纵深化发展，由产品向产品的上游和销售方向发展。

2. 百集微电影剧《女神吃货季》完美收官并引领市场热点

《女神吃货季》是江西首款网络系列微电影，也是在互联网时代下，以全新的思维打造的国内第一个百集微电影。剧中的女主角和美食都给观众带来了美的享受。剧组以诙谐幽默的语言，轻松搞笑的风格，形成了百集都市轻喜剧。从各方高校选拔出来的演员在新颖的剧情中将女神与美食完美结合，以时下前卫的微电影的流行形式，传播了赣鄱纯朴优良的民风民俗；在呈现江西秀美风光的同时，也展现了红土地青年一代积极向上、不畏困难的精神风貌。《女神吃货季》计划拍摄 100 集，目前已完美收官并成为观众讨论的热点。

公司策划并成功拍摄系列微电影也体现出了公司管理人员及员工的奋斗精神及以服务顾客为宗旨的理念。广大观众也对公司的此次创作投以热情的回报，在拍摄期间，各界朋友也为拍摄剧组提供了各方面的帮助。在公司经费较为吃紧、没有获得商业投资的情况下，各界朋友为拍摄提供了很多便利条件，像露天泳池、别墅样板房、超级跑车等道具。与此同时，公司微电影的拍摄也得到了很多观众的关注和参与，公司与观众形成了良好的互动，并一度成为当下媒体的焦点、百姓生活的热点，特别是年轻人追梦的对象。

2015 年 10 月 12 日，《女神吃货季》系列微电影启动仪式暨演员选拔赛在南昌举行。来自江西各地的近 100 名美女帅哥参加了此次选拔赛，他们通过前期不懈的努力，尽情地表达了自己对影视行业及对生活的热爱，同时也非常珍惜公司此次提供的难得的机会。

《女神吃货季》演员选拔赛共分两轮：第一轮为"模特亮相，魅力 T 台"环节。第二轮为"才艺、即兴试题表演秀"。选手们通过自我介绍、才艺表演、即兴表演等展示自我。评委们会根据选手的表演、表现力、感染力等方面进行评选。最终评出"最佳气质奖"、"最佳形象奖"、"最佳形体奖"、"最佳创意奖"以及"最具潜力奖"五个奖项。获奖选手将直接晋级电影角色，参赛的优秀选手将签约第六届国际广告模特大赛江西赛区平面模特。

《女神吃货季》演员招募走进高校第一站，来到江西科技学院，从近五万名在校生中挑选 100 名同学参加选拔。该剧导演介绍，选拔当地演员，为热爱表演艺术的青年人提供展示才艺平台的同时，也有效实现了剧情本土化。通过朗诵、唱歌、舞蹈等形式，参加选拔的同学依次登场展示才艺，并根据评委要求进行即兴表演。"普通人也可以去当演员了"，闻讯赶来的"追星族"小彭同学掩饰不住内心的喜悦。小彭是江西科技学院大三的学生，听说影视剧组到学校招募演员，早早就报了名并做好了充分准备。"选不上我也不会气馁的，我会再努力，等待下一次机会"。即兴表演环节，几名不吃辣椒的同学，被评委要求用愉悦的心情品尝一款美食，而美食就是辣椒。滑稽幽默的表演，引起哄堂大笑。《女神吃货季》演员选拔活动在江西省内 10 所高校陆续进行，优秀选手直接晋级电影角色。

爱心与女神同行，江西小马奔腾影视科技公司从摄制经费中拿出专项资金，设立"小马奔腾"助学基金，每年一万元，资助 10 名贫困生。在当天的演员选拔现场，第一批助学金已经发放到五名贫困生手里。据小马奔腾影视剧组工作人员介绍，除此之外，每拍摄一集微电影，公司还将向希望工程捐助一个希望书库，把爱心的种子播撒到更多的青少年心里。公司在此次微电影拍摄活动中，传播了公司奋斗向上、热爱影视事业、服务百姓的精神，也在百姓心中树立了良好的形象。

（四）江西小马奔腾影视科技公司成长的烦恼

对近年来公司取得的成绩，胡总内心有些许欣慰，对近年来兢兢业业的公司员工和管理团队及对公司有过帮助和支持的领导及各界朋友表示十分感谢。公司有今天的成绩，是对过去工作的肯定，但是胡总深知那仅仅只是过去。最近公司面临的一些发展问题和事情，让胡总感到有点成长的烦恼和担忧。

公司近年来人员变动大，人才流动快，专业人才队伍的不稳定一直影响公司的运作和业务经营。影视的拍摄工作，时间相对较为集中，而且有时间的限制，所以对影视拍摄工作人员的需求具有极大的波动性。同时，影视工作的强度也很高，精神压力很大，这就导致影视员工人才队伍的不稳定性局面。公司近年来业务增长较为迅猛，影视专业人才需求较大，尤其是高层次人才相对匮乏。虽然公司已与多所高校建立校企合作，但是较为前沿的如数字特效技术方面的人才仍然严重不足。另外，随着业务向纵深化发展，各个部门的任务加重，高层管理团队工作压力加大，管理人才也稍显单薄。

影视业作为新兴发展起来的现代服务产业，在成长初期有着一定的成长优势，但是未来竞争也必将越来越白热化。胡总及公司管理层都明白这个形势，但是目前公司却在总体战略、经营战略及职能战略方面尚未形成一定的格局。公司在主要优势及产业资源整合方面存在一系列问题。公司业务较多，在企业宣传、配音、微电影方面都有涉及，但是却并没有形成主营业务，主营业务的稳定性还不够。如果没有稳定的主营业务，公司如何保持持续的增长和盈利？此外，公司在营运流程方面虽然已经进入一个较为规范的阶段，但是各岗位的工作职责、工作规范方面还有待进一步提高和完善。最为关键的是，公司尚未提炼出能代表公司形象和行事风格的企业文化。公司的核心竞争力是什么？公司未来的商业模式是什么？在影视企业中如何发展出新的商业模式？公司在顾客价值创造、营销管理、采购流程、业务运营流程、人力资源管理方面的系统规划是什么？公司今后将为顾客创造什么样的价值？未来顾客的需求是什么？公司如何进行营销策划管理，形成公司独特的人力资源服务体系？这一系列的问题，成为当前企业管理层及整个员工队伍都不得不认真审视和处理的大事。

（五）谋定而后动，江西小马奔腾影视科技公司的人力资源战略规划

经过周到细致的思考后，胡总决定召集公司管理层及部分员工代表商讨公司未来战略规划。初步形成以下几个要点：

（1）分析形势，明确公司未来增长点和主营业务。当前公司应把握政府政策支持、政治经济形势良好的环境发展机遇，增强公司竞争力，理清发展思路，对公司经营业务进行进一步的梳理，划分出几个主要的关键绩效领域。微电影创作及适应当前大数据环境的大众化消费的影视产品的开发和发行应成为未来的主要业务。同时也应不断创新业务，加强与相关行业如电商行业的融合。

（2）强化公司人力资源效能，建全各职能机构和制度。未来公司竞争的核心焦点仍然是人才资源。影视业中的人脉资源，专业技术人才及既懂技术又懂经营管理的复合型高级人才、高端品牌的演员、重量级的导演都是影视行业的重要资源、资产。公司应建全各管理职能部门，优先突出人力资源的高效化。为此在加强公司人才招聘质量的同时，也应注重对人才的培养、留用和激励，健全公司各

部门机构，尤其是人力资源管理团队、系统和制度。

（3）继续深化和强化校企合作，利用高校大学生及大学教师资源。校企合作目前既是政府大力支持的有利于企业、学校、学生三方的重要形式，也是职业教育人才培养的重要途径，更是公司接引地气、培养企业未来技术人才和管理人才的重要方式。同时高校的广大教师也可以参与公司业务或管理活动，成为与公司紧密联系的团体。

（4）加强公司品牌建设，突出企业特色。在条件具备的情况下，应加强影视行业横向或纵向的资源并购和整合，不断加大公司规模，提升公司知名度和美誉度，进而形成公司良好的形象和品牌。为此应加强公司盈利模式及持续性分析，尽量降低流动资产负债率，加强对应收账款的回收，科学分析公司资产，有效控制营业收入波动。大力加强企业文化建设，进行标准化管理，对公司人力资源进行有效激励，实行绩效管理制度，提高公司福利，吸引和留住人才，进而使公司成为影视行业和相关产业发展的大平台。加强与相关行业，如旅游、酒店业的融合，进行电商行业的横向发展，开发和创新公司的 APP 等新产品，形成公司特色。

虽然大家形成了这些意见，但是公司未来的战略和发展果真如此吗？这些战略如何有效地实施？胡总及整个管理团队仍然任重而道远。

二、案例使用说明

（一）教学目的与用途

（1）本案例主要适用于管理学、组织行为学和人力资源管理等课程。

（2）本案例描述了小马奔腾影视科技公司发展过程中的相关问题，进而对公司进行战略制定及进行人力资源规划的情景。教学目的在于使学生对企业战略管理问题具有感性的认识及深入的思考，对企业人力资源战略规划与企业战略关系、企业核心竞争力及企业文化的打造提供讨论和分析的资料和场景。

（二）启发思考题

（1）小马奔腾影视科技公司的商业模式是什么？

（2）公司当前的总体战略是什么？为实施公司战略，应制定哪些人力资源战略规划？

（3）如何分析小马奔腾影视科技公司人才管理的难点及症结？如何解决？

（4）未来小马奔腾影视科技公司发展的机会和挑战是什么？

（5）公司应提出什么样的企业文化并打造它？

（三）案例使用思路

使用者可以根据自己的教学任务或目标来灵活使用本案例。根据本案例描述的信息，小马奔腾影视科技公司目前处在一个发展转型期，这个时期的战略规划具有十分重要的意义。战略分析是解决小马奔腾影视科技公司的问题的一个关键环节。而影视行业的发展分析则涉及产业分析及公司经营竞争战略分析工具。五种力量模型分析及 SWOT 分析工具都是经典的分析方法。在商业模式创新方面，小马奔腾影视科技公司也提供了一个分析的素材。影视企业目前的商业模式是什么？企业内部的流程及营销管理也是案例分析的另一个视角。公司企业文化的打造及有特色的人力资源服务体系的形成对公司的作用也是一个值得重视的角度。

（四）理论依据及分析

1. 人力资源管理发展演化历程

（1）简单人事管理。简单的档案、福利管理。

（2）科学管理阶段。强调工作标准化，工作方法科学化。

（3）人际关系管理阶段。重视人的心理和社会因素。

（4）人力资源管理阶段。人力资本理论，组织行为科学的产生。

（5）战略人力资源管理阶段。整体人力资源管理系统，注重战略计划。

2. 战略管理理论

战略管理的过程：战略分析、战略制定、战略实施、战略控制。

3. 商业模式及商业模式创新理论

（1）Pigneur 和 Tucci 认为商业模式是一个包含一系列要素及其关系的概念性工具，用以阐明某个特定实体的商业逻辑。其中这些要素包含价值主张、消费者目标群体、成本结构和收入模型。

（2）商业模式由价值主张、价值配置、成本结构、分销渠道、目标客户、客户关系、核心竞争力和合作同盟八个要素组成。

（3）商业模式创新主要看是否进行了营销模式、采购模式、资源模式和流程模式的创新。

4. 企业文化理论

如果企业主流文化与公司环境要求相匹配，那么一个价值驱动的企业由于共享价值观而维系团结，进而将在业绩上战胜竞争对手。

（五）建议案例讨论进程安排

（1）对案例涉及的企业产业资料进行再次收集为案例讨论打下基础。可指导学员提前收集有关资料，为案例讨论提供更为丰富的素材。

（2）请学员在前期收集相关资料的基础上阅读案例并进行初步思考和分析。

（3）按学员或教学目标拟定主题。

（4）分组讨论，要求每个小组有中心发言。

（5）引导全体学员讨论并总结。

宇阳公司的绩效管理制度[①]

摘 要：本案例以宇阳公司的绩效管理制度为背景，描写了处在高速发展阶段的初创型企业，如何通过科学规范的绩效管理来提升公司管理效能，激发员工的工作激情，从而进一步推动企业战略目标的实现。结合宇阳公司的管理实践现状，本案例重点叙述了绩效管理制度的考核机构、考核指标、考核流程、绩效沟通、改进和应用等核心内容，为初创型企业的规范化管理提供参考。

关键词：初创企业；绩效考核；管理效能

一、案例正文

（一）引言

随着太阳能光伏发电行业的不断发展，宇阳公司的总经理刘总看到了巨大的市场商机。凭借着强大的资本实力、领先的技术保障，宇阳公司迅速成为了江西省内具有较大品牌影响力的太阳能光伏发电项目管理企业。然而，刘总却陷入了管理危机。公司建立初期形成的计项考核制度已经无法适应新形势下的团队管理，如何从粗放式的项目考核提升为科学规范的绩效管理成为亟待解决的管理问题。

（二）公司背景

江西省宇阳公司创建于 2014 年，总部位于江西省南昌市高新技术开发区，注册资金 500 万元，自公司成立以来一直致力于推广太阳能光伏发电项目。

公司拥有完善的太阳能光伏产业链，自成立以来不断引进同行业先进技术，以优质的太阳能光伏发电产品和科学专业的管理能力为企业和家庭提供服务，在同行业中占据着举足轻重的地位。截至目前，宇阳公司已在赣州市成立分公司及

---

① 本案例由江西师范大学商学院的侯烜方撰写，版权归作者所有。

办事处，业务辐射江西省南昌、赣州等多个地区。宇阳公司在追求产品质量与市场影响力的同时，坚持"奉献社会、追求领先、提升品牌、和谐发展"的核心价值观，秉承"诚信、协作、创新、效益"为企业宗旨，积极推动低碳经济、循环经济，促进绿色发展，为世界的繁荣和可持续发展做出积极贡献。

（三）管理现状

随着事业的不断壮大，企业员工不断增多，以粗放式的项目计件考核为基础的绩效管理已经很难适应企业的高速发展，如何建立更加科学有效的绩效管理制度成为这家初创企业的重要议题。为了促进和完善企业绩效管理的规范化、标准化建设，让绩效管理成为提升管理者的管理水平和员工的自我管理能力的重要手段，进而提高企业整体绩效水平，宇阳公司聘请了省内知名咨询公司为其量身打造适合初创型企业的绩效管理方案。

为此，宇阳公司以企业核心价值观为制度导向，按照完善的流程和方法，使各级管理人员在日常工作的过程中通过持续不断的沟通，提供必要的支持、指导和帮助，与员工共同完成绩效目标。具体而言，公司将绩效管理的优化方案细化为考核机构、考核指标、考核流程、绩效沟通、改进和应用等核心内容，具体方案内容如下。

（四）优化方案

1. 总则

为落实和推进公司的发展战略，实现战略目标、月度/年度工作计划和各项目标任务，客观、准确地评价公司各部门的工作业绩和工作人员的表现，调动部门和工作人员的积极性，提升公司的工作效能和服务品质，制订了本方案。

本方案遵循科学公正、民主公开、注重实绩、简便易行的原则，结合宇阳公司的实际，以公司总体发展战略目标为导向，定性与定量考核相结合，实施多元评价、分类考核。

该方案的考核类型按考核周期和性质划分为年度和月度绩效考核，按照考核对象划分为高层管理（董事长和总经理）、中层管理（项目总监和各部门负责人）、基层管理与业务产出人员考核。

2. 考核机构

在绩效考核领导小组设置方面，组长由董事长担任，副组长由总经理担任，小组其他成员由项目总监、各部门负责人组成，考核管理办公室（以下简称"考核办"）设在人力资源部，由总经理担任考核办主任。

在职责方面，领导小组主要负责绩效考核管理办法及相关制度的审定，绩效指标体系的设立、审定和考核结果的终审、批准，研究决定和协调解决绩效管理工作中的重大问题。考核办主要负责绩效考核各项管理文件的拟订、绩效考评的组织实施及考核结果的运用。

3. 考核指标

在绩效管理指标的设计上，坚持"能量化尽量量化，不能量化尽量细化"的原则。董事长、总经理、项目总监、业务部负责人的绩效管理指标坚持业绩优先，经营业绩指标量化为主，定性管理指标为辅。非经营部门的绩效指标以定性指标为主，突出管理行为的性质，量化指标为辅。

其中，工作业绩主要反映各部门员工完成目标任务的时限、质量、效果、工作效率、主要贡献等方面的情况，具体由各部门制定。工作态度主要反映各部门员工的责任意识、团队协作、工作纪律等方面的情况，具体包含纪律性、合作性、责任心等考核指标。工作能力主要反映各部门员工的业务知识及工作能力、学习创新能力等情况，具体包含专业能力和学习能力等考核指标。此外，根据不同岗位划分了相应的考核指标权重，如表1所示。

表1　不同岗位考核指标权重

岗位类别	业绩	态度	能力
高层管理岗	80%	10%	10%
中层管理岗	70%	15%	15%
基层行政岗	60%	25%	15%
业务产出岗	70%	20%	10%

4. 考核流程

（1）业务产出和基层行政人员考核流程。月度考核时间为下月3日之前，由部门经理评价。具体程序：首先，部门经理根据下属上月的绩效计划以及记录的结果做出评价，双方沟通确认签字后，由考核办备案。其次，如果有异议，一周内提请考核委员会仲裁。最后，经考核办审核后，报总经理签字，送至财务部，作为员工月度绩效工资发放依据。

年度考核时间为次年的1月中旬，考核结果为月度考评成绩加总后的均值。考核办根据被考核者年度综合考评分，以及本部门年度的绩效奖金数量，按照本部门的年终奖金分配方案确定被考核者的年度绩效奖金。

（2）项目总监和部门经理考核流程。月度考核时间为月末或下月4日之前，由总经理评价。具体程序：首先，总经理根据项目总监和部门经理上月的绩效计划以及记录的结果做出评价，双方沟通确认后签字。其次，如果有异议，一周内提请考核委员会仲裁。最后，报总经理签字，送至财务部，作为被考核者月度绩效工资发放依据。

年度考核时间为次年的 1 月中旬，考核结果为月度考评成绩加总后的均值。考核办根据被考核者年度综合考评分，以及各部门年度的绩效奖金数量，按照本部门的年终奖金分配方案确定被考核者的年度绩效奖金。

（3）董事长和总经理考核流程。月度考核时间为月末或下月 4 日之前，由考核领导小组评价。考评程序：董事长和总经理须在每月初将本公司的上月经营、市场现状报告以及本月计划提交给考核领导小组，由其根据战略、年初计划，对提交的报告进行审核评估，并提出建设性参考意见和建议。考核办应该做相应备案。

年度考核时间为次年的 1 月中旬，由考核领导小组评价。考核办根据考核领导小组对被考核者年度综合评分，以及企业年度的绩效奖金数量，按照本企业的年终奖金分配方案确定被考核者的年度绩效奖金。

（4）考核等级分类、得分及评价。

①等级分类。采用强制分布法：

月度考核各等级人数＝总考核人数×百分比（如表 2 所示）。

表 2　考核等级人数分布

等级	优秀	良好	合格	基本合格	不合格
百分比	20%	35%	40%	5%	

②考核得分。被考核者月度得分＝∑各二级指标对应的等级分数×权重，被考核者年度得分＝∑月度得分/12。

③等级评价。获评年度优秀被考核者，其月度考核必须获评最少三次以上优秀且未出现不合格等级。

5. 绩效沟通、改进和应用

（1）绩效沟通。①结果反馈。考核办在绩效考核结束后 1 周内将最终考核结果反馈给被考核人员，明确指出被考核人员的成绩、优点及需要改进地方，听取被考核人意见。考核办应当与被考核者进行考核面谈，加强双向沟通：一是让被考核人员了解自身工作的优缺点；二是对下一阶段工作的期望达成一致意见；三是讨论制定沟通双方都能接受、更科学合理的书面绩效改进和培训计划。②申诉流程。如被考核人员收到考核办反馈的考核结果后，对考核结果有异议，可以按正常渠道进行申诉。被考核人员先与自己的直接考核负责人沟通，如沟通未果可向考核办申诉。考核办调查核实后将处理意见于三个工作日内反馈给申诉人。③申诉结果处理办法。如果结果不属实，经考核办调查核实认为原考核结果确实不客观，对被考核人员有错误处罚或没有给予应予的奖励，则除补发给该申诉人相应数额的绩效工资外，还给予同等数额的补偿，同时给予申诉人的直接考核负责人同等额度的罚款，罚款在发放绩效工资时扣除。补扣款在年度考核时统一结算。如果结果属实，经考核办调查核实认为原考核没有明显偏颇，则维持原考核结果。

（2）绩效改进。①依据和对象。以考核结果为绩效改进依据，并将绩效考核结果"不合格"人员作为绩效改进对象。针对关键绩效问题，结合公司现有资源和绩效责任主体，确定绩效改进方向和重点，为绩效改进方案制定做准备。②所属部门负责人的职责。首先，在绩效改进期间，所在部门负责人作为绩效改进员工的指导人，应及时主动地与绩效改进对象沟通，找到绩效问题原因。其次，指导人应指导绩效改进人员制定具有实操性、可衡量、有时限的绩效改进工作计划，并就绩效改进期间的工作进行充分的指导和帮助。最后，所属部门负责人需深入了解本部门绩效改进人员的绩效改进情况，注重对改进过程的监控和方案修正，为员工提供及时的指导和帮助。③人力资源部的职责。首先，整理、汇总、分析员工的绩效考核结果，为部门负责人开展绩效改进指导工作提供建议。其次，根据部门负责人和员工共同制定的员工改进方案，有针对性地组织人员培训，以提高员工的专业知识、技能、态度、行为等方面的岗位胜任能力。最后，配合各部门负责人，评估改进工作的实施情况，便于查漏补缺，在下一阶段修正绩效改进方案。④绩效改进结果及其处理。首先，绩效改进结果分为"合格"和"不合格"。其次，年度绩效改进结束后，再进行绩效改进期间的绩效评价与审批。若绩效改进评价结果为"合格"，可以继续在原岗位工作；若绩效改进评价结果为"不合格"，视为不能胜任工作，可降级或调岗1次，并以新级新岗的绩效标准接受考核。最后，如果降级或调岗员工的年度考核结果仍为"不合格"，可再给予1次年度绩效改进机会。若改进评价结果为"合格"，可以继续在该岗位工作；若绩效改进评价结果仍为"不合格"，视为不能胜任工作，公司有权依据国家相关法律解除劳动合同。

（3）绩效应用。考核结果作为薪酬分配、培训开发以及聘用合同续订、终止的重要依据。首先，在绩效工资方面。绩效考核结束后，考核办将各部门的考核结果提供给人力资源部，并由其核算绩效工资。其次，在培训开发方面。综合考核评为"优秀"、"合格"的员工将作为接受奖励、深造培训的对象，评为"不合格"的员工将作为岗位胜任绩效改进培训的对象。最后，在合同聘用方面。根据综合考核结果和绩效改进情况，并依据国家相关法律和管委会相关制度确定聘用合同的续订或终止。

6. 考核纪律与监督

（1）考核人员。在部门负责人和各级员工的综合考核中，参与考核的所有人员要本着实事求是、认真负责、客观公正的态度，对各部门的工作和工作人员表现，作独立判断和客观评价，不得以任何形式影响他人评价。严禁拉分贿分、影响他人评价等行为。

（2）保密性。考核办及有关人员要严格遵守保密纪律，不得向无关人员泄露考核情况。

（3）考核处分。对违反考核纪律的行为，要坚决予以制止。对在考核中弄虚作假、拉分贿分等不良行为，一经发现，给予严肃查处，当事人当次考核以零分计算，并视情节轻重，给予当事人进一步的处理。

（4）随机抽查。考核办可随机抽查部门考核实施及指标完成情况。

以上为江西宇阳公司绩效管理方案的主体内容。由于此方案实施了"一岗一考核"的管理方式，每个岗位的考核明细和内容较多，因此并未将岗位对应的每个考核表格写进本案例中。

（五）尾声

该方案经过近一年的组织实施，不仅有效加强了绩效考核的科学性和规范性，保证了考核的内部公平性和外部竞争力，还进一步提升了员工的工作积极性和责任心，促进了宇阳公司的整体绩效表现。普通员工有了明确的目标导向，更加专注于本职工作和业务范畴，管理人员有了强烈的效能意识，更加专注于团队建设和能力开发，这应该就是本方案的最大贡献。

作为高速发展的初创型企业，宇阳公司能在两年多的时间内迅速抢占光伏发电行业的市场份额，在江西省内建立了良好的品牌美誉度，离不开投资人前瞻性的战略决策和员工强大的执行力，更离不开科学管理制度的有效支撑。

二、案例使用说明

（一）教学目的与用途

（1）本案例主要适用于管理学、组织行为学和人力资源管理等课程。

（2）本案例是一篇描述宇阳公司绩效管理问题的教学案例，其教学目的在于使学生对企业绩效考核、员工激励等人力资源管理问题开展深入思考，对初创型企业的绩效管理提出解决方案。

（二）启发思考题

（1）你如何看待宇阳公司在初创期所遇到的绩效管理问题？

（2）分析宇阳公司绩效管理的难点及症结在哪？

（3）宇阳公司的绩效管理优化方案给初创型企业带来哪些管理启示？

LT 公司的人力资源管理分析[①]

摘　要：企业的发展离不开人才队伍建设，人力资源管理是保障企业持续发展的基础。在互联网时代，企业经营面临巨大的转型压力，本案例分析了 LT 公司在转型过程中人力资源管理存在的主要问题，突出表现为：人才配置滞后于公司业务发展的速度，机制创新滞后于人力资源管理的要求，管理者素质严重制约人力资源管理的优化。本案例还描述了公司在这些问题上的改进措施以及一些建议对策。

关键词：人力资源管理；人才配置；优化

一、案例正文

（一）公司简介

LT 公司是一家集种植、加工、生产、销售为一体的现代茶业企业，拥有和联盟的有机茶园近一万亩，生产加工基地占地 100 余亩，生产车间 30000 平方米，凭借一流的现代化生产流水线和创新的经营管理理念，年加工和销售茶业3000 吨，可生产红茶、绿茶、乌龙茶、花茶、保健茶五大类 30 多个系列的茶产品，目前公司茶叶系列产品遍销国内主要大中城市，逐步形成了自有的销售网络。

公司以创新、务实、共赢构筑企业文化的核心价值观，以敢为天下先的勇气打造公司品牌。公司以创新为核心竞争力，对中国传统茶企业原有的技术模式和营销模式进行改革和创新。通过持续打造自身的创新能力，不断加强研发能力，提升技术优势，公司使命是要做全球茶行业创新的领跑者。公司目前在研发茶的各种冲泡技术，使其与现代饮茶习惯完美融合，将更多的科学、绿色、健康带入人们的饮茶生活，以此构筑中国人自己的速泡茶品牌。为此，公司将专注于持续创新能力的培养，以不断创新的技术为人类提供更科学、更健康的饮茶方式，主

---

① 本案例由江西师范大学商学院的舒晓村撰写，版权归作者所有。

动肩负起让中国的速泡茶品牌走向世界的使命。

技术研发把握着"以市场为本"的理念。公司秉承着高度的责任感，传播健康饮茶理念，用心做好茶，消费者的满意是公司追求的终极目标。产品研发不仅追求形式上的技术领先，还要把目光始终聚焦在"满足消费者的需求"上。

公司对员工的要求不仅是具备业务知识与技能基础，还应该注重个人的品行素质。尤其是公司管理者和销售人员，必须"德才兼备、以德为先"。公司对人才的要求是具备如下品德：坦荡诚实、勇敢坚强、宽容公正、善良友爱。公司尊重每一位员工的能力与个性，大力为员工打造施展才华的舞台，鼓励员工不断提升进步，培养愿意为公司事业长期奉献才智的员工。培训是打造一支高素质员工团队的重要手段之一。公司坚持全员的终身教育，帮助员工不断更新知识，不断提高素质水平。公司鼓励员工与公司共同制定个人职业生涯计划，引导他们将个人发展目标与公司目标结合起来，使员工的才能得到充分发挥，个人能力得到不断提高，个人的理想得到实现。公司通过建立规范的绩效考核制度来对员工进行考核，薪酬水平与考核结果相衔接，做到能者多得、庸者少得，职位晋升方面也能做到能者上、适者留、庸者下、差者走。

经过持续的努力奋斗，公司取得了可喜的业绩，前景令人鼓舞。公司领导清醒地意识到，人力资源优势是企业生存和发展的关键，公司的发展离不开人力资源的支撑。因此，有必要全面诊断和分析公司在人力资源管理方面可能存在的问题和挑战，并在此基础上构建和设计更加完善的人力资源管理方案。

（二）存在问题

目前公司的人力资源管理存在着以下三个问题：

1. 人力资源配置滞后于公司业务发展的速度

自成立至今，公司由一家小型茶厂发展成现在的集种植、加工、生产、销售为一体的现代茶业企业。在这种超常规发展过程中，公司的人力资源配置却跟不上业务发展的步伐。面对新的要求，公司各级领导和相关职能部门都在努力探索各种切实可行的解决方法，在一定程度上缓解了人力资源配置与公司业务发展之间的矛盾。但是，目前公司的人力资源配置仍然存在年龄结构相对老化、知识结构不够合理、人才规划不够清晰等问题。这些问题的存在将严重拖累公司业务发展的步伐。

（1）年龄结构相对老化。由于公司前身方面的因素，公司员工年龄普遍偏大。年龄结构老化拖累公司业务发展的步伐主要反映在以下三个方面：一是限制了人才引进的空间；二是增加了工作安排的难度；三是影响了工作积极性的发挥。

出于承担社会责任等因素的考虑，公司通常不会主动去淘汰年纪大的员工。

这样，年纪大的员工占着位子自然限制了人才引进的空间。没有新鲜血液的注入，年龄结构老化将会愈演愈烈，从而严重影响公司的整体活力和组织创新。当员工到了一定年龄后，他们可能变得不思进取，做一天和尚撞一天钟。他们不愿意花时间和精力去学习与工作相关的新知识、新技能，导致他们无法胜任工作。例如，目前公司各项工作的开展都与电脑密切相关，公司的规范制度系统、内控系统和营销工作等都需要能够熟练操作电脑。但是，一些老员工不愿意学习计算机操作技能。另外，他们这种消极的行为也直接影响其他员工的学习意愿和工作态度。目前，公司在这方面已经有所突破，开始从大学招聘应届大学生。

中层干部在推进公司业务转型中扮演着非常关键的角色。为了改变这个群体的年龄结构老化问题，公司明确规定中层干部男性 55 岁或女性 50 岁必须从现职位退下来。应该说，这项推进干部年轻化的举措已经取得了明显效果。但是，这些退下来的中层干部还需要工作 5 年才到退休年龄，如何安排他们的工作成了一个比较棘手的问题。他们原来都是中层干部，资历比较深，部门领导不大好管理。虽然他们中的大部分还承担一些相对简单、轻松的工作任务，但也确实存在一些基本不做事，将公司当成了疗养院的现象。

（2）知识结构不够合理。"互联网+"时代对各类人员的知识结构提出了很高的要求。因此，公司管理和技术人员都可能存在知识结构不够合理的问题，都应该不断学习来充实和完善自己的知识结构。就公司整体而言，知识结构不够合理主要体现在以下三个方面：一是技术人才欠缺茶叶开发知识；二是管理人才欠缺工商管理知识；三是关键岗位欠缺专家型人才。

目前，公司对引进掌握经营管理知识的人才需求非常迫切。在过去的两年时间里，公司管理层通过各种方式努力学习和提高自己的管理知识和技能。但是，系统的管理知识和技能往往很难在短时间内获取。因此，总体而言他们获得的管理知识和技能还不够系统，某些方面的知识甚至只停留在了解基本概念的层面。目前，公司非常缺乏系统掌握项目管理、生产协调、成本控制、经济运行分析以及经济法等方面知识的复合型人才。

对于茶叶行业，企业的发展依赖于关键岗位上是否拥有技术型人才，他们能够比较及时地解决工作现场遇到的技术难题。另外，技术型人才在带领团队开展工作的过程中将为公司培养人才，从而提升公司的整体技术水平。目前，公司还缺乏这种专家型的技术人才。

（3）人才发展规划还没有建立起来。企无人则止，企业的任何一项工作任务总是需要具备相应胜任能力的人员去完成。公司制订了未来发展战略目标，但是没有涉及支撑战略目标达成的人力资源配置问题。因此，公司需要筹划技术人才、管理人才和技能工人的合理配置。特别是高端的技术人才、管理人才和技能人才的需求要以人才发展规划的方式加以明确。

目前，没有建立起人才发展规划的负面影响正在公司发展过程中显现出来。例如，一些关键部门和重要岗位人员长期处于超负荷工作状态。这种现象能否持续？能持续多长时间？公司有必要对此进行全面深入的专题分析研究。

当然，人才规划还需要明确公司应该通过哪些途径来获得所需要的人才。一般来说，这样的途径有以下三点：一是对现有人员进行培训再转岗；二是招收应届大学生进行针对性培养；三是直接引进有经验的外部人才。各种途径各有特点，公司要根据所需人才的特点进行比较选择。

对现有人员进行培训再转岗表面来看比较简单，容易操作。但是，针对公司的具体情况，这种途径操作难度实际上很大。第一，业务的超常规发展使得每方面的人员都显得比较紧缺；第二，年龄结构老化更使可供选择的培养对象范围大大缩小；第三，带有平均主义色彩的激励机制严重削弱了员工转岗的积极性。

招收应届大学生进行针对性培养通常需要较长时间，因为将理论与实践相结合很难在一朝一夕完成。因此，我们不能仅仅从短期角度来看待这种途径，起码应该将短期和长期结合思考。大学生往往只能作为长期培养目标，并有计划地对他们进行针对性的培养。

直接引进有经验的外部人才是一条捷径。只要正确选择，他们马上可以上岗发挥关键作用，起到立竿见影的效果。与招收应届大学生相比，确定引进的目标对象具有更大的挑战性。他们分散在不同的工作单位，往往也受到领导的重视。在考虑引进人选时，我们不仅要考虑能否帮助解决公司当前面临的瓶颈问题，而且还要考虑能否通过他们带起一个高素质的团队。

2. 机制创新滞后于人力资源管理的要求

人力资源管理需要相应的机制保证。在过去的两年里，公司相关职能部门已经梳理和完善了多项人力资源管理制度，如绩效考核管理制度、薪酬奖金分配制度和教育培训制度等。这些制度对于激发员工的工作积极性和完善人力资源管理起到了积极的作用。但是，这些制度基本上还处于起步阶段，各项制度还相对比较零碎，没有形成一个完整的体系。特别是以下三方面的机制还需改进：一是薪酬激励机制；二是人才引进机制；三是人才培养机制。

（1）薪酬激励机制。之前公司的薪酬制度是按照职务级别或岗位等级设立的，缺乏有效的考核晋级机制。奖金也是名不符实，实际上是变相的固定工资。这种传统的薪酬分配方式不仅没有起到激励作用，反而严重打击了优秀员工的积极性。为了让薪酬真正发挥激励作用，公司对薪酬激励机制进行了创新，员工的奖金与本人所在部门的类别、岗位等级、部门绩效考核结果和个人绩效考核结果等因素挂钩。为了支撑公司的业务发展，薪酬分配向技术研发和市场人员倾斜。

另外，计划对关键技术人才发放技术津贴。

应该说，新的薪酬激励机制是对传统分配方式的一个很大突破，起到了很好的导向作用。但是，从充分调动员工积极性的要求看，这个突破的步子其实还不够大，还明显保留着"大锅饭"的痕迹。很多业务骨干仍然是凭自己的责任心在努力工作。要促进人力资源管理的优化，薪酬激励机制应该真正按业绩和贡献分酬，实现按劳分配，多劳多得。从这样一个高度来考察，公司还需要从以下三个方面对薪酬激励机制进行创新：一是薪酬差距明显拉大；二是薪酬分配条件细化；三是执行过程不打折扣。

在公司里，一些人工作量很大，经常需要加班加点才能完成，另一些人工作量不是很饱和，少数人因工作量少甚至上班时间上网玩游戏。但是，他们相互之间的薪酬却没有明显的差距。根据目前的奖金分配制度，员工之间的奖金系数差异一般在 0.1~0.5。这点差异往往不能起到很好的激励作用，因为它没有体现员工在工作中投入的差异。另外，奖金在薪酬中所占比重需要逐步提高，奖金应根据绩效考核的结果进行发放。

薪酬分配条件细化是实现分配公平性的重要条件。目前的薪酬激励机制中各个系数的测算还比较粗放。例如，从不同岗位系列的奖金系数横向比较来看，管理系列的主管级、专业技术系列的中级、操作与服务系列的技师以及单列的驾驶员是否应该采用同样的系数？按照工作性质、承担责任、贡献大小、工作环境艰苦程度等因素将公司所属部门划分为两类是否过于简单？部门考核分数在 85~100 分都算合格并享受全奖是否适当？考核指标设定是否科学合理？这些问题都需要做进一步的研究和解释。

执行过程打折扣可能会让原本有效的机制完全变味。例如，新的奖金分配制度将奖金与员工个人的绩效表现挂钩。但是，员工的绩效考核标准由各部门领导自行制定，考核结果也由他们给出。显然，这个环节完全有可能出现失控的状况。如果不能对这个环节加以规范并采取相应的监督约束措施，那么对员工进行绩效考核是否会流于形式和走走过场很值得怀疑。如果考核环节出现你好我好大家好的现象，那么将奖金与员工绩效考核结果挂钩就失去了实质意义。

（2）人才引进机制。在过去的两年里，公司从其他公司引进的人才在工作中发挥了重要作用。但是，目前公司引进人才基本上还停留在个案阶段，没有深入研究并出台有关人才引进的具体管理办法。显然，这种状况不利于人才引进工作的进一步开展，影响引进人才的工作积极性。要有序推进人才引进工作，公司需要从以下三个方面进行创新：一是公司对人才的吸引力；二是接触外部人才的渠道；三是引进人才的工作安排。

影响人才流动的因素多种多样，归根到底是公司对人才的吸引力。公司对人才的吸引力越强，引进人才就越容易，反之就越困难。细致分析公司在吸引人才方面具有的优势及存在的劣势是不可或缺的一个环节。人才遍布全国各地，要接触到他们并不是一件简单的事。公司要让各级领导和员工认识到人才引进不仅仅只是人事部门的事，每个人都可以做出自己的一份贡献。当然，公司要建立规范的工作流程，严把引进人才考核考察这一关，确保引进真正的人才，规避人才引进过程的潜在风险。对于那些在人才引进工作中做出贡献的人员要进行必要的奖励。对于急需人才的引进要落实到人，列入相关领导的绩效合同中进行考核。

（3）人才培养机制。公司发展所需要的人才可以通过外部引进来解决，但是主要还是应该依靠内部培养来满足。即使外部引进的人才，来到公司后也需要进行内部培养。理论和实践都表明，内部培养人才是重要的激励手段，能明显提升员工士气和企业绩效。面对年龄结构相对老化和知识结构不够合理的现实，公司更应该重视人才培养，加大人才培养机制创新的力度。目前公司的人才培养机制存在以下三个方面的问题：一是内部培训资源挖掘不足；二是职业生涯发展通道单一；三是人才脱颖而出的机会有限。

培训是培养人才的一个重要手段。公司业务发展过程中面临的新情况、新问题对培训提出了更高的要求。目前，培训主要是让员工去听外部专家讲课，内部培训资源没有得到很好的挖掘。例如，公司没有内部培训师，没有规范新老员工之间的"传帮带"，缺少针对本公司实际的培训教材，没有推行内部岗位轮换制度等。分析研究发生在公司内部的活生生的案例，不仅能增加大家的学习兴趣，而且可以马上举一反三。随着越来越多新鲜血液注入公司，内部培训资源的挖掘将显得越来越重要。

目前，公司内部员工的职业生涯发展通道基本上就是争取职务及职称晋升。由于存在年龄断层，目前还不至于出现千军万马过独木桥的现象。但是，随着公司引进人才和招收应届大学生工作的开展，人多位置少的问题一定会引起关注。因公司业务发展而增加的管理岗位是否足以解决员工职业生涯发展的要求需要分析。另外，并不是每个人都适合做管理，那些只钻研技术不适合带团队的人也应该有发展通道。

人才脱颖而出是公司事业兴旺发达的重要标志。公司冲破重重阻力推进干部年轻化就是为了让优秀人才脱颖而出。公司应该进一步完善岗位竞聘和绩效考核制度，真正做到能者上、庸者下，破格使用优秀人才。另外，公司也应该考虑改变项目管理模式，分层次建立技术专家及技术带头人队伍，同时给有培养潜力的苗子早压担子，在实践中施展才华，增长才干，锻炼成长。

3. 管理者素质严重制约人力资源管理的优化

随着公司业务的转型，公司所有管理者都在不断转变观念，以适应新形势的要求。另外，公司的很多管理者是从纯技术岗位转到管理岗位的，为了更好地开展工作，他们都通过各种途径弥补自身在管理知识和技能方面的欠缺。那些缺乏专业技术背景的管理者也在逐渐了解和掌握相关的专业技术知识。在 LT 这样规模的公司里，管理者需要既懂技术又懂管理，应该成为复合型人才。总体而言，在过去的两年里，公司管理者整体素质有了明显提高。但是，也不应忽视存在的问题。目前，管理者需要认真反省自身是否存在以下三个方面的问题：一是基础管理不够扎实；二是创新意识比较薄弱；三是权力使用不够充分。这些问题严重制约着人力资源管理的优化。

（1）基础管理不够扎实。人力资源有效配置的一个前提条件是将合适的人安排到合适的岗位上。但是，要真正实现人岗匹配并不是一件容易的事。产生人岗不匹配现象的原因是多方面的，岗位职责不明确应该是其中一个非常重要的原因。目前，公司明确了各部门的工作职责，但员工层面的岗位职责不够明晰与规范。部门领导在将部门工作职责分解落实到每个员工的过程中随意性较大。

这项基础管理工作不够扎实的一个直接后果就是部门领导要看员工脸色来分配工作任务。结果，忙人更忙，闲人更闲。更严重的是，闲人觉得闲得理所当然，忙人干得不情不愿。当然，这种求人干活的现象与激励机制以及员工素质参差不齐等因素密切相关。要想解决这个问题，必须多管齐下。另外，目前一些员工学习意愿低下也与这项基础管理工作不够扎实有关。一方面员工不知道应该学什么，另一方面多学习就可能多干活。如果明确了工作职责，员工不去学习就可能失去当前的岗位，会明显增加其危机感。

（2）创新意识比较薄弱。公司目前已确立创新是企业文化的核心价值观，相关管理者已经意识到墨守成规将使公司失去机会。但是，要真正做到技术和管理创新并不容易。这不仅涉及现有的经验及技术手段问题，而且涉及管理者是否真正有意识去创新。目前，管理者都要忙于应对本来应该由一般员工来承担的日常事务，能用于考虑技术和管理创新方面的时间比较有限。创新总是需要付出足够的时间和精力。只有不断琢磨和钻研，想常人不敢想的问题，才能提出超常规的独到见解。

与技术创新相比，管理创新遇到的阻力往往更加大。很多管理者不愿去承担风险，挑战来自各方的压力。在强调和谐社会和维护稳定的大背景下，这种心态就更加明显，要改变习惯思维很不容易。

（3）权力使用不够充分。虽然公司给了中层干部很大的权力去管理本部门（单位）的员工，但是他们往往没有充分使用这种权力。以奖金分配为例，公司只控制部门奖金总额，员工奖金分配完全由部门领导决定。他们有权力决定员工的考核标准以及考核结果。但是，在实际操作过程中，很多中层干部放弃了自己可以影响员工奖金的绩效考核权。绩效考核形同虚设，只要没有明显的错误，一般不扣奖金。这样，原本想发挥激励作用的奖金制度最终变成了另一种形式的"大锅饭"和"平均主义"。

中层干部没有充分使用权力的一个重要原因是怕得罪人。但是，他们没有清楚意识到，不得罪混日子的人，实际上对优秀员工是不公平的。在公司里，管理者要做事而不得罪人几乎不可能。事实上，得罪人并不一定就是坏事，正所谓"没有规矩不成方圆"。当然，管理者一定不能随便得罪人，要坚持公平公正原则，要对事不对人，要让事实和数据说话。

二、案例使用说明

（一）教学目的与用途

（1）本案例主要适用于管理学、组织行为学和人力资源管理等课程。

（2）本案例是一篇描述 LT 公司人力资源管理的教学案例，其教学目的在于使学生对企业人力资源管理现实所遇到的问题具有感性的认识，并深入思考如何改善企业的人力资源管理，从实践可行的角度提出解决方案。

（二）案例分析问题

（1）你认为 LT 公司存在诸多人力资源管理问题的原因是什么？

（2）你认为 LT 公司存在的核心问题是什么？

（3）如何改进和完善 LT 公司存在的这些问题？

（4）请你为 LT 公司重新设计一套人力资源管理制度。

MT 公司销售人员薪酬制度改革风波[①]

一、案例正文

（一）公司背景

1. 公司简介

MT 有限责任公司（以下简称为 MT 公司）成立于 2009 年，现有员工 70 余人，经过几年的苦心经营，公司取得了可喜的成绩。公司自成立以来，一直致力于诸多电脑知名品牌在江西地区的营销代理，目前公司的主要业务范围为品牌电脑和电脑配件产品、数码产品的渠道分销与零售，以及电脑技术服务和行业客户的系统集成等。在信息化时代，互联网产业迅猛发展，MT 公司始终把握时代发展脉搏，依靠创新的服务意识，立足于 IT 服务行业的前沿。这些年来公司凭借一流的品牌产品、良好的信誉和优质的服务，为经销商及客户提供品牌电脑、配件以及售后服务，为此得到了业界同行及广大消费者的好评。目前公司核心代理的品牌电脑有：联想 ThinkPad、华硕笔记本及台式机，并且已经成为市直、县直等政府协议供货的指定单位。公司还经营着各种品牌的电脑配件，为消费者提供一站式购买服务。

2. 经营理念

MT 公司始终坚持着"全员服务，服务创新，持续改进"的经营理念，时刻关注着消费者满意度，始终牢固树立"产品质量是企业的生命、服务意识是企业生存和发展的基石"这一观念，始终贯彻"只有消费者满意才有企业利润"的企业文化。在这些年的企业经营过程之中，公司不断地进行客户服务的改进与创新，为此，公司成立了专业的服务团队，组织技术人员为客户提供上门技术指导和售后服务，使客户买得放心，用得放心，真正地解除了客户的后顾之忧，从而

---

① 本案例由江西师范大学商学院的舒晓村撰写，版权归作者所有。

使公司的服务不仅能够满足客户需求，还要争取超过客户的期望，从而赢得客户的忠诚度和品牌的美誉度，使公司能够在竞争激烈的 IT 市场中不断成长，一直在行业内保持良性发展势头。

3. 公司发展前景

21 世纪是信息时代、"互联网+"的时代，公司所处的行业具有较大的发展前景。同时公司所处的江西省是中部地区经济发展的枢纽。在当今国家支持中部地区崛起的大好形势下，MT 公司抓住这一大好历史发展机遇，遵循"站稳江西、立足中部"的企业目标。这些年来公司着眼于江西地区业务的长远与稳定发展，在不断的发展中积累了丰富的经验，蓄积了强劲的实力，以高度的责任感、使命感为客户和社会提供满意的产品和优质的服务，为江西 IT 信息产业发展做出自己的贡献。

然而，企业在发展中既要看到有利的一面，也要时刻保持危机感，防范各种不利的因素。公司管理者清醒地意识到，现在整个江西 IT 行业的市场格局基本已经确定，形成了相对稳定的竞争态势，再想有新的突破、新的发展比较难，因此，公司管理者决定现在先练好内功，加强内部管理，继续改进服务意识，以创新的服务去回馈新老客户。不断创造新的业绩，展示新的风采，争取为公司下一个五年计划的实现打下坚实基础。

(二) 公司销售人员薪酬制度改革过程

在 2014 年 6 月以前，公司对销售人员实施的是"固定工资加销售提成"的薪酬结构。固定工资是保障基本生活所需，而销售提成主要是起到激励作用。

销售人员的固定工资包括基本工资、岗位工资和津贴补贴，具体水平依据其职位等级来确定。具体标准为：一般销售人员 1800 元/月，销售主管 2500 元/月，固定工资按月发放，发放时间为每月的 10 日前，遇节假日则提前发放。

销售提成是根据每个销售人员每月的销售额进行计算，计算公式为：销售提成＝每月销售额乘以 5%，销售提成当月计提。

公司管理者认识到现有的薪酬制度存在一些问题，例如，现有薪酬制度中固定工资水平是否合理？当时制定时是由公司总经理做出的决定，没有考虑市场的薪酬水平。一般销售人员和销售主管的薪酬差距是否过大，这个薪酬差距多少比较合适？销售提成只是按销售额来确定是否会带来不利影响？还有一个主要问题，现有薪酬制度没能体现服务意识的重要性，公司领导认为公司的进一步发展取决于全员的服务意识，应该在现有薪酬制度中体现以促进销售人员的服务意识。

为了进一步提高销售人员的积极性，强化销售人员的服务意识，体现薪酬的激励作用，2014 年 6 月 17 日，公司公布了《销售人员薪酬制度改革办法》，并在公司内部办公系统进行公告，计划于 2015 年 7 月 1 日起实施。

《销售人员薪酬制度改革办法》在固定工资的确定方面做了一些修改，公司结合本地区同行业的市场薪酬状况，建立以岗位价值为基础，同时辅以能力素质的薪酬管理体系。将原有的一般销售人员固定工资由 1800 元/月调整为 1600 元/月，销售主管固定工资由原来的 2500 元/月调整为 2300 元/月，然后根据每位销售人员的能力设计不同的薪酬等级，每个等级相差 50 元。

在销售提成方面进行了较大的改变。《销售人员薪酬制度改革办法》中规定每位销售人员都要完成一定的销售额。具体标准为：一般销售人员月均销售额不低于 2 万元，销售主管月均销售额不低于 6 万元，销售人员每月的销售额只有超过销售定额之后才有销售提成。并且《销售人员薪酬制度改革办法》还设计了一项新的奖项——优秀服务奖励，由公司对每位销售人员进行月度考核，考核指标为顾客服务质量，销售人员考核结果每月进行排名，对于考核结果为优秀的销售人员发放固定工资的 50% 进行奖励，对于考核结果为良好的销售人员发放固定工资的 30% 进行奖励，对于考核结果为合格的销售人员不进行奖励，而对于考核结果不合格的销售人员实行末位淘汰。公司规定考核结果实行强制分布法，即优秀占比只能为 10%，不合格占比不低于 5%，而且考核结果也是公司晋升销售人员职位等级的重要依据。

《销售人员薪酬制度改革办法》公布后，遭到了一些销售人员的反对和抵制，其中意见最大的是市场部经理张某和其他三名销售人员。鉴于薪酬制度改革的实际情况，以及销售人员的意见，2014 年 7 月 2 日，公司通知张某和另外三名销售人员务必参加公司于当日下午 4 点召开的紧急会议，并告知不参加会议的严重后果。但张某和三名销售人员在无正当理由的情况下拒绝出席会议。公司事后了解到，当时市场部经理张某召集这三名销售人员单独商量对策，在商量的过程中他们共同表达了对公司此次绩效考核改革方案的不满，还讨论了集体跳槽投奔其他公司的意向。

2014 年 7 月 12 日，公司决定再次召开公司晨会，要求这四名员工参加会议，珍惜这最后的机会，并要求他们进行签到。但这四名员工仍未出席会议，据此，公司决定分别解除与张某等四位员工的劳动合同关系。2014 年 7 月 20 日，公司以违反劳动纪律为由分别向张某等四位员工分别发放了《解除劳动合同通知书》。

张某等四位员工对公司解除劳动合同关系强烈不满，要求公司撤销解除劳动合同的决定，并提出公司应向他们提供赔偿经济补偿金，理由如下：原四名员工与公司签订的劳动合同约定，员工劳动报酬按原薪酬制度进行发放，而 2014 年 6 月 MT 公司突然公布《销售人员薪酬制度改革办法》，并从 2015 年 7 月 1 日开始执行，该方案对薪酬制度做出了重大变动，降低了固定工资水平，修改了销售提成的计算方法，直接损害了全体销售人员的合法权益，公司擅自修改薪酬制度的行为违反了相关规定。他们对该薪酬制度改革方案提出异议却招致公司的打击报复。公司以四名员工违反劳动纪律为由解除他们的劳动合同，目的是逃避对员工应给予的巨额经济补偿。公司凭借强势地位利用内部信息平台向公司全体员工和客户发布四名员工被开除的消息，对他们的名誉造成了负面影响。

而 MT 公司坚持认为他们解除与张某等四名员工劳动关系的决定是不存在任何问题的。理由为：公司根据企业实际情况对薪酬制度进行改革是企业经营自主权的体现，张某等四人不顾公司发展目标，对改革方案百般抵制，这是自私自利的表现。公司多次通过电话及短信息通知他们参加为解决此事而召开的协商会议，可以说已经尽到了应尽的责任，而该四名员工在清楚不参加会议的严重后果的情况下，不仅没有参加公司召开的紧急会议，还私自集会，共同商讨跳槽投奔其他公司，尤其是，他们还阻止其他人参加公司会议，诋毁公司的声誉，严重影响其他员工的正常工作活动。上述行为不但违反了公司劳动纪律，还违反了职业道德，主观上存在恶意，手段恶劣。因此，公司以张某等四名员工违反公司劳动纪律为由解除与他们的劳动关系是合理合法的。公司与张某等四名员工的劳动合同已解除，上述员工的工资以及绩效提成都已经支付完毕，不存在经济补偿金的问题。

为此，双方各自坚持理由，一直争执不下，张某等四人甚至扬言要到法院起诉公司。公司领导为此很苦恼，也在反思为什么会出现这种情况，公司该如何处理这起事件呢？为了避免以后类似的事情再次发生，公司该采取哪些措施呢？如果张某等四人向法院起诉，法院会如何判决？

二、案例使用说明

（一）教学目的与用途

（1）本案例主要适用于管理学、组织行为学和人力资源管理等课程。

（2）本案例是一篇描述 MT 公司的薪酬制度改革过程的教学案例，其教学目的在于使学生对企业发展中所遇到的问题具有感性的认识，并深入思考企业薪酬制度的合理性，从企业劳动关系角度分析辞退员工的法律问题，并提出解决方案。

（二）案例分析问题

（1）MT 公司改变薪酬制度的程序是否符合政策法规？

（2）公司公布《薪酬制度改革办法》后，张某等四人的行为存在哪些问题？

（三）分析思路

第一，MT 公司对原有的《销售人员薪酬办法》进行修改，制定《销售人员薪酬制度改革办法》，将销售人员的固定工资进行变更，销售提成按新的提成办法执行，增加优秀服务奖励，这是公司根据公司的发展战略目标而提出的，主要是为了提高公司销售人员服务意识的积极性，从而促进公司的发展。至于这种行为是否合理合法还要根据相关法律条文来判断。根据《劳动合同法》第四条第二款，"用人单位在制定、修改或者决定有关劳动报酬……以及劳动定额管理等直接涉及劳动者切身利益的规章制度或者重大事项时，应当经职工代表大会或者全体职工讨论，提出方案和意见，与工会或者职工代表平等协商确定"。因此，公司在变更薪酬制度等规章制度时，应与工会或者职工代表平等协商确定，从案例来看，MT 公司没有经过这个程序，因而至少在程序上存在瑕疵，这也是许多中小企业需要吸取教训以待改进的地方。《劳动合同法》规定用人单位不能仅以"严重违反劳动纪律"为由解除劳动合同，需要证明劳动者的行为严重违反本单位的规章制度，并且这个规章制度是依法制定并公布的，从案例中看，张某等四人缺席会议的行为是否属于严重违反单位的规章制度还值得商榷，具体要看公司规章制度是如何规定的。

第二，张某等四人在这次事件当中所采取的行为也存在不足之处。在公司进行薪酬制度改革时，如果对公司颁布的《销售人员薪酬制度改革办法》所规定的具体内容不满，理应通过正当的途径与公司进行协商沟通，向公司管理层反映意见，或者通过职工代表大会或工会提出建议。如果与公司确实协商不一致时，可以向劳动争议仲裁委员会申请仲裁，如对仲裁结果不服，还可以向法院进行起诉。在此期间，员工应当服从公司管理，正常履行岗位义务。然而，张某等四人采取的方式并不妥当，在公司多次通知参加紧急会议并告知不参加的严重后果的情况下，仍然拒绝参加，还聚集讨论投奔其他公司。这种行为已超越了协商解决问题的本意。公司在此情况下，仍然给予张某等四名员工机会，再次召开会议，要求这四名员工参加会议并进行签到。这说明公司在主观上并不愿意解除与这四名员工的劳动合同。而张某等四名员工采取了不配合的态度和行为，给公司的正常经营管理带来了负面影响。

（四）案例拓展问题

（1）公司原有的薪酬制度存在哪些问题？如果由你来设计，你会设计出什么样的《销售人员薪酬制度改革办法》？

（2）如果你是该公司的领导，你会如何解决此次薪酬制度的改革风波？

（3）当销售人员的顾客服务质量考核结果为不合格时，公司能否解除他的劳动合同关系？应如何避免相应的法律风险？

（4）解除劳动合同时如何支付经济补偿金？

（五）建议课堂计划

本案例可以作为薪酬管理和劳动关系管理等课程的教学案例，适用于人力资源管理专业学生，以及人力资源管理从业者进行案例讨论。以下是按照时间进度提供的课堂教学计划建议，仅供参考。

整个案例课的课堂时间控制在 30~40 分钟。

（1）案例阅读阶段：请学生独立完成案例阅读，由教师提出案例分析思考题，然后请学生进行初步思考。本阶段大概需要 10 分钟。

（2）课堂讨论阶段：学生进行分组讨论，每组控制在 4~6 人，本阶段大概需要 10 分钟。讨论结束后由小组推荐一名学生代表小组进行小组发言，每组大概 3 分钟，控制在 15 分钟。

（3）教师总结阶段：教师对案例进行归纳总结，并引导全班进一步讨论，大概 5 分钟。

（4）课后完善阶段：请学生采用书面报告形式对案例所涉及的问题给出更加具体的解决方案，作为平时作业。

迅捷教育的人才引进与流失[①]

摘　要： 本案例以南昌迅捷教育公司为背景，面对教育体制改革，在教育培训机构竞争日益激烈的环境下，针对迅捷教育公司建立及办学八年来的人才流动问题，公司张总提出了不同的人才招聘和管理策略，但始终收效甚微。人才引进及管理策略的调整是否抓住了员工离职的关键因素？哪些才是影响员工离职的主要因素？它们又是如何影响员工的离职决定的？基于 2014~2016 年迅捷教育的在职及离职员工的调查数据，通过建立二元离散选择 Probit 模型，对迅捷员工离职与否的主要影响因素及其之间的互动关系进行量化，为迅捷教育留住人才的策略调整提供依据。

关键词： 人才引进与流失；二元离散 Probit 模型；策略调整

一、案例正文

（一）引言

2016 年 6 月，迅捷教育咨询有限公司（以下简称迅捷教育）举办八周年庆典活动，庆祝公司招生数量再创高峰，2015 年 6 月至 2016 年 6 月营业额突破 250 万元。本以为张总会喜笑颜开，没想到他却眉头紧锁，原来他还在为怎么留住优秀的全职员工烦恼。据了解，公司自成立创办至今，招聘的全职员工 80 余人，但目前公司在职的全职员工仅 15 个。全职员工的流动性太大，一方面，极大地增加了招聘成本；另一方面，人员离职率太高，严重影响了教学水平的提高。为保证教学质量，公司不惜高成本聘请经验丰富的在校教师，而长期过多聘请兼职教师又会产生新的隐患。怎样才能留住优秀教师呢？员工离职与否的主要决定因素是什么呢？是不是设置底薪会改变现在的局面呢？张总一筹莫展。

---

① 本案例由江西师范大学商学院邓新老师撰写，版权归作者所有。

（二）公司背景

迅捷教育成立于 2008 年，是一所专注初、高中数理化辅导的培训机构，坐落于南昌市西湖区桃苑大街桃苑大厦。迅捷教育咨询有限公司内设四个部门：财务部、咨询部、教务部和人事部。其中财务部主要负责员工工资发放，制定激励政策，保障公司后勤（员工住宿安排、教学区管理、公司消防等）；咨询部主要负责招生，全职员工两人；教务部主要负责辅导，有 11 名全职教师；人事部主要负责教师安排及课时管理，全职员工两名。自 2008 年成立以来，聘请市各重点中小学一线在职教师约 120 名，其中教授级别教师 20 多名。迅捷教育秉承"负责、严谨、耐心"的教育理念，专注初、高中数理化培优，招生规模从 2008 年的 20 名发展到 2016 年的 120 多名。

从行业内分析，迅捷教育规模相对较小，但有自己的特色，与同规模培训机构相比，具备一定的竞争力。南昌中小学教育培训的三巨头是新东方、九州教育和学大教育，此外还有星火教育、优学教育等。其中新东方以英语培训为主要特色，新东方教师的教学方式普遍较有特色，很容易吸引学生；九州教育专注于中小学课外辅导教育，包括文化课程和艺术课程，在南昌拥有 22 所学校，专职教师约 360 名，其主要特色是名师班，私教"1 对 1"和领袖军体集训等教学模式结合，师资最优，已成为江西本土最大的个性化课外辅导学校；学大教育在南昌办学时间不长，但学大教学的名气在其他城市很大，招生情况很好，其主要优势就是"1 对 1"的辅导；与上述三巨头相比，在南昌规模相对较小的如优学教育、星火教育等，都有自身的优势，优学教育和星火教育都侧重英语培训，而优学教育独创的 UPC 高效学习方法是其竞争核心力所在。与上述规模性培训机构相比，迅捷教育规模很小，但是它有自身的优势。第一，公司专注初、高中数理化的培训。南昌市中小学英语培训市场基本上达到饱和，据初步统计，新东方、优学教育及巨人雷士约占整个市场的 3/4，因此，专注数理化的培训是迅捷教育办学的特色之一。第二，公司的地理位置优越。公司坐落于西湖区桃苑大街，南昌市外国语学校附近。在 2014 年实施划地段招生前，南昌外国语学校自主招生，生源非常好，70% 以上是南昌市优秀小学毕业生，还有 30% 非富即贵，人称南昌市"贵族学校"之一。选择辅导机构，离学校近是非常关键的因素。第三，迅捷教育教学模式多样，包括 VIP "1 对 1"陪读教学、尖子班、培优班和中高考全托班。授课方式的选择一般由迅捷公司根据学生的测评分析，结合学生自身的特点，为其制定辅导方案，教学效果明显，招生规模不断壮大。第四，迅捷教育的收费合理，与规模大的三巨头相比，收费标准很低，与其他同规模的教育机构相比，收费标准基本一致。第五，师资优势。迅捷教育专职教师年龄分布在 23~32

岁，是一个非常年轻的团队。年轻团队的主要优势就在于负责。同时，公司储备了南昌市各重点中小学一线在职教师110余名，具有丰富的教学与考试经验。

（三）公司发展壮大的主要问题

南昌迅捷教育法人张总，毕业于江西师范大学商学院，具备一定的经济学、管理学及金融相关专业知识，在校四年期间，完成自身学业的同时，利用寒暑假招聘在校学生做兼职，在省内地县租借小学办中小学辅导班。南昌迅捷教育最早成立于2008年6月，是省记忆力研究推广中心唯一认证具有全脑开发和培训资质的单位，基于中国传统的应试教育体系，专注理科，引进国际先进的教育理念——"1对1"的教学模式。张总在2012年接手迅捷教育。2008~2012年，迅捷教育专职教师只有9个，招生人数增长非常有限。接手公司后，张总结合自身办学经验，对南昌市教育培训市场进行深入调查，他发现：第一，迅捷教育的培训辅导模式单一，"1对1"的教学模式先进，但不适用于所有学生，其费用是较高的门槛。第二，公司应设立咨询部，增加咨询部专职人员，专门负责招生。第三，师资结构应予以调整，除年轻专职教师外，应聘请一定数量的经验丰富的一线在职教师。根据张总的调查分析，2012年11月，公司进行了全面的改造升级。首先，增加了辅导模式。班型包括VIP"1对1"、尖子班、初高中培优班及中高考培优班。其次，公司设立咨询部、教务部和人事部。根据当时在职的9名员工特点，安排在咨询部3名、教务部5名和人事部1名。同时高薪聘请在校一线教师，并努力建立长期合作关系。经过调整后，2013年春季，迅捷教育招生人数超过40人，工作取得突破，但新的问题随之而来。学生数量增加，但教师配备不足。2013年3月，9个专职员工有3个先后离职，包括一名月收入高达8000元以上的咨询部员工。2013年4月，张总在招聘网上发布招聘专职教师信息，直至2013年7月，迅捷教育才引进了一批新的专职教师，通过"老带新"模式对新进教师培训三个月后正式入职。本以为教师数量基本配齐，但在学生规模加速增加的同时，迅捷教育的人才流动率也随之增加。据统计，自2014年6月至2016年6月两年期间，迅捷教育先后共引进34人，现在职专职员工仅15人。

专职员工流失是目前迅捷教育面临的最大问题。专职员工的流动性强，一方面，严重阻碍了公司的壮大发展。迅捷教育现有学生人数已突破100人，教学效果得到市场认可。根据新的局势，张总计划扩大公司规模。南昌外国语学校将整体搬迁至九龙湖，张总计划在九龙湖开办新的教学点；同时，南昌县莲塘片区针对初、高中数理化的专业辅导机构较少，张总计划在莲塘片区设点办学。员工的高离职率，极大地限制了公司规模的扩张。另一方面，专职员工的离职，极大地增加了公司的运营成本。专职员工减少，必定要增加兼职的一线在职教师的课时数，使兼职教师的课酬普遍高于专职员工。招聘信息的发布也使招聘成本增加。

（四）张总的思考

面对严峻的人才流失问题，张总曾经做过几次调整。2012年，迅捷教育设立咨询部，与教务部分开，专门负责学生的招收工作。2008~2012年，公司员工按统一"底薪＋年终奖"的工资制度发放工资。2013年，为增加员工工作积极性，张总改变之前的工资制度，认为专职员工工资应按照职责不同区分。教务部专职教师工资是底薪＋课酬，人力资源部员工工资是基本工资＋年终奖，咨询部员工工资是底薪＋提成（按招生收入的一定比例提成）。2014年6月至2016年6月，专职教师底薪调整至2500元/月，咨询部员工底薪在3000~3500元/月，人力资源部员工底薪为3000元/月。工资制度改革，很大程度上刺激了员工的积极性，但离职率依然居高不下。难道工资水平不是影响员工离职的决定性因素吗？面对公司规模扩张与员工高离职率的尖锐矛盾，张总再次紧锁眉头……

张总给我们提供了2014年6月至2016年6月迅捷公司专职人员34人的相关数据资料，希望能利用计量手段，通过相关模型，从数据上求证工资水平是不是员工离职的主要因素？从数据的统计结果上看，年龄和员工离职与否有一定的规律性，它是不是也是主要决定因素之一呢？员工性别是否也应该考虑呢？

表中Y表示离职情况，1表示在职，0表示离职；Salary表示2014年6月至2016年6月在职期间的平均工资收入；Age表示员工年龄；Sex为性别，1表示男性，0表示女性。现以数据为基础，建立二元离散模型，根据模型分析结论，对张总的问题进行解答，为张总调整策略、留住人才提供依据。

表1　2014年6月至2016年6月迅捷教育专职员工数据资料

	Y	Salary	Age	Sex
1	1	6035	30	1
2	1	5300	32	1
3	0	4680	28	1
4	1	5600	30	1
5	0	3385	26	1
6	0	3760	27	1
7	0	3850	28	1
8	1	3790	27	0
9	1	3819	25	1
10	0	3000	26	0

	Y	Salary	Age	Sex
11	1	2800	24	0
12	0	4200	29	1
13	0	3200	27	0
14	0	3050	26	0
15	0	2750	24	0
16	0	2800	27	1
17	0	4850	30	1
18	1	6100	29	1
19	1	3790	25	0
20	1	4650	25	1
21	1	3850	25	0
22	1	4490	26	1
23	0	3850	27	1
24	0	5320	28	1
25	1	4230	26	0
26	0	3790	26	1
27	0	4200	29	1
28	0	4680	28	1
29	0	5100	32	1
30	0	2800	24	0
31	0	2600	23	0
32	1	3790	26	0
33	1	3850	25	0
34	1	4250	24	1

二、案例使用说明

（一）教学目的和用途

（1）本案例主要适用于计量经济学课程，也可用于管理学、人力资源管理等课程。

（2）本案例描述了迅捷教育自创办以来的发展过程，其主要目的是基于迅捷教育 2014 年 6 月至 2016 年 6 月专职员工的相关数据信息，建立二元离散模型，对迅捷教育的专职员工离职的主要因素进行求证，从计量经济学角度为迅捷教育制定引进人才、留住人才策略提供依据。

（二）启发思考题

（1）运用 Probit 模型分析工资水平 Salary、员工年龄 Age 以及员工性别 Sex 对员工离职选择的影响，并对模型拟合优度进行评价。

（2）根据所建立的二元离散 Probit 模型分析结果，为张总调整策略提供有意义的参考。

YD 公司的人力资源之惑①

摘　要： YD 公司是江西本土一家颇具规模的钢材贸易公司，近十几年来公司抓住了国家基础设施建设飞速发展、国民民生项目快速开展的良好机遇，已发展成为年营业额过十亿元、员工数近 200 人的行业龙头公司。然而，公司的良好发展势头下却隐藏着低端产业、低端产品所带来的低利润的问题；产业无法吸引到优秀的人才，员工忠诚度不高；公司想要做大做强、规范完善相关制度而给公司带来员工流失的阵痛……公司希望能够借助内部股份制改革留住人才、吸引人才，将员工和公司之间的关系从相互博弈变成合作共赢，但是该如何落实到实施操作层面，公司的管理层仍然比较迷茫……

关键词： 低端产业；企业管理；人员流失；员工培训；内部股份制改革

一、案例正文

（一）背景介绍

江西 YD 公司于 2000 年 8 月正式注册成立，现已拥有四家子公司，并于 2015 年 4 月投入资金成立了北京分公司，目前正在筹划湖南分公司。YD 立足于钢铁贸易业，主要经营国内各大钢厂的方矩管、角钢、槽钢、工字钢、热板、热镀锌管、消防配件等各种钢材及配件。公司经过 16 年的发展，目前已形成以钢材、配件为主的大型钢材仓储超市型企业，服务宗旨是为客户在钢材需求方面提供"一揽子"解决方案，将自身定位于"江西钢贸行业的沃尔玛"。公司当前有员工近 200 名，2015 年的销售总额已超十亿元。

2000 年以前的 YD 只是一家卖钢筋的小门店，公司成立后业务有了较快的发展。公司从最初在经营不善的国企处租赁 100 平方米储料仓库开始，到两年内拿下了该国企所有 1300 多平方米的仓库。八年后，公司租地 48 亩，建成了公司自

---

① 本案例由江西师范大学商学院符可老师撰写，版权归作者所有。

有的近 30000 平方米颇具规模的现代化仓库。随后，企业又在南昌市最具规模的建材市场买下了较大一片自有店面，向业界同行展示了公司蓬勃向上的发展势头。

公司的三位原始股东共同见证了公司的初期发展，在大家的努力下，公司业务快速增长，公司运营基本步入正轨。而此后，大家在公司建设和运营方面的意见时有不一，于是 2012 年左右，三人商讨后决定把公司交给市场敏锐度最高、斗志最激昂的 Z 总，其他两位股东不再参与公司的日常运营，只定期来参加董事会就公司发展中遇到的难题及运营大方向进行讨论。为了使公司运营正规化，企业在此时引入了两位职业经理人。

（二）公司目前的发展与困惑

在 Z 总的带领下，公司已经走过了 16 个年头并且当下业务仍呈现上升趋势。公司所经营的产品种类更加丰富、在当地市场知名度不断上升、品牌效应正逐步显现。此外，公司近几年的管理更为规范化，逐步完善了各项规章制度。如果说在创业初期公司的发展还需要依赖一些关系和公关，有时会游走于行业的潜规则地带，那么现在的运营已与市场接轨，业务增长依靠的是口碑、品牌和实力。公司当前的领导团队目标一致，都能以公司利益为重，并愿意为企业持续投入。此外，这家公司的人员不像传统的民营行业那样在公司内部有着错综复杂的裙带关系，这使得人事管理效率相对较高。

可就在这看似喜人的成绩后面，公司的领导层对公司的未来发展却也有着不少困惑和担心。在访谈的过程中，Z 总眼中公司所面对的行业问题主要有如下几点：

问题一：公司的主营产品为低端产业低附加值产品。主营产品市场竞争激烈，没有价格空间，不能给企业带来较好的利润。从公司 2015 的报表中我们看到：公司的销售数据为近 11 亿元，可全年的利润却只有区区的 1200 万元左右，利润率低至约 1%。这还不是 2015 年所特有的情况，2013 年和 2014 年的数据也显示了类似的情况。公司近几年业务在不断拓展，产品线在不断延展，资金投入越来越大，虽然销售额有较大的增长，可利润却停滞不前。

问题二：资金压力大，融资困难，回款风险性大。钢贸行业的资金需求量巨大，作为私营企业自筹资金不足，所能提供的质押贷款能力有限，公司业务的增长不得不依赖于银行贷款。先不谈公司的银行借贷成本，银行对钢贸行业的贷款审批极为严格。Z 总开玩笑地说："银行内部传着一句话：'防火防盗防钢贸。'"由于此行业是高风险行业，经营风险高、企业财务报表随意性较大、真实性差、缺乏审计和良好的连续经营记录，导致银行不敢轻易贷款。此外，企业还面对着下游企业欠款严重的问题，质押的货款会导致资金链紧张。如果下游企业倒闭或者破产，少到几十万元多到几百上千万元的货款就可能收不回来。

问题三：钢铁产品的价格波动大，其价格既受到市场需求变化的影响，也受到供应方供货能力的影响，其与国家的经济、政策的变动甚至某件事件的发生紧紧挂钩。2015 年由于在国家整体经济下滑、去产能的背景下，钢价曾到历史低位。但进入 2016 年后，随着部分钢厂的关闭造成供应量的减少，房地产业满血复活造成需求量的增加，钢材的价格又在迅速地回升。再如杭州开 G20 会议，杭州周边的钢厂停产推动市场价格；全国交警对严格打击公路货车超载行为都会带来钢价变化。这就要求市场一线人员极具行业敏感性，能对钢铁的价格预期进行较准确的估计。

而在 Z 总的眼中，上述行业中普遍存在的问题并没有难倒他这名在该行业中已摸爬滚打近 20 年的老将。上述问题给他带来的只是危机意识而非困惑，当下的燃眉之急是人的问题，是公司如何解决居高不下的老员工流失率以及如何招到并留住得力的新员工的问题。

（三）人力资源问题：老将流失、新将难寻

1. 原有问题

公司以前对于业务人员的薪酬体系是按本土行业惯例所设计的：包吃包住 + 保底工资 + 三险 + 业务提成（销售价 – 成本价）。业务提成是人员薪金中最为重要的一部分，按当前市场的惯例其他企业通常给到 20% 左右，而 YD 将其业务提成提至了近 30%。这种激励方式在过去为公司吸引了不少得力的销售人员，对推动公司的业务增长起了很重要的作用。以前管理层认为这种薪酬体系能够充分调动员工的积极性，让员工做到自我驱动。可是，现在这种薪酬体系的设计，已经显现出了弊端：

（1）公司与员工之间的关系松散。两者之间几乎是单纯的金钱和利益关系，每一位员工各自为营、独立作战。公司在某种程度上是他们的提货仓库，他们赚取的是销售价与公司成本价之间差额的百分比。公司基本没有企业文化，员工忠诚度较差。

（2）公司与员工的目标冲突。员工们将找到客户、完成销售作为他们的终极目标。在此目标驱动下，他们不会太多站在公司的角度去考虑客户资信情况和未来的回款情况，有时甚至会向公司故意隐瞒客户的不良信贷情况；不会向客户提供认真细致的服务，而是仅仅聚焦于如何促使客户签单，将销售量做上去，有的员工甚至在利益的驱动下主动按行业的潜规则做事。这些与公司所希望做出零售商品牌的目标是相悖的。

（3）公司与员工的利益冲突。在此运作模式下，客户资源是双方的核心利益

点所在。员工们认为客户是自己找来的，客户每一笔采购都会与自己的奖金有关，所以客户资源应该牢牢的抓在自己手上；而公司则认为员工之所以能找到客户是因为依靠了公司这么多年所搭建的大平台，所以客户资源应该进入企业的客户管理数据库以便日后进行更好的管理、维护及跟踪服务。事实上，掌握着核心客户资源的一些优秀员工在完成一段时间的资金和客户积累后，都会选择离开，自己创业。这对于公司来说，无疑是一种既损失客户又培养了竞争者的行为。

以上所述的问题一直都存在，公司在很长一段时间内也不得不接受、采用行业内常用的这类粗犷式的管理风格。以前公司更像是家长式管理，几位老总和经理人每天在办公室的时间经常长达 18 个小时，事事亲力亲为，协调解决客户问题，关心项目进展情况，了解员工思想动态。因为那时公司规模相对较小，所以老板和员工之间彼此接触更多，关系更为亲密，所以相对缓解了两者间的冲突。Z 总笑着说那是用尽了人格魅力和打了亲情牌。但随着员工越来越多，公司要继续做大做强，只靠感情联络是不够的。健康发展的公司一定要抓内部管理并完善相关的规章制度。所以公司的董事和执行经理在近几年中不断地调整组织架构，从无到有慢慢建立各项详细的规章制度并跟踪落实执行。比如在组织架构上，公司成立了电商服务部，旨在为所有的老客户提供跟踪服务。通过这一方式，既提升了公司对老客户的服务能力、满意度，又可以把原本分散在各个员工手中的老客户资源进行集中管理。在规章制度方面，公司制定了详细的管理方案，充分利用了微信、口袋助理、钉钉、ERP 流程管理等现代化的即时通信工具和企业运营管理软件。在考核和评价方面，公司为各个岗位都提出了具体的绩效考核方案，从过去的单纯考核员工的出单率，到综合考核客户访问量、客户满意度、重复采购情况、客户的回款率等各项指标，再把考核指标与薪酬福利管理紧紧挂钩。这种完善对于公司来说是有利的，但在这一实施的过程中，公司与员工之间的冲突就变得更为激烈了。

2. 人力资源的矛盾显现

进入 2016 年以来，每个月老员工的辞职率都在不断上升。Z 总苦恼地介绍说："三个月前老员工 A 到我的办公室抱怨公司现在繁文细节的要求太多，不仅有每日考勤，还要交每日的工作汇报及每周的工作日志，此外还要定期地统计销售和回款表格。A 反复地在问为什么这些要求以前没有，现在却越来越多。这样的工作约束太多，他感觉不自由所以不想做了。两个月前 B 又拿着奖金明细表来质问我为什么奖金的分成比例比上个月降低了，我解释说那是因为公司所经营的产品范围及种类越来越多，销售额就会随之变得更高，所以公司就适度地调整了员工的分成比例。B 非常生气，认为公司言而无信，第二天就递交了辞职报告。C 上个月被发现向公司上交了虚假的客户资料，他振振有词道，他开发的客户为什么要让公司共享，以后所有的客户资料都不上交了。C 是公司业绩卓越的老员工，所以认为自己有底气与公司叫板。此时如果挽留了 C，公司就要打破自己所定的制定；如果开除了 C，又怕乱了老员工的人心。公司在反复斟酌、权衡利弊后最终还是对 C 做出了开除的决定。接下来，就有老员工 D 向公司递交辞职报告，被批准后第一时间回到业务部大发言论说他要跳槽去 X 公司了，X 公司承诺将给他 50% 的业务提成。"说到这里，Z 总苦笑说："我们业务部门的老员工每年平均收入 15 万元以上，业绩突出的可能高达 40 万~50 万元，比我这个承担了资金压力、各种风险的老板拿得还要多。但一到触及到个人利益的时候，没有人会记念公司的好。我们当下在此行业中所处的龙头地位使得新进入市场的企业或希望进一步扩张的企业首选来我们公司挖人，而我们的员工在利益驱动下多选择'往高处走'。"

与老员工的持续流失同时发生的问题是难以招到合适的新员工。钢材贸易行业属于传统行业低端产业，利润低，客户整体素质偏低，从业人员的工作比较辛苦。这些行业特点就直接导致了较高素质的人才不愿意进入该行业。公司这几年来在本地的几大知名招聘网站如地宝、赶集网和智联招聘上持续地投入广告，可仍长时间处于求贤若渴的状态。民企、钢贸这两个标签极大地约束了应聘人员的积极性。公司参加校园招聘几乎场场都是冷场，公司入不了正规大学毕业生的法眼。公司现在具有本科以上学历的员工数量不足 5%，员工整体素质有待提高。公司为新员工所提供的培训主要为产品培训和销售技巧培训。产品培训更多的是在日常工作中学习而获得的；销售技巧培训则是由公司的几位老总和销售精英在工作之余组织进行，所传授的都是在此行业多年实战打拼的一手经验。Z 总认为公司当前的内部培训体系并不完善，说是培训其实更像是传统的"传帮带"，在当下公司与老员工冲突显现之后，部分老员工认为公司之所以敢用规章约束他们、开除他们，就是因为有新员工不断补充进来，所以对新员工有敌意，不愿倾囊相授。新员工的成长更多需要靠自己的琢磨和对市场的悟性，适应岗位的时间会更长一些。

为了保证一线战场上有足够的士兵，持续的招聘已成为公司管理层这一年来极为关注的工作重点。目前，公司的员工流失率高达 30%，但在持续不间断招聘的努力下，新员工的增长数与老员工的辞职数基本保持平衡。老员工流失时不可避免地会带走一些老客户，而好在市场较大，新员工也在持续地拓展客户。所以对于公司来说，这一年客户数据库中的总客户数量还算没有太大的变化。但同时这也意味着，企业花费在招聘和培训上的高额费用，投入在管理方面的人力、物力、财力至少在当下还没有带来业务的增长。

（四）人力资源之惑的潜在解决方案——内部股份制改革

公司的管理层认为虽然当下老员工的高流失率会给企业带来阵痛，但长久以来能换来靠制度靠规章正常运转的公司。Z 总现在心里反复琢磨并拿来和股东、职业经理人商讨的解决方案是对公司进行内部股份制改革。大家一致认为这是当下解决公司面对人员问题的最佳方案。通过内部股份制改革，公司希望能将公司和员工的利益紧紧地捆绑在一起。改变现行情况下员工仅看中短期的自身利益，对公司利益漠不关心的现状。希望通过内部股份制改革能使员工更加具有主人翁意识，重新定义员工和管理者之间的关系，从相互博弈变成合作共赢。同时，内部股份制改革后，员工将要部分或全额出资购买企业股票，通过这种方式可以使企业融资渠道更多样化，降低企业的融资风险，从而让企业和员工之间形成利益共享、风险共担的关系，以期企业能够可持续发展，继续做大做强。可是公司的想法似乎并没有得到员工们的支持，每次和员工谈股份制改革，员工们的口头禅都是："公司的股份，白送给我就要，但如果要出钱买，那就一分也没有。"内部股份制改革的想法一直在酝酿，但一直没有清晰的思路。为此，公司的管理层还特地奔赴天津的 ZND 和青岛的 JWL 两家钢贸企业学习内部股份制改革经验。访谈一圈后便发现其他公司的内部股份制改革也并不顺利，改了 N 年也改不下来，边改边变化方案的情况也时有发生。ZND 公司介绍说公司最后没有办法只好请来了第三方咨询公司，在咨询公司人员进驻公司三个月，对公司的财务情况、经营性质和人员配置有了全面的了解后才形成了可执行的股份制改革方案。内部股份制改革的过程是艰难的，而且由于这些钢贸类企业进行内部股份制改革的时间都不长，尚无法衡量企业的转型最终是否成功。

（五）尾声

夜已深，可 YD 公司会议室仍是灯火通明。股东们正在讨论湖南分公司的发展规划及内部股份制改革第一稿的建议稿。几位老总和职业经理人的手机时不时地传来嘀嘀声，因为此时正是员工们按要求发每日工作总结的时间。公司未来如何前行？如何解决当下的员工流失问题？内部股份制改革是不是改变人力资源状况的唯一途径？一系列的问题等待着这些开拓者们去解决……

二、案例使用说明

（一）教学目的与用途

本案例主要适用于人力资源管理、企业管理等课程。

（二）启发思考题

（1）公司在从小到大、由弱到强的发展过程中，总是不可避免地像 YD 公司这样遇到人力资源的问题。你认为从本案例来看，YD 的人力资源做得如何？如果做得不够，公司还应该从哪些方面进行改进？

（2）如果你是 Z 总，你认为除了尚在酝酿的内部股份制改革外，公司还能从哪些方面解决当下老员工流失率较高的问题？

（3）你对公司内部股份制改革有什么看法？你认为内部股份制改革能为公司带来的效益和潜在风险有哪些？

国际经贸篇

史上最大的对华反倾销案

——欧盟对华光伏产品出口反倾销案始末①

摘　要： 2012 年 9 月 6 日，欧盟正式宣布对中国光伏组件、关键零部件（如硅片等）发起反倾销调查，涉及产品范围超过此前美国"双反案"，涉案金额高达 210 亿欧元，按当时现汇汇率折算超过 1800 亿元人民币，是迄今为止欧盟对华发起的最大规模的贸易诉讼。如果按指控方的单方诉求来执行，必将对涉案企业造成致命性打击，也将对本已利润低微的中国光伏行业的发展造成重创，同时也会对欧盟内部有关利益集团带来重大伤害。因此，此次反倾销立案调查，引起了中国政府、欧盟有关国家政府和企业的高度重视和强烈反应。

关键词： 倾销；反倾销；贸易救济

一、案例正文

（一）引言

2007 年美国爆发"次贷危机"，其负面影响广泛而深远，尤其是诸如中国这样一个以出口增长为主要引擎的国家，所受的负面影响更加深远。为了把这一负面影响降到最小，全球各主要经济体的政府都采取了不同程度的扩张财政和扩张货币政策。2008 年，美国推出 7000 亿美元财政和货币扩张计划，同年 11 月中国政府也推出 4 万亿元人民币财政扩张计划。美国政府的财政和货币计划主要目的是拯救濒临破产的大型企业，购买所谓的"有毒资产"（即"次级债"债权等）。中国政府的财政和货币扩张计划的主要目的是保障宏观经济增长和就业稳定。中国政府试图通过加强公共设施建设和高科技行业发展的财政支持计划来实现目的，并希望尽快摆脱危机的负面冲击。光伏行业作为当时的高科技行业和新能源行业，自然引起了中国中央政府和地方各级政府的高度重视。当时，包括中

---

① 本案例由江西师范大学商学院张运平老师撰写，版权归作者所有。

央政府在内，中国各级政府都把光伏企业作为财政、货币政策的重点支持对象来加以倾斜扶持（如税收减免、信贷优惠、土地供给优惠、政府补贴等）。结果在短短的几年内，中国各地的光伏企业蓬勃发展，投资规模日趋庞大，相对于中国的国内需求，中国光伏行业供给很快便出现产能过剩、竞争激烈的局面。在竞争激烈的市场环境下，光伏产品的国内销售价格也不得不一降再降，许多企业陷入亏损的困境。为了摆脱困境，中国光伏企业寻求拓宽国际市场、加大出口的路子。中国政府也积极支持企业出口以保障整个行业的正常发展及投资的应有回报。但当规模庞大的中国光伏产品出口与日俱增地增长时，中国光伏产品出口价格也呈不断下降趋势，而且出口的猛增尤其是向欧盟国家出口的猛增，又势必影响欧盟内部光伏企业的正常发展扩张。在这种情况下，欧洲的光伏生产企业对中国的光伏企业产生了高度的戒备心理，不断收集证据并随时准备向中国光伏出口企业发出"反倾销、反补贴"的指控。

（二）案件详情

对于欧盟内部的光伏企业来说，机会终于来了。欧洲光伏制造商以 Solar World 公司为代表，于 2012 年 7 月 24 日正式向欧盟委员会提交申诉书，要求欧盟商务部门对向欧盟出口的中国光伏企业进行反倾销调查，尤其是中国的天合光能、尚德电力、英利绿色能源、阿特斯阳光四大光伏产品出口公司成为申诉书所列的重点调查对象。由于欧洲市场是中国光伏产品出口的最重要市场，中国的光伏企业顿时感到前所未有的危机将要降临。

面对看似突如其来的"横祸"，中国的上述四大光伏企业，作为中国光伏行业的代表，在上述消息曝光的第三天即 2012 年 7 月 26 日，就发表了联合声明，呼吁欧盟委员会慎重考虑 Solar World 公司的起诉请求，不要正式立案。在这份联合声明中，上述四大光伏企业，还代表了中国的光伏制造行业向中国政府发出呼吁，希望中国政府给欧盟委员会施压，阻止欧盟正式立案。

但是，由于涉案企业众多、涉案金额巨大、关乎中国巨大的贸易利益，欧洲的各大媒体和有关部门对此次申诉书的炒作愈演愈烈，中国商务部感到事态严重，认为必须给予高度重视。因此，在上述四大公司的联合声明发出后仅仅半个月，中国商务部于 2012 年 8 月 13 日紧急召见了天合光能、尚德电力、英利绿色能源、阿特斯阳光四大公司的代表，要求这四大公司汇报有关情况，商讨对策。会后，这四大光伏巨头代表中国光伏行业向中国商务部提交了《关于欧盟对华光伏产品实施反倾销调查将重创我国产业的紧急报告》（以下简称《报告》）。在《报告》中，四大光伏企业对中国光伏生产行业的发展现状和出口情况进行了评估，并指出：相对于中国国内需求，中国光伏产品组件已出现了严重的产能过剩，不得不靠廉价而又大量的出口来维持中国光伏行业的基本生存和发展。《报告》呼吁中国政府与欧盟委员会及其有关部门进行外交磋商和协调，保护中国光伏企业的合法权益，阻止欧盟滥用反倾销政策。

但是，尽管中国商务部很快受理了中国光伏企业的申请，并委派了官员带领涉案企业代表奔赴欧洲各国游说，也未能阻止欧盟的正式立案。2012 年 8 月 31 日，欧盟向中国驻欧盟使团发出照会，对中国光伏出口企业的太阳能电池及其组件发起反倾销调查，2012 年 9 月 6 日，欧盟委员会对外公告，对中国光伏产业反倾销调查正式立案。

关于倾销与反倾销问题，依据 GATT 和 WTO《反倾销守则》各版本的定义，倾销是一种不正当的竞争行为，而反倾销则是合理、合法的行为。因此，从法理上讲，是否实施反倾销，主要看是否有倾销事实、是否有相应的产业损害或损害之威胁；而是否构成倾销，关键在于"正常价格"的认定。在"正常价格"的认定方法和程序上，非市场经济国家与市场经济国家有很大不同，非市场经济国家企业出口价格的"正常价格"认定，是以"替代国价格"作为标准的，即找一个经济发展水平相近的国家的同类产品出口价格作为替代国价格。如果被诉方的出口价格低于这个价格，则构成倾销，因而原告方政府就可以进行反倾销惩罚。但是，原告方的指控往往会夸大其词，按照司法程序，被告方可以为自己辩护，反驳原告方所列的"替代国价格"不合理。由于中国市场经济地位并未得到欧盟承认，按照 WTO《反倾销守则》（第五版、第六版）的规定，非市场经济国家的企业出口在反倾销立案调查公告发出后的一定期限内，被诉企业可以为自己的市场经济地位进行辩护。欧盟规定的期限为 10 天，即涉案企业在欧盟立案公告正式发布后 10 天内，可对起诉方所列的"替代国价格"进行抗辩。此外，涉案企业在 15 天之内还须向欧盟提交证明自己市场经济地位的调查申请表。在提交了申请表后的一个月内，欧委会官员就会以问卷调查的形式对涉案企业是否具有市场经济地位到中国进行核查。

依据欧盟的法律程序，欧盟正式立案后 9 个月内，就会对涉案企业进行初裁，宣布征收临时反倾销税率。而初裁后的 1 个月内，欧盟会对初裁结果进行评议。在这期间，中国有关出口商可以要求欧盟委员会召开听证会，听取涉案企业的申诉。在立案后第 10 个月到第 15 个月期间，欧盟委员会将做出最终裁决。

面对如此紧急而复杂的应诉程序，中国企业被迫为此紧急准备相关法律材料，遴选应诉人员，聘请诉讼律师。由于此案关乎中国光伏行业的重大利益，中国政府也给予了涉案企业巨大的支持，除了委派官员带领企业奔赴欧洲游说、解释之外，中国政府的有关官员还与欧盟进行了多次外交斡旋和交涉。

例如，2012 年 9 月 11 日，中国国际贸易谈判副代表崇泉，就率中国政府代表团前往德国、法国以及欧盟总部，就中欧光伏产品贸易问题进行了磋商。在访问期间，中国政府代表团分别会见了德国经济部对外经济政策司司长布劳纳、总理府对外经济司总司长霍斯特曼、外交部经济司总司长埃尔布林、欧盟贸易总司司长德马迪，就欧盟对中国光伏产品反倾销立案调查一事阐述了中国官方的立场。中国政府总理李克强在欧盟立案公告发出后不久，与当时的欧盟委员会主席巴罗佐电话会谈时也曾明确表示了中国政府的官方立场。李克强总理在此次电话会谈时向欧盟委员会明确表示："中国政府高度关注当前中欧关于光伏产品的贸易争端，希望双方通过对话磋商解决贸易争端，而不是打贸易战。贸易战没有赢家。""中方坚决反对贸易保护主义和滥用贸易救济措施，坚决维护中国的利益。"

但是，多次磋商并未达到中国光伏行业最初期望的免征反倾销税的目标。不过，终裁结果与欧盟及全球主要媒体起初炒作的 47.6% 的平均反倾销税率有较大差距。2013 年 6 月 4 日，欧盟委员会公布了对中国光伏产品反倾销调查的初裁结果，对涉案中国光伏产品征收 11.8% 的临时反倾销税。

就这样，曾被炒作得沸沸扬扬的欧盟对华光伏反倾销案，经过控辩双方多次磋商和交涉，最终以和解协议的方式做了上述了结。和解协定的主要内容是：①大约 90 家中国太阳能生产企业向欧盟承诺，它们出口到欧盟的价格将不低于每瓦 0.56 欧元，而且出口到欧盟的太阳能电池板容量总计不会超过 7000 兆瓦的最高限额。当然，为防止他人借机操纵市场，每家出口企业承诺的具体售价仍然保密。②作为交换条件，欧盟对未超过承诺和限额的出口部分免征 11.8% 的临时性关税，但超出限额的部分却需要交纳 47.6% 的反倾销税。③没有向欧盟作"价格承诺"的中国光伏企业无论其出口多少，其产品出口商都须向欧盟缴纳高达 47.6% 的反倾销税。

（三）各方的反应

（1）德国官方的反应。反倾销调查立案，着实让人产生"几家欢喜几家愁"的感觉。因为不仅被诉的中国企业会蒙受损失，欧盟内部的消费者及许多经销商也会受到直接损失。如果中国政府采取反报复手段，还会蔓延到其他企业。虽然德国是欧盟的核心成员国，但是德国也是欧盟各国中在华利益最多的国家，在案件的初始阶段，德国官方就担心中国政府与欧盟互不让步，开打贸易战，损害德国国家利益。因此，案件伊始德国官方就对欧盟贸易委员会和中国商务部进行双边喊话，呼吁双方加强磋商沟通，妥善解决此次纠纷。早在 2012 年 8 月 30 日，德国总理默克尔就曾对华进行国事访问。此次访问也是她任职 4 年来的第 6 次访华。但时间不凑巧，这个时间正好距离欧盟是否对中国光伏产品进行反倾销立案不足 10 天。当时媒体普遍猜测，为了营造和谐的访华气氛，默克尔可能"避谈光伏"，但事实上，德中双方并未回避这一话题，并宣称德中双方同意协商解决光伏产业的有关问题。2012 年 9 月 17 日，德国总理默克尔在柏林举行的新闻发布会上再次表示：尽管欧盟委员会已经针对中国光伏产品启动反倾销调查程序，但她仍然主张通过对话，政治解决中欧光伏贸易争端。无独有偶，德国经济部长勒斯勒尔在欧盟委员会宣布对中国涉案的光伏企业征收惩罚性关税的当天，在接受德国《世界报》记者专访时也曾说："德国政府已向欧盟委员会明确表示，我们认为采取惩罚性关税是错误的。开展对话而不是进行威胁，从一开始就是正确的方式……我们对与中国发生贸易争端感到担忧，这可能会牵涉到德国其他工业领域，因此必须在任何情况下避免与中国产生贸易冲突。"

（2）欧盟委员会的反应。德国官方的态度和中国政府的强烈反应对欧盟委员会产生了较大影响。欧盟委员会官方感到"兹事体大"，不敢草率行事。从开始强硬宣布将对中国涉案企业"征收惩罚性关税"到后来"愿意与中方进行磋商讨论"，态度上发生了重大转变。就在其反倾销调查正式公告后不久，鉴于欧盟内部的反对声音和中国官方的反对声音的多重叠加，欧盟的主要官员——欧盟贸易总司司长就曾说过这样的"软话"：此次对华光伏产品反倾销案调查是欧盟委员会根据企业的申请并依法律程序进行的，他本人并不想对最终裁决结果做任何预判，但他做了欧方愿意在立案调查期间与中方进行磋商讨论的声明。

（3）欧盟内部有关受损方的反应。欧盟内部的直接受损方主要是广大中国光伏产品消费者、经销商及有关企业这两大利益集团。案件伊始，这两大利益集团就明确反对欧盟的立案。据德国《法兰克福报》报道，在欧盟正式立案调查后，欧洲先后有 20 多个国家、总数达 1024 个欧洲光伏产品企业高管向欧盟贸易委员卡雷尔·德古特联名发出公开信，要求欧盟贸易委员会放弃对中国光伏产品征收惩罚性关税。他们认为，如果中国光伏产品被征收 47.6% 的惩罚性关税，欧洲的太阳能模板将会有 70% 以上的品种价格大幅上升。这不仅严重伤害了欧洲各国光伏产品消费者的利益，也会严重侵蚀中国光伏产品经销商的利润。

（4）其他各方的反应。这里说的"其他各方"，主要是指中国媒体和学术界。起初人们流露出愤怒的心情和悲观的心态。人们愤怒的主要原因在于当初欧盟某些人所鼓噪的 47.6% 的高额反倾销税率，认为他们是在滥用反倾销，是贸易保护主义在作祟；而人们悲观的是，由于中国非市场经济地位的不利局面和中国反倾销应诉案例中败诉的情况居多，中国的光伏生产企业难以躲过这场"劫难"。甚至有人断言：中国光伏企业将面临"灭顶之灾"。因为中国光伏企业将丧失全部出口竞争优势。通威集团董事局主席刘汉元就曾预言：仅在美国对中国光伏产品实施的"双反"案后，中国就有 80% 以上的多晶硅企业被迫停产。中国在美国的出口市场份额仅有 20%，而在欧洲则高达 70%，欧盟对华反倾销立案，无论最后裁决的所谓"惩罚性税率"是否真的达到 47.6%，都会对中国光伏产业造成巨大打击。

当然，也有人预言，欧盟的最初决定也会给他们自己带来重创：一方面，欧洲本身的光伏产业并不会因为这一高昂的税率保护而创造良好的成长环境。因为中国的光伏电池板所需的原材料和技术设备大部分是从欧洲发达国家和地区进口的。据 2011 年中国光伏行业进口数据显示，中国仅从德国就进口价值 3.6 亿美元的银浆、7.64 亿美元的多晶硅。此外，中国从德国、瑞士等国还采购了大量生产设备。欧盟举起反倾销大旗，必将削减中国光伏企业的原料和设备进口，殃及欧洲产业链内企业出口。另一方面，由于涉案金额巨大，欧洲太阳能用户如果要继续购买中国光伏产品，要付出更高的代价，在当时欧洲能源自给率不足、严重依赖进口的情况下，把中国的新能源产品都阻止在国门之外，定会出现"保护一小撮，伤害一大片"的局面。

（四）启示与反思

为什么欧盟对华光伏出口企业反倾销案成为"史上最大对华反倾销案"？为什么本案涉案企业之多、涉案金额之大居然达到"史无前例"的地步？全世界都不得不反思这个问题，中国政府和中国企业尤其应当反思。姑且不说此次反倾销案对中国光伏企业的发展究竟产生了多大的负面影响，单从此次反倾销案所造成的轰动效应，就足以让中国政府和中国企业"痛定思痛"：我们必须找出其中的原因，光伏产业作为高科技行业和新能源产业，为什么也会遭遇反倾销？而且是"史无前例"的反倾销？哪些因素是最为重要的原因？中国出口企业和中国政府应当吸取哪些历史性教训？这是中国政府和企业最应该反思的重大问题，也是他们最应当总结经验教训的重要领域。

二、案例使用说明

启发思考题

（1）反倾销对控辩双方的哪些利益集团产生哪些正面和负面的影响？

（2）欧盟接到本地区有关企业反倾销申诉书的消息曝出后，为什么中国涉案企业代表和中国政府对此案皆十分重视，并紧急向欧盟各界包括欧盟官方、有关企业和媒体游说、磋商？

（3）欧盟对此案执行的反倾销税率从最初被炒作的 47.6%降到最后的 11.8%，

如此巨大的差距的原因是什么？为什么欧盟的某些人士对此案的态度起初表现得非常强硬，但到后来却变得相对理性和温和？

（4）在此案的诉讼过程中，涉及中国的"市场经济地位"未被欧盟承认的问题。请讨论中国的市场经济地位未被承认，究竟给中国产品出口带来哪些负面影响，为什么中国政府和企业都在强烈呼吁各国政府要尽快承认中国的市场经济地位？

（5）反倾销是 WTO 赋予进口方实施贸易救济和贸易报复的正当权益，为什么中国政府在欧盟对华反倾销正式立案调查后，再三强调反对贸易保护主义和滥用反倾销立场，这一立场有哪些作用？

中国—孟加拉玩具生产设备洽谈案[①]

摘　要：本案例以浙江申达公司为背景，描写了该公司了解到孟加拉一家玩具公司的需求信息后，公司如何抢占先机，获取第一手客户资料，从谈判前期的谈判小组人员的选择，产品及客户资料的准备，谈判期间价格、品质、结算等各项条款的商定，直至最终战胜竞争对手，成功达成交易的全过程。这次成功的谈判值得中小型外贸企业借鉴，明确商务谈判之前应当做好哪些前期准备工作，在出口合同的谈判过程中应注意哪些问题。同时，启发我们思考和分析这次谈判成功的原因。

关键词：合同；谈判；出口贸易

一、案例正文

（一）引言

拿破仑有一句名言：战场上的形势瞬息万变。商场如战场，兵贵神速。

2016 年 4 月初的一天，申达公司驻孟加拉当地的代理商 Abir 突然听到了一则消息，孟加拉有一家新的合资玩具企业正在筹备开工中，需要较大数目的注塑机，该公司正式开工后将成为当地最大的玩家生产公司。这对于申达公司来说是一笔巨大的订单。如果交易达成，申达公司将取得这家最大玩具生产企业的设备供应权。可这么大的长期交易，竞争对手也必将全力以赴。如何才能获取客户信任，战胜竞争对手呢？

（二）抢占先机

得知这一消息后，当地代理商 Abir 立即将该情况告知申达公司业务员，业务员也立即向公司领导徐总请示，希望得到公司的最大支持，获得孟加拉这家公

---

① 本案例由江西师范大学商学院胡郅佳老师撰写，版权归作者所有。

司设备的供应权。虽然申达公司是中国注塑机十强企业，在中国市场有着自己的优势产品，但是，孟加拉客户的订单数量巨大，选择范围非常广泛，竞争对手除了来自中国的其他企业，还可能有发达国家的企业参与，竞争非常激烈。

申达公司毅然决定立即派当地代理商 Abir 前往客户公司，第一时间向客户介绍申达公司的情况。Abir 是孟加拉当地人，和申达公司已合作多年，并且非常熟悉当地的市场情况。申达公司立即准备了大量公司资料交由 Abir，包括企业生产规模及科研成果、产品的加工视频、公司老客户的使用反馈信息、公司发展计划与前景等，充分展示公司生产与经营实力，并计划为客户量身定制最适合客户的新机型，推荐给客户。经过驻孟代理商 Abir 前期的努力，申达公司与孟加拉客户建立了联系，并取得了初步合作意向。

（三）充分准备

与此同时，申达公司总部立即组织人员充分了解和分析客户的需求可能，着手选派谈判小组人员，最终确定由申达公司熟悉孟加拉市场的资深业务员戚某与技术顾问林某组成谈判小组，前往孟加拉当地，与客户进一步沟通。戚某，从业十余年，英语水平高，熟悉孟加拉的市场情况与消费水平；林某，精通各型号产品的生产技术，能解答客户提出的任何技术疑问。

谈判小组两位成员已合作多年，他们迅速对孟加拉市场环境、客户信息及可能的竞争对手进行了全面系统的调研和分析评估，有针对性地制定了一套谈判方案及应对策略。戚某和林某认为，此次交易最大的竞争对手还是来自中国广东的某注塑机公司，对手的竞争优势在于低廉的价格，但品质不及申达公司的产品，因此戚某和林某决定，先入为主，抢在其他公司之前打入客户公司内部，先了解客户需求，掌握一手信息，并做好打攻坚战的准备。

（四）乘胜追击

谈判小组到达首都达卡后发现，他们是第一个联系并到达当地的供应商，但来自中国大陆、中国台湾、日本等地超过五家其他注塑机生产商紧随申达公司的脚步也将他们的公司资料发送给了客户。另外，谈判小组组长戚某从内部得到消息，得知其他公司已经了解申达公司为其推荐的机器型号，这使戚某感到非常的不安。

于是，戚某决定马不停蹄，到达达卡的第一天下午就驱车赶往客户公司。达卡的交通状况极差，短短 30 多公里路竟用了六个多小时，到达客户公司已是晚上，客户非常热情地接待他们，当天就带他们参观了工厂，介绍了公司的发展计划。客户的工厂位于达卡郊区，与之前的孟加拉企业相比，这家新成立的公司环境非常好，池塘花园应有尽有。戚某暗想，这笔交易必须拿下，之前对新公司经济实力的担忧已然消失，他确信，这是一家非常有发展前景的公司，即便利润很低，只要能达成交易，就一定能在将来的长期交易中有利可图。中方谈判者戚某不失时机地提出了第二天谈判的要求，为了表示申达公司的诚意，承诺将为孟加拉公司设计出最为适合的产品。

第二天，谈判便开始了。客户最为关心的问题是产品的性能及品质，这让戚某甚感欣慰。戚某首先提出了预先为客户准备的方案，提出采用节能伺服新机型，配合整套生产线，包括机械手等，并报出了较为优惠的价格。但客户提出孟加拉当地电力不稳定，仍希望用老式普通机型。这使得原来制定的产品方案全部作废，得重新制定出一套新的方案。事不宜迟，戚某决定趁热打铁，于是谈判小组两名成员用最快的速度制定出了符合客户需求的一套新方案。客户看后当即提出，希望能参观申达公司在孟加拉其他企业现有的生产线。

戚某立即致电当地代理商小刘协商联系，当天就为客户安排了当地一家企业参观。在参观的过程中，客户对这家企业的产品使用情况做了询问了解，对申达公司注塑机产品的机身质量表示满意，但客户对机器的某一重要参数提出了质疑，技术顾问林某当即用最为简单的数据计算验证，解除了客户的质疑。经过一系列询问和解答，客户认可申达公司制造的机器速率及质量上有一定的优势。客户紧接着提出其他中国公司的相同生产线，价格比申达公司低很多，希望其给予价格上的优惠。这是戚某预料之内的事，在谈判前戚某同总经理就曾对这次交易的价格进行过精确的计算，戚某对价格底线心中有数。于是，戚某表示，"我已经在我的权限范围给出了最低的价格，我们也知道贵公司刚刚成立，前期资金的投入非常巨大，我们也非常希望贵公司能成为我们长期的合作伙伴。为了表示我们的诚意，我今晚会将你们的要求汇报总经理，为贵公司力争最优惠的价格。"这给予了客户巨大的信心。当晚，戚某与林某协商，为了长期利益，将零配件的价格降低5%，这样，也为客户下一次购买提供了优惠。

（五）合同签订

经过几次谈判，中方谈判小组为客户提供了一条符合客户要求的生产线，客户也接受了提案和价格，决定先购买一条生产线共计11台机器，后续订单看这一条生产线的使用情况。第三天下午，双方在谈及付款方式时，孟加拉公司提出业内行情都是开具信用证，这让戚某很高兴。但孟加拉公司提出为缓解新公司资金压力，要求开具一年的远期信用证，这意味着卖方将给予买方一年的资金周转时间，这令申达公司措手不及。戚某提出，按照过去和孟加拉企业合作的惯例，客户将支付30%作为定金，余款70%凭提单交换。经过几轮交涉，最后中方提出，若客户开具即期信用证，将给予额外折扣。客户最终同意采用 3 个月信用证，申达公司给予少于即期信用证的折扣作为补贴，将代理价格补贴给客户，这样价格一下就达到了客户的预期。当天晚上，戚某便起草了正式合同并发给客户。第四天上午，双方签字盖章。

（六）文化礼仪

孟加拉位于南亚次大陆东北部的恒河和布拉马普特拉河三角洲上，面积14.3998 万平方公里，人口 1.35 亿，由 20 多个民族构成，其中孟加拉族占 98%，孟加拉语为国语，英语为官方语言，信奉伊斯兰教的人口占 88.3%，伊斯兰教为国教，首都达卡。孟加拉人非常重友情，接待宾客总是笑脸相迎，他们的时间观念非常强，高度重视准时赴约。孟加拉当地的饮食习惯为早上 10 点早饭，下午2 点后午饭，晚上 9 点后晚饭，并且他们习惯用右手直接抓食物用餐，酒和猪肉为禁品。孟加拉人认为左手是脏的，忌讳用左手拿、递、接东西，最忌讳拍打后背。

二、案例使用说明

（一）教学目的与用途

（1）本案例主要适用于国际贸易实务、国际商务谈判等课程。

（2）本案例是一篇描述国际贸易商务谈判问题的教学案例，其教学目的在于使学生对谈判前期准备、出口贸易合同等外贸实务问题具有感性的认识及深入的思考，从商务谈判与出口合同内容两个角度分析交易成功的原因。

（二）启发思考题

（1）你认为此次谈判成功的原因是什么？

（2）国际商务谈判之前应做好哪些前期准备？

（3）谈判进程是否重要？中方在谈判的过程中是如何把握谈判进程的？

（4）出口合同的谈判应注意哪些问题？

（5）在国际商务交往中，文化礼仪对谈判有何影响？

国际货物买卖合同案例分析①

摘　要： 中国甲公司与德国乙公司签订国际货物买卖合同，约定由甲公司向乙公司出售 10000 公吨彩涂镀锌钢卷，分两批交货。合同规定：针对品质纠纷，必须在卸货后 45 天内提出索赔请求。在案件审理过程中，中国甲公司和德国乙公司向仲裁庭陈述了各自的主张。

关键词： 品质纠纷；违约；索赔

一、案例正文

（一）引言

在外贸进出口业务中，一项国际贸易的达成是非常复杂的过程，实质的交易是从买卖双方进入订立合同开始的，而货物品质条款是国际货物销售合同中的主要条款之一，是买卖双方交接货物的依据。若这些交易条件约定不明确，就会在合同履行中产生纠纷。另外，品质条款也是买卖双方在履行合同时因发生纠纷而诉诸仲裁机构或者法院、仲裁或解决纠纷的重要依据。

（二）案情概要

中国甲公司与德国乙公司签订国际货物买卖合同，约定由甲公司向乙公司出售 10000 公吨彩涂镀锌钢卷，分两批交货。合同规定：针对品质纠纷，必须在卸货后 45 天内提出索赔请求。

甲公司与乙公司签约后，德国乙公司又将货物转售给在加里宁格勒的俄罗斯丙公司。俄罗斯丙公司于 2012 年 10 月 1 日和 11 月 1 日收到分两批发运的货物后，向德国乙公司提出了品质异议，并声明拒收第二批货物。德国乙公司遂将第二批货物转售给俄罗斯丁公司。

---

① 本案例由江西师范大学商学院徐晓玲老师撰写，版权归作者所有。

2012 年 12 月 1 日，德国乙公司到访俄罗斯丙公司和丁公司，对两批货物进行了现场勘验，并将有关品质不良（主要是聚酯涂层缺陷和锯齿利边）的勘验结果通知了中国甲公司。2013 年 1 月 1 日，德国乙公司通知中国甲公司称：经与两家俄罗斯公司谈判，德国乙公司同意就货物存在的品质缺陷降价 20%。德国乙公司要求中国甲公司承担这一降价损失。中国甲公司拒绝赔偿，双方诉诸仲裁。

（三）争议焦点和双方主张

在案件审理过程中，中国甲公司和德国乙公司向仲裁庭陈述了各自的主张。这些主张体现的争议焦点主要是：①德国乙公司对货物实施的勘验是否具备客观公正性；②德国乙公司是否因其接受了货物而放弃了品质索赔权。

中国甲公司的基本主张是：德国乙公司通过自行勘验得出的检验结果缺乏独立公正性，不能作为索赔的依据。此外，德国乙公司已将货物分别转售给两家俄罗斯公司，这说明，德国乙公司已经接受了货物，因此，即便货物存在质量问题，德国乙公司也已经在事实上接受了货物，并主动放弃了索赔权。由此可见，德国乙公司向中国甲公司提出的索赔是无效的，不应得到仲裁庭的支持。

德国乙公司主张的基本观点是：中国甲公司的货物存在质量问题，这是事实。即便德国乙公司自行安排的勘验缺乏独立性，双方也完全可以通过安排独立第三方检验来确定货物是否存在品质瑕疵，并据此作为确定品质索赔的依据。德国乙公司希望仲裁庭安排对货物实施独立调查，若货物确实存在品质瑕疵，则应支持德国乙公司要求中国甲公司降价 20% 的仲裁请求。

（四）仲裁庭意见

仲裁庭认为，不能支持德国乙公司的索赔请求，主要理由是：

第一，德国乙公司的索赔超出了中国甲公司在签约时所能预料的合理范围。根据《联合国国际货物销售合同公约》（以下简称《公约》）第 74 条，违约一方所应承担的损害赔偿责任，应以其在签约时已经知道（或理应知道）的事实和情况，对违约预料到（或理应预料到）的可能损失为限。在本案中，中国甲公司在与德国乙公司签约时，并不知道德国乙公司会将货物转售给俄罗斯丙公司和丁公司，进而也无法预料其后可能发生的品质纠纷等情况。更何况，德国乙公司同意两家俄罗斯公司提出的降价 20% 的请求，事先也未征得中国甲公司的同意和确认。根据《公约》第 74 条，中方有权拒绝理赔。

第二，德国乙公司索赔依据不足。德国乙公司声称的聚酯涂层缺陷等问题只能凭科学检验才能得出结论，仅凭德国乙公司对两家俄罗斯公司的现场目测勘验显然难以确定货物的内在品质缺陷，因此，德国乙公司的调查结果不足为凭。此外，有关货物是否存在品质缺陷，本应凭买卖双方共同认可的独立第三方检验人出具的检验报告为据。德国乙公司自行出具的勘验结果，缺乏证据效力，索赔依据不足。

第三，德国乙公司索赔逾期。合同规定，针对品质纠纷，买方应在卸货后45天内提出索赔请求。事实是：德国乙公司直到2013年1月1日才提出正式的索赔请求，而货到加里宁格勒的日期分别是2012年10月1日和11月1日，因此，德国乙公司索赔逾期。中国甲公司有权拒绝其索赔。

第四，德国乙公司已经接受货物，故已放弃索赔权。根据《公约》第38条，买方必须在按情况实际可行的最短时间内检验货物或由他人检验货物。如果合同涉及货物的运输，检验可推迟到货物到达目的地后进行。在本案中，俄罗斯丙公司在2012年10月1日就收到了第一批货物，德国乙公司本应当即要求俄罗斯丙公司安排经中国甲公司认可的独立第三方对货物实施检验，若发现品质不良，也可及时向中国甲公司提出索赔，但德国乙公司并没有做到这一点。特别是，当俄罗斯丙公司于2012年11月1日收到第二批货物并针对第一批货物提出品质异议后，德国乙公司又拖了一个月才安排现场勘验。德国乙公司的上述行为显然违背了《公约》第38条的规定，其行为的后果，相当于在事实上接受了货物，并由此放弃了合同规定的索赔权利。因此，中国甲公司有权拒绝德国乙公司的索赔。

（五）本案借鉴

从仲裁庭掌握的事实证据来看，中国甲公司的产品质量未必无可挑剔，但德国乙公司最终索赔失利，其原因主要在于：①德国乙公司未在合同规定的品质异议期限内及时安排检验并提出索赔，可知其在业务管理和经营风险防控上存在重大疏漏。②德国乙公司未安排及时的检验，导致其索赔依据不足。德国乙公司未与中国甲公司就实施检验的独立第三方达成协议，而是自行安排现场勘验，其勘验结论自然难以得到仲裁庭的采信。同时，从技术角度看，德国乙公司所提出的产品品质缺陷，无法通过单纯的目测勘验来得出结论，可见其检验方法使用不当。基于上述原因，令仲裁庭对其勘验结论产生怀疑，直接后果是导致索赔依据不足。

德国乙公司索赔失利的教训，可作为国内相关企业在办理涉外索赔工作中的经验借鉴。

二、案例使用说明

（一）教学目的与用途

（1）本案例主要适用于国际贸易实务课程。

（2）本案例是一篇描述商品进出口合同条款的教学案例，其教学目的在于通过学习，让学生掌握商品进出口合同条款的内容以及应注意的问题，熟悉商品进出口交易过程中应该遵循的法律和惯例等行为规范。

（二）启发思考题

（1）签订商品出口合同中的品质条款时应注意哪些问题？

（2）根据《联合国国际货物销售合同公约》的规定，对于卖方违约，买方可以采取哪些救助方法？

电子商务篇

王老板的转型之路①

摘　要： 本案例记录了一个中小企业面临越来越激烈的市场竞争压力，同时，信息技术不断发展环境下的转型过程，也记录了一个中小企业在互联网经济大潮下的艰难探索历程。这些经历作为一面镜子，照亮我们未来思考的方向，也展现了电子商务给我们每个人、每个企业带来的深远影响。

关键词： 中小企业；转型；电子商务

一、案例正文

王清潭是 20 世纪 90 年代在南昌洪城大市场摆摊起家的。从原来的地摊到后来的店面，凭着良好的信誉和人缘，生意越做越大，到后来转型做食品零售和批发生意。从当初的几万元资金到 2005 年几亿元的资产规模，在洪城商圈影响颇大。但是，随着规模的扩大和中国市场零售和批发行业的竞争加剧，王老板越来越感觉到了压力，营业规模的扩大遭遇到了"天花板"，而营业成本却在不断地增加，边际利润逐渐递减。如果不是靠着多年积累下来的人脉网络，企业经营难以持续。

更大的挑战是，原来自己手下的雇员，一个个离开企业自己单干，而且个个干得风生水起。有一个员工，2005 年离开企业，自己创业，进行快速食品的批发和零售，不到半年的时间，其营业额迅速逼近千万元。王老板在朋友聚会上得知这一情况后，内心难以平静。自己从 20 世纪 90 年代创业成功至今，还在做同一件事，企业经营没有大的突破，不断有后生追赶而来甚至超越他，这让他的自尊心不断受到打击，决心改变目前这种状况，把自己的企业建设成为真正有竞争力的现代企业。但是，王老板苦于自己视野有限，一下子很难找到解决之道。好在王老板是个喜欢接受新鲜事物的人，很快就进入一片广阔无限的网络世界。

---

① 本案例由江西师范大学商学院张宇华老师、江源撰写，版权归作者所有。

（一）门缝初开，势在必得

在一次聚会中，王老板偶然认识了太平洋保险公司的一个员工小黄。小黄是正规大学计算机专业的毕业生，在太平洋保险从事信息系统的维护与管理工作，在业余时间会经常帮王老板维护企业的进销存系统，并且教会了王老板很多计算机方面的知识。耳濡目染，王老板的视野逐渐开阔，特别是意识到未来电子商务一定存在巨大的商业机会。在小黄的影响下，王老板决定将自己的发展方向转向电子商务。

2003 年，中国电子商务发展还处于初期，大部分电子商务网站主要是提供信息服务，除了当当网等少数网站外，大多数商业零售网站还不够成熟，包括苏宁和国美还在传统的竞争模式下圈地围猎。

小黄建议王老板做人才市场，理由是虚拟人才市场有需求，与传统人才市场相比，无论是成本还是便利性上优势都明显，其商业模式成功的关键是流量和用户数量的多少，如果积累到一定的用户数量，那么就可以向招聘人才的商家收取年费。因此，在流量和用户积累的前期，必须免费，否则很难达到收费的门槛。然而，人才市场的风险就在这一时期，一旦经历过长时间努力依然无法达到这一门槛，随着竞争对手的不断加入和强化投入，企业后面的投入会越来越大，在人才市场这种强者恒强的特征特别明显。

好在当时竞争对手不强，包括智联招聘也还处在初期积累阶段。良好的前景和清晰的盈利模式，让王老板和他的团队信心满满，说干就干，于是开始布置必要的前期工作，包括网站开发、工作人员的招聘等。

为了提高知名度，团队采取了综合措施。聘请网站优化人员进行客户体验优化，聘请专门的 SEO（搜索引擎优化）人员对网站进行搜索引擎推广优化。同时，不断开展线下的推广活动。在大学和人员密集场所发散广告单；举行线下招聘对接活动；甚至在王老板在读的 EMBA 班，将网站域名印在名片上散发给同班学员；在公司的车辆上，都喷上人才市场的域名宣传词。经过不到一年时间的努力，网站的访问量和注册量均大幅度上升，到 2014 年 4 月，网站访问量最高达到 300 人次/天，这在当时的江西省内的网站，算是比较吸引眼球的高流量了。

（二）致命官司，出师未捷

尽管虚拟人才市场取得了不错的业绩，但是，跟当时最大的竞争对手智联招聘相比，这些成果不值一提。为了尽可能快地提升网站访问量和注册量，公司采用了一系列的激励政策，鼓励大家通过各种途径提升网站的访问量和注册量，并制定了量化考核标准。

不久，这些措施效果非常明显，特别是注册用户数量迅速增加，短短几个月，注册用户数量从 3000 人达到 3 万人。2004 年 8 月开总结会的时候，王老板信心满满，认为不出两年，人才网站可以接近其主要竞争对手的水平，或者至少可以望其项背。每每想到这些，王老板心里都美滋滋的，自己的理想近在咫尺，就要实现了。

一天，王老板接到一个神秘电话，电话的那一头声称是智联招聘的业务经理，并告诉王老板，他们发现智联招聘网站上的很多资料出现在王老板的网站里。王老板惊出一身冷汗，半信半疑地说：怎么可能呢？你做你的，我做我的，咱们井水不犯河水啊。对方建议将这些资料删除，并保证以后避免出现这种情况。听到这些，王老板紧张的心才平静下来。

第二天，在总结会上，王老板就这个问题展开讨论。负责推广的经理说："暂时不用理他们，因为关于网站内容被拷贝的情况好像在法律上还没有成功的诉讼案例，我们也只是暂时借用一下，等网站聚集人气了，这个问题也就不存在了，所以建议采取拖延战术，或者睁一只眼闭一只眼，那边来电话，咱们就应付一下。何况，简历本来就存在"一女多嫁"的情况，用户注册资料雷同也是可以理解的，打起官司来，对方未必有充分的证据。"

另一些人则持保守态度，表示还是小心为妙，尽量删除拷贝的资料，以免前功尽弃。毕竟网络品牌要靠诚信，一旦对方打起舆论战来，对我方极为不利。而经理不以为然，认为对方如果打舆论战，那正好为我们免费做广告，我们求之不得。

经理的想法在 2004 年是可以理解的。因为当时在互联网行业，大家都还处于摸索阶段，还没有成形的惯例，虽然有相关法律规定，但是执法并不严格，知识产权保护的高压态势还没有形成，而在电子商务发展的初期，参与者利用法律保护自己信息资源的意识还不强，大家似乎还没有意识到信息资源的真实价值，面对竞争对手的抄袭和拷贝，鲜有企业能拿出有效的应对之策。因此，虚与委蛇之策似乎是目前最好的选择，而且这种意见略占上风。王老板虽然心中忐忑，但是面对大家描述的美好蓝图，认为只要公司跳过这道坎，对面就是青草肥美的新牧场了，于是，他也没有发表自己的意见，仅仅表示先观察一下再说，事实上就是默许了推广经理的意见。事情归于平静，似乎是外甥打灯笼——一切照旧！

然而，事实完全出乎王老板的意料。正在忙碌中的王老板收到了法院的传票，对方起诉他们拷贝其他网站客户资料，要求停止侵权，关闭网站，赔偿损失。王老板一看，感觉五雷轰顶，其他的倒没什么，就是关闭网站这一条是最为致命的。对方要求其关闭网站的理由是网站大部分的客户资料均系拷贝！王老板匆匆召集推广经理开会了解情况，了解到其网站大部分新上的资料都是拷贝的，看样子对方这次是来者不善啊，只好硬着头皮应诉吧。案件的审理经历了两个月，最后的判决结果是，要求王老板关闭违法网站，赔礼道歉。

前后投资上百万元，经历了快两年的轰轰烈烈的创业活动戛然而止。对王老板和他的团队的打击不可谓不大，一切积累的有形和无形资源全部付之东流。反思这次教训，王老板说，原来认为电子商务机会多，可以有效降低社会交易成本，而且原来以为只要有个网站简单宣传一下就可以了，然而，事实远非这么简单，要使电子商务获得成功，其实投入的资金成本很大，风险也很大。如果前期没有任何现金流入的话，光靠一个人的投入是很难承受的，需要风险投资资金的介入才有成功的可能，互联网创业采用游击模式很难获得成功。

（三）重整旗鼓，历经艰难

痛定思痛，王老板和小黄认为，把信息服务的范围缩小到洪城商圈，然后逐渐扩大，这样投入小，风险也小。经过几个月的酝酿，王老板决定开发类似于淘宝的 B2C 平台，从各个地方招聘网络编程人员，组织自己的技术团队。到了2005 年底，开发工作逐步展开。

按照王老板和小黄的设想，希望建立以地图搜索游戏模式为主的信息网站，通过推广和前期免费信息服务吸引洪城商圈的商户进入平台，从事交易活动，同时，通过地图检索服务，让南昌本地的消费者可以快速定位商户的具体位置、经营的产品类型，这样可以降低消费者寻找产品信息的成本，让消费者快速到达目的地。

网站软件开发工作虽然已经开始，但是，进展却很慢，中途经历各种设想与改变。王老板经常会冒出很多想法，让技术人员无所适从，技术人员并未真正了解王老板的意图。另外王老板提出的很多想法太过超前，超出了技术人员的开发能力。南昌的网络公司水平远比深圳、广州等沿海地区要低，在南昌很难找到开发技术熟练的编程人员，需要到沿海去挖人，导致成本居高不下，而且技术人员嫌公司的待遇差，导致核心人员迟到早退、消极怠工。尽管公司为这些开发人员单独开小灶，但是他们依然对工作环境心存不满。一方面，王老板顶着家庭和公司的巨大压力不断改善开发人员的待遇，甚至让人感觉王老板成打工仔了，成天围着开发人员转；另一方面，开发人员依然抱怨不断，虽然问题不断，但是看着再次热闹的办公室，王老板稍感安慰。自己因为二次创业在圈内已经出名了，不断有人找王老板，希望能帮他们开发一个企业宣传网站，王老板人缘好，大多数都答应下来。虽然是一些简单的网站，但是，这进一步拖慢了 B2C 平台的开发步伐。

时间很快就到了 2006 年 6 月，网站开发渐渐成形，已经能生成企业页面了，但是，离最终完成似乎还遥遥无期。尽管这样，技术开发的核心人员于祥还经常迟到早退，甚至整天也看不到人影，这令人感到非常头痛。跟他沟通，他说他负责的那一部分已经做完了，剩下的数据绑定工作是由另外一个人负责的。言语中透露出好像软件开发不是团队任务，他给自己画了圈圈了。但是，技术人员一般都极具个性，难以沟通，特别是自认为能力强的技术人员更是特立独行，过多的干涉反而会适得其反。公司对他大部分时间也是睁只眼闭只眼，听之任之。但是，长此以往，整个团队的气氛逐渐变坏，并且随着开发接近完成，他们开始为自己寻找后路。这是公司管理层没有预料到的，软件开发一般采用整体外包的方式，这种方式风险小，管理成本低，但是，由于公司刚开始也不了解自己的需求，为了充分沟通才采取这种全程介入的开发方式，这种方式后来便有致命的缺陷。一方面，由于自身缺乏核心开发管理成员，无法保证开发的合理分工与协作，导致开发管理混乱，时间一再拖延，原本计划三个月的开发周期，拖了八个月还没有完成；另一方面，技术开发人员以打工的心态进入到开发队伍，分工不明确，吃"大锅饭"，积极性不高，加上人员水平参差不齐，流动性大，忠诚度低，项目开发效率之低可想而知。并且，按月付薪的开发管理模式模糊了公司的时间和资金边界，公司为此付出的开发成本远远超出估计。对于一个从未涉足软件开发的民营企业老板来说，犯这种错误也是无可指责的，但是，如果一开始就以项目制方式进行专业化的管理，其成功的概率会提高。

和谐的状态终于被打破了。公司为了防止自己开发的软件被拷贝，以免被竞争对手用来开发自己系统的基础原型，要求参与开发的人员签订保密协议。公司这个要求并不过分，但是，对这些开发人员来说，自己经过几个月的开发学习，渐渐熟悉了.net网站开发技术（包括于祥等核心开发人员原来从未开发过网站软件，这也是项目拖延的重要原因），积累了一些网站开发经验，在其他企业不可避免地会用到一些自己熟悉的代码架构，所以他们对这个协议特别敏感，似乎保密协议就是针对他们的不公平协议。因此，平时隐藏的矛盾在此刻集中爆发，在于祥等核心开发人员的带领下，无人签订保密协议，并且大部分人提出辞职。

王老板隐约感觉到于祥等开发人员在应聘的时候说了谎，明明没有网站开发经验，却在简历里对自己的开发经历做了不实的陈述。感觉他们是利用公司资源进行学习积累，而不是直接用他们已有的能力解决公司的问题，王老板最不能接受的就是被人利用。这些技术人员的"造反"行为，管理层近一年的小心谨慎，这些几乎被奉为上宾的技术开发人员平时的不遵守纪律和散漫，彻底激怒了管理层，事情该有个了结了，项目不能无限期地拖延下去，如果不能迅速完成项目，那就迅速结束项目开发，另寻他途！最后，项目开发团队解散，只留几个做后期维护工作。项目开发整个过程的投入总计57万元，其中主要是工资支出。

（四）采购软件和商业模式定位多变

经过讨论，公司决定将软件开发外包。找到成都易想网络开发公司，购买了一套类似于阿里巴巴的网站软件，布置好后，招聘网站运行和维护人员，并开始进行网站推广活动。网站名称是南昌搜客网，很显然网站具有地域特点，这与王老板的定位是相符的。网站致力于凝聚洪城商圈的供应商资源，立足南昌，走向全国，放眼世界。

但是网站经过一段时间的经营后，流量一直很难达到理想状态。并且管理层发现，购买的易想 B2B 平台软件存在致命的技术缺陷，网站是用 ASP 技术开发的，虽然功能完备，但是安全性很低，网站被人用注册机不断注册和发布大量的违规甚至违法信息，并且网络访问的带宽也常常被自动注册软件堵塞，导致正常用户不能注册网站，同时，也导致网站维护工作量大大增加。洪城商圈的商户注册账户的意愿普遍不高，根本看不到盈利前景，导致王老板对网站前途产生悲观情绪。

公司最后决定更换网站软件，经过认真筛选，确定了上海一家网络公司 B2C 网站平台，其风格类似于当当网。这也意味着 B2B 网站运行不到 3 个月，公司的战略又一次发生了变化，B2C 和 B2B 是完全两个不同的经营模式，B2B 是第三方平台模式，而 B2C 是企业网站直销模式。王老板从武汉高薪聘请网站管理人才做新公司经理，同时到处物色商业人才，准备大干一场。但是在商业模式和定位上，公司管理人员见仁见智，一直争论不休，更重要的问题是，王老板一直担心物流问题、配送方式、收货方式。因为，在 2006 年，中国快递行业不像今天这么发达，没有完善的第三方快递网络，企业经营只能局限于南昌本地。而南昌本地如果聘请电动车快递员，一旦发生交通事故和其他不可控事件，带来的风险是非常大的，因此，王老板一直举棋不定。另一个问题是，网站卖什么产品，是粮油米面和快速消费品，还是电子数码产品、儿童奶粉或成衣，如果这样的话网站就没有什么特色，不像当当网那样个性鲜明，那就基本上是模仿当初的红孩儿网站了。另外，庞大的商品供应、库存管理和物流等一系列问题都会导致投资猛增，王老板要承担的风险也会不断增大，他感觉到了重重大山压在头上，夜不能寐。

公司的 B2C 网站架构已经搭建起来了，新起的名字叫 66 邑家（www.66ej.com）。但是，由于前述原因，一方面，业务迟迟没有展开；另一方面，公司管理层人数在不断增加，开支也在不断增加。于是，为了减轻压力，王老板在某些管理人员的不断说服下，决定发展短平快项目，销售境外虚拟服务器空间获得短期收益。这个在现在看来很幼稚的充满天真幻想的项目当初被某些管理人员描述得相当灿烂和美好，现在反思起来，其实这分散了公司的注意力，分散了公司的资源，一个公司里竟然同时存在多个创业项目，把主要的创业方向放在一边，花费大量的资源去发展并不相关的创业项目，这显然是得不偿失的。

更为严重的问题是，王老板希望从全国物色最优秀的人才，期望能从中找到答案。但是，公司主管走马灯地换了一个又一个，王老板总不能找到正确的解决方案。时间就这样一天天过去，人心逐渐涣散，加上家人的反对，王老板很苦恼，到底路在何方？

（五）再出纰漏，偃旗息鼓

2007 年 4 月，公司接到江西省信息安全管理部门的通知，说 B2B 网站上有大量的非法信息，其中包含了枪支信息。原来，管理网站的小刘辞职回家了，B2B 网站无人管理，导致网站非法信息泛滥。本来想让 B2B 网站放在那"养着"，公司没有及时关闭这个被边缘化的网站，这也是管理上的纰漏。可是这次监管部门处罚得非常严厉，迅速封存了公司委托电信部门管理的服务器，这样连同 B2C 网站也被封了。至此，整个项目实际上被判了死刑。过了一个月，公司宣布项目终止，管理层解散。

尽管违法信息并非公司故意纵容，同时，电信部门也有不可推卸的责任，完全可以在技术上过滤这些明显的违法信息，但是，电信部门无所作为，导致了 B2B 网站违法信息泛滥。尽管情有可原，监管部门也认可了这种解释，但是，项目管理的懒散和公司的人心涣散是造成这次事件的主要原因。

二、案例使用说明

（一）教学目的与用途

本案例主要适用于电子商务、企业管理等课程。

（二）启发思考题

（1）从案例可以看出，电子商务要取得成功，关键的因素有哪些？你认为资金重要吗？

（2）从案例描述来看，公司在电子商务创业上犯了哪些致命错误？

（3）通过案例学习，谈谈你对电子商务创业的认识，跟你原来想象的一样吗？

乘风破浪，扬帆信息化海洋①

摘　要： 本案例描述了一家食品零售批发企业进行信息化升级的过程。企业在实施信息化过程中遭遇到的种种阻力，反映出传统企业在进行信息化转型过程中要经历分娩般的疼痛与期许。案例虽然短小，但是引人深思。

关键词： 信息化；传统企业；变革阻力

一、案例正文

信利百货是王老板创办的一家集食品零售、批发为一体的销售企业，年销售额达到5000万元规模，在洪城商圈影响颇大。王老板是个爱琢磨的人，喜欢新鲜事物，很早就注意到信息技术的发展所带来的潜在价值。因此，在洪城商圈，信利百货早在1998年就开始使用信息化软件提升企业运行效率，是最早采用商业化进销存软件的企业之一。这套老系统一直运行到2005年，为提高企业的运营效率做出了卓越的贡献，员工非常信任和依赖这套系统。

但是，随着公司规模的不断扩大，企业经营的商品类目不断增多，老系统存在信息录入靠手工、信息集成度低、不能适应企业管理需求的弊端。另外，王老板接触了一些更现代化的新信息系统，厂商的宣传打动了他，感觉自己的企业需要再一次做出一些改变，以适应不断变化的环境。

（一）传情友商

友商进销存管理软件是零售行业的知名软件，其最新的进销存软件集合了自动信息采集、信息自动处理、相应的财务管理与分析功能、采购功能和POS销售系统。王老板通过和友商客户人员的多次接触和反复沟通，逐渐了解了友商系统相较于自己老系统的优势。老系统的优点是简单易用，但是，信息集成度不高，信息管理范围小，需要手工输入关键信息，信息自动采集能力弱，管理功能

---

① 本案例由江西师范大学商学院张宇华、江源老师撰写，版权归作者所有。

单一，不能提供有效的财务分析和商品销售分析报表，客户管理能力也比较弱，而友商进销存软件系统财务管理与分析、中层和高层决策支持能力比较强。

经过沟通交流，王老板决定和友商合作，改善企业的信息化流程。签订软件采购合同，软件的部署与员工的培训等工作有条不紊，有序推进。

公司上下对一个陌生的新系统既好奇又怀疑。友商的软件相对于大型 ERP 来说，是一款简单的软件，系统并不复杂，因此安装部署也很简单，然而对于员工培训，友商似乎缺乏经验，这导致了公司上下对友商软件的误解和不信任。但是，王老板笃定要做的事情，一定要干到底，就算撞了南墙，再回头也不迟。这样，在保留老系统的同时，启用新系统，期间有一段过渡期，以便测试和学习新的系统。应该说，王老板的这个决定是一种谨慎的策略，也是一种行业内普遍采用的策略。一方面，可以防止新系统一旦不能满足企业要求导致不必要的损失；另一方面，新系统和老系统之间进行切换需要一个过渡期，让员工有充分的学习时间，并且在学习使用新系统的同时，发现其存在的问题，以便软件企业修改完善。

（二）遭遇阻力

任何变革哪怕是微小的改变都要付出代价，有些代价甚至超出了高层管理者当初的预计。王老板以为一切会很顺利，然而，表面平静的海面下，暗藏汹涌的力量。首先，两套系统同时存在并同时运营，有些岗位的员工工作量增加了近一倍。两套系统的信息格式、编码方式、界面风格和布局都不相同，员工习惯老系统界面的使用，对新系统的使用比较陌生，所以排斥使用新系统。再加上有些管理人员的抱怨，更加重了员工对新系统的怀疑和不满。其次，新系统的采用需要对岗位做一些调整，岗位的变化带来的利益变化是导致企业矛盾冲突的最为根本的原因。有些员工由于不适应新系统和新岗位就离开了公司，有些员工则消极对待新系统，导致新系统实际上处于尴尬境地，人们还是用老系统做账，公司实质没有任何改变。最后，员工对新系统的不信任导致公司迟迟无法掌握新系统的操作流程，软件培训课程实际上没有起到任何效果，这样，系统切换就变得遥遥无期。

这些信息偶尔会传到王老板耳中，但是王老板还是能从中感受到其中的强烈抵触情绪。王老板对某些管理人员反映的新系统不好用、设计不好的观点不以为然，认为新系统要经过学习熟练后才知道它的优越性，对公司上下的这种惰性感觉有些茫然。但是，老系统是十年以前开发的，虽然简单易用，但是已经不能适应当前的需求，公司成本居高不下，如果不采取措施，公司的竞争力将大大下降，未来难于在激烈竞争的市场环境下生存下来。企业上下必须适应和熟练使用新的系统，才能达到预期效果。

（三）顽强推进

在和软件供应商技术人员沟通后，王老板更加坚定了对新系统的信心，新系统的优势是明显的，要发挥这种优势，公司上下都要付出努力，有些人要做出时间和金钱上的牺牲。对此，王老板多次开会沟通，亲自到各个门店调查和协调，宣传新系统的优点。并且为此制定了奖励措施，鼓励员工用新系统做出符合要求的报表。通过展开信息讨论会的方式，让大家对使用新系统的经验和体会进行相互充分的交流。慢慢地，公司在使用新系统上有了成效，员工渐渐感觉到了新系统的优势。员工钦佩王老板不断学习的精神和超前视野。

虽然，新系统投入使用所带来的效率并非立竿见影，但是，随着员工对新系统的熟练掌握，信息系统强大的集成效益逐渐显现。作为中小企业，员工的忠诚度通常不高，经验丰富、学历越高的员工，其对中小企业的忠诚度越低，反而是那些学历不高但是有一定能力的员工对中小企业的忠诚度很高，因此，公司高学历的员工流动性非常大，特别是底层员工，几乎每年的流失率在 20%左右。传统企业由于人员流动带来的客户资源流失、服务资源损失和经验损失往往会摧毁一个成长中的企业。而使用高度集成化的信息系统后，由人员流动所带来的损失可以大大被抑制，因为信息系统可以固化企业积累的各种资源。因此，随着时间的推移，新系统给公司带来的好处会日益显现。

（四）海天辽阔

经过一年的磨合，企业经营正式切换至新的信息系统管理之下。实施前后的对比效果如表 1 所示。

表 1　新系统与老系统的对比数据

比较项目	成本降低值	说明
管理成本	降低 10%	报表分析值
差错率	降低 43%	估计值
库存周期	降低 70%	平均每件产品的库存周期
员工流失成本	降低 40%	估计值

事实证明，王老板的决策是正确的。随着近年来经济下行压力的不断加大，加上电子商务的竞争，传统零售行业面临困境，很多企业在这种环境下倒闭了，而王老板的企业在这种困难的环境下，依然能屹立不倒，这跟企业多年练就的信息化内功是分不开的。

随着我国进入老龄化社会，劳动力成本将不断上涨，传统零售业将面临进一步的洗牌。王老板希望通过进一步提升企业信息化能力，改变目前的经营模式，从人脉型走向大众普通型，真正面向激烈竞争的市场。王老板希望未来可以将自己的企业打造成供应链网络，将信息集成的范围进一步扩大，建设全要素的服务型供应链企业。

二、案例使用说明

（一）教学目的与用途

本案例主要适用于电子商务、企业管理等课程。

（二）启发思考题

（1）管理信息系统为什么需要不断升级换代？管理信息系统能给企业带来哪些好处？

（2）王老板的企业，在实施新系统的过程中遇到哪些困难？这说明了企业实施新的管理信息系统面临哪些阻力，需要做哪些工作？

大全和艾西海①

摘　要：本案例主要描述大全的创业过程和人生理念，以及艾西海公司的成立和愿景。

关键词：艾西海；生态农业；健康

一、案例正文

（一）引言

窗外，淅淅沥沥，雨一直下。大全起身推开窗户，层层叠叠的翠绿，映着起伏的山峦，夹杂着各种花草树木的清香扑鼻而来。凝神远望，沉思片刻，大全拿起钥匙，几个箭步走到庭院中，那辆陪他南征北战多年的白色路虎正安安静静地等在那里。他发动引擎，向山林深处进发。

（二）缘起艾西海

在湘鄂赣三省边陲，幕阜山与九岭山南北对横，山谷中护起一座小城，古时称为艾城，现名为武宁。赣省五大河流之一的修河，自幕阜山流出，由西向东贯穿山谷，流入武宁时，河面渐宽，发育出多块河滩，亚洲第一大水电土坝工程——柘林湖水库坐落于此，后经人指点，称为"庐山西海"。于是，大全将此处孕育的梦想，称为"艾西海"。一如创建品牌时心中所念，爱上西海，爱上"艾西海"。

清秀的山儿绵延，碧绿的水温润地镶嵌，还有春末夏初时，一路的黄色野菊随风摇曳，灿如笑脸。

江西、武宁、罗溪乡、坪港村、艾西海之艾粟庄园就在这里。这里是国家自然保护区和国家森林公园之间的高山乡野，溪流汇聚，植被繁茂，无基因污染，

---

① 本案例由江西师范大学商学院张健老师撰写，版权归作者所有。

无化工污染。整个种植过程，无农药、无化肥、无不成熟堆肥、无除草剂、无生长激素，高山独立梯田、冷泉水滋养、自然留种、自然生长。大全站在一块高大的石头上，望着层层的梯田，渐渐地由青转黄，预计9月中旬部分品种就可以陆续开始收割，10月开始就能让大家陆续品尝到各种新鲜的大米了，大全心潮澎湃。

五年前，大全因病返回老家乡下休养。每日除了药物治疗，还通过各种食物进行调理。身体经受了巨大的疼痛，内心似乎也经历了一场浩劫。痛苦、遗憾，却也彻底地清醒了，"以后的日子，该怎么样活着？"

大全彻底放手了之前的项目，人生自此开始了一个转折。此后余生，都用来"修补"这个遗憾吧！

自己的身体原本就要注意饮食调理，借着这样的机会，大全开始全国范围地搜集一些优良的老水稻种子，也开始全面关注生态农业的信息。他不希望身边的人，自己的后人，再以"失去健康"为代价地生活。

五年的时间，跑云南，跑东北，跑日本……找寻志同道合的人交流，也搜集古老而最原生态的稻谷种子。种子带回，研发培育，再去漫山遍野地转，去找寻原始的土地，夏天渴了喝山泉，冬天渴了就抓起山里的积雪吃。接下来再和农民们沟通租种方式，试种试产……

出来闯荡江湖这么多年，大全从来没觉得哪件事情，像如今走的每一步一样，背负着这么重大的责任。

白米唤作"月白"，红米唤作"酡红"，黑米唤作"黛紫"，西海湾里打捞的棍子鱼，古坊里压榨出的茶油，还有阿妈们手工制作的辣椒酱……褪去浮华与伤害，万物以自然而原始的状态呈现，生命的初始，不正应该如此这般轻盈放松吗？

"我不想只是单纯地出售产品，我想要的，是带动全社会的人，共同推动健康的生活方式和理念。"

"我们都将死去，可是看着我的孩子，看着千千万万的后人，我便再也不希望，人仅有的一次生命，过得如此不被珍惜。"

"让'艾西海'茁壮成长，是我现在唯一的心愿了，我不知道自己的时间还够不够。但即使用尽我所有的精力和积蓄，我也愿意。"

大全在说这些想法的时候，让人觉得心酸，也让人觉得执着和坚毅。"艾西海"就带着这样的初衷和魂魄诞生、发展。时至今日，产品的分销模式已全面铺开。每一个认同"艾西海"理念的人，都可以通过"艾西海"获得一份收益。

大全说过，"艾西海"不是他的，而是属于任何一个拥有健康理念的人，属于很大的一个社会群体，属于这个把"健康"高度关注起来的时代！

（三）大全其人

（1）有温度的梦。大全有上千亩地，可以做个名副其实的地主了。但是大全做的不是地主，他玩的是江湖，一直都是江湖。

地主，更多的是坐守老宅，百亩良田足以颐养天年；江湖不同，江湖里有故事，有人情味儿，有快意恩仇侠肝义胆，有荡气回肠柔情百转……

地主的世界是现实而僵硬的，江湖是现实里有温度的梦。

大全，还一直带着梦。这上千亩地里，也种着他的梦。

（2）青春里的梦。1992 年，14 岁，大全就开始了他的江湖梦。找长辈担保贷款三万元，开起了家电铺子，白天开店，晚上拉着小音箱玩音乐。这个家伙的唱歌水平，是不是就在那个时候练就的呢？

1994 年，16 岁，找朋友借钱 500 元，只身去闯海南。半路上钱用光，竟然还碰到好心的江西老乡买票送他。在海南，因为年龄太小，应聘不到工作，大全去驻场唱过歌，和武宁的老乡打过赌博机，也做过杂七杂八的小生意，年底时竟然还赚了 8000 元回家。

1997 年，19 岁，带着赚到的一些老本回到老家，能折腾的大全又瞄起了生意机会。那会儿开始流行 BB 机、电话机。大全便跑去拜师学起了维修，跟着老家的师父学满出山，觉得还不够，又跑去福建找到师父的师父，回来后就捣鼓着把维修店开了起来。那年，大全赚到了几万元。

2003 年，大全和初恋女友结婚了。话说，15 岁那年，大全做小生意赚来的钱，全用来跟女友煲电话粥了。结婚这年，大全和几个老家的兄弟，开始做起了房地产。生意越做越大，大全的江湖梦也做得越来越大。2008 年，一群武宁兄弟们正在成都热火朝天地做着房地产的项目。2008 年 5 月 11 日大全从成都刚飞回南昌，2008 年 5 月 12 日，汶川地震了。当天早上，大全接到一连串的电话，各地的家人、朋友问他在成都的情况，他才知道那边出事了。急急忙忙处理好家里的事情，2008 年 5 月 16 日又飞去成都。

（3）鬼门关。2009~2010 年，大全和兄弟们还继续在全国各处拿土地，轰轰烈烈投身在地产行业。大全那会儿整日奔波在岳阳的项目和武宁老家之间。谈判、应酬、项目推进……江湖给了你权位利益，也给了你不胜其烦的纷扰，还有失去健康的代价。

2010 年时，岳阳的一次酒桌上，大全腹部突然疼痛得厉害，随意检查吊了针之后，还是反复发作。回老家后检查说是阑尾炎，手术后稍作休息又跑去四川做项目。折腾到 2011 年，不想在四川腹部的疼痛继续发作，再次去华西医院彻底检查后，大全的病被确诊为结肠癌。

去上海找了知名的医生，确定了与华西医院一样的治疗方案，大全开始在成都接收治疗，58次放疗，六次化疗。年底时在北京协和做了手术，又继续化疗。而治疗过程中还引发并发症，同年，大全又被检查出尿毒症。

大全曾说，他这辈子没什么遗憾的。活到今天，自己却成了最大的遗憾。

（4）终归稻香田园。拼了几十年没有输过，而今却要重新审视这些拼搏的意义。人都是这样吧，不经痛苦，不明生命的玄机。

大全终于觉得累了，回到老家，开始休养。那一两年在乡下休养的日子，"要怎么样活着"成为一个几次与死神擦肩而过的人脑海里挥之不去的问题。

当"健康"成为自己此生最大的遗憾，一个从来都是为目标彻底奔赴的人，又毫不犹豫地把力量转射到对遗憾的"修补"上。

在江湖上奔波的这些年，大全对社会上这些食品安全、粮食转基因问题也时有关注，如今对健康问题更是加倍重视。他发自内心地不希望自己的家人、孩子，还有身边千千万万的朋友和孩子们再以"失去健康"为代价地活着。

四五年间，他按医生的要求特意调配自己的饮食，从原材料开始抓起。同时，也开始找寻志同道合的人，搜集种子、研发培育，筛选土地……开启了自己的生态农业梦。

做农业很辛苦，回报也慢。可是他说，盈不盈利已经不是那么重要了。他最希望的，是产品身上所传递出去的理念。

大全一直都是带着梦的。这一次，他的上千亩地里，也种着他的梦。每一颗种子，都带着叫做"健康"的希望。

（四）再出发英雄招募

公司简介：江西省武宁县艾西海农副产品有限责任公司成立于2015年6月12日，主要经营业务有：生态有机农副产品种植、加工和销售；农副产品电子商务平台推广。公司总部位于九江市武宁县朝阳路99号，坐落在美丽的西海湖畔，在武宁县罗溪乡坪港村有3000亩高山梯田合作种植基地，种植水稻、生姜、甘蔗、有机蔬菜等。其产品都是从源头抓起，严选天然、野生、公平贸易、有历史传承的优质食品，全力发展绿色、有机、自然的优质食品，推进生态农业的产业化、标准化和品牌化。

基本情况：公司将现有办公楼4层的电子商务办公区——"创客空间"，免费提供给武宁的电商创业者使用，光纤已接通，备有全新的办公桌椅，只需拎电脑入驻，就可以马上投入正常运营。

招募对象：返乡创业青年及电商创业团队，限10个名额，填好相关资料，交由公司审核。

二、案例使用说明

（一）教学目的与用途

（1）本案例主要用于管理学等课程。

（2）本案例主要描述大全的创业历程和"艾西海"的成立。

（二）启发思考题

（1）你如何看待大全的创业过程？

（2）如果你是大全该如何实现"艾西海"的发展梦想？

南昌 YS 教育的网络营销之路①

摘　要：教育培训行业的竞争日益激烈，如何利用互联网及相关工具建立并完善网络营销模式，是值得教育培训机构认真思考的问题，也是在激烈竞争中脱颖而出的契机。本案例介绍了南昌 YS 教育的网络营销之路，以期能为初创企业如何快速建立企业的网络营销模式提供些许思路与参考。

关键词：YS 教育；网络营销

从事一线教育工作 8 年，从事教学管理工作 10 年，G 总于 2014 年决定开办一家针对中小学培优辅导的教育机构，G 总认为凭借着这么多优秀的教师资源，生源自然源源不断，不请自来，但是在机构创办的前三个月里，不仅无一名学员报名，甚至连咨询信息的学员或家长都鲜少问津。站在特别针对中小学生学习特点装修的别具一格的教室里，缺乏营销经验的 G 总开始思考，酒香还怕巷子深啊！YS 教育开启了营销之路。

在 YS 教育开始营销之路的初期，向大部分教育培训机构学习，使用了传统的宣传策略与手段，主要包括平面广告和促销、招聘宣传人员派发宣传广告册、在小区和学校附近树立平面广告牌、在人流密集区设立移动宣传咨询点、推广和宣传企业和近期的促销活动、派发小礼品、邀请咨询者参观企业等。在第一阶段的宣传中 YS 教育投入了大量人力和物力来宣传企业、争夺市场，费时费力而且成本高，但宣传效果收效甚微。在和宣传人员充分沟通之后，G 总仔细分析了 YS 教育的问题。YS 教育有着得天独厚的优越地理位置，与两所区域内较为著名的学校相邻，周边还拥有多个大型小区，属教育资源需求极高的区域，正因为如此，不足百米的区域内竟有大大小小教育机构 10 余家，竞争十分激烈。10 余家教育机构的宣传、活动、课程产品也都大同小异，如何脱颖而出，树立深入人心的品牌成为了关键。目前，网络、微信等工具已然成为沟通交流的重要手段，而完全采用传统的宣传手段和策略所能达到的效果如此微弱也是有迹可循的。G 总决定从人员配置、宣传推广、企业特色、产品开发、顾客服务等方面全方位改变

---

① 本案例由江西师范大学商学院蒋科蔚老师撰写，版权归作者所有。

YS 教育的经营策略。

（一）宣传推广策略

传统宣传和推广策略效果甚微，成本较高，G 总在初期尝试后果断将营销策略转战网络，通过互联网及相关工具在区域内，乃至全国范围内宣传企业及其产品。且单一化的营销策略存在局限性，故组合的网络营销策略孕育而生。

1. 建立自己的网站

转战网络营销的第一设想便是建立自己的网站，YS 教育开发了属于自己的网站，并将学校简介、师资介绍、课程产品、促销活动等宣传信息投放在企业网站上，和前期的宣传推广效果出现了类似的情况，由于是一家初创企业，知名度不高，访问量有限，且信息编辑和修改需要专业人员的维护，故 YS 教育将企业网站与其他门户网站如 58 同城等，进行合作推广，除此之外，联合其他不同课程产品类型的教育机构（XH 精武学校、新起点高分速读等）进行网络推广，降低维护成本，且流量大大增加。这是南昌 YS 教育网络营销推广的初步阶段。

2. 利用区域搜索

在选择搜索推广时，南昌 YS 教育放弃了百度竞价这一常见的搜索推广方式，原因是，南昌 YS 教育针对的是社区教育，对于所在区域内的居民或用户如何快捷地获得 YS 教育的资讯是 YS 教育在营销中亟待解决的问题。介于此，南昌 YS 教育与百度合作，使用了另一种更为经济且目标明确的搜索推广方式，即注册和使用区域搜索推广，用户可以在百度的相关手机 APP 中方便地搜索到南昌 YS 教育的区域位置，同时在用户搜索附近的教育机构时也可以直接快捷地获得南昌 YS 教育的相关资讯。精准地将信息投放至有需求的人群，在该区域的十余家教育机构中，YS 教育是唯一一家使用该营销方式的企业，对于获取更广泛的目标用户群，南昌 YS 教育领先了一步。

3. 微信口碑营销

仅仅依靠网站的宣传被动地等待用户的浏览是远远不够的，南昌 YS 教育利用当下最流行的沟通社交工具来实施营销推广，这也是南昌 YS 教育最重要的营销工具和策略。专业人员设计和编辑推广转发微信，每一条发布的动态都是有具体和明确内容的，如宣传某一位教师、某一个课程产品、学习场地、企业宗旨、企业的教学和办学理念、某一项企业活动等。在微信中向用户推送信息的同时，还将企业活动与微信点赞转发的功能相捆绑，以达到级数推广的效能。

除此之外，还开通了微信报名、缴费直通通道，为用户提供相关服务，由于教育产品的特殊性，沟通成为了必要，在微信中还为每一位顾客提供了"一对一"的顾客服务，服务用户的同时推广和宣传企业。

值得注意的是，在微信上直播公开课是用户关注度最高的动态，通过网络直播公开课，更多的用户了解了企业的师资力量，了解了企业的办学宗旨，更重要的是，公开课的优质教学，激起了大量学生和家长的报名热情。同时免费试听公开课的人数设置上限，饥饿营销使得学生和家长们转发宣传微信的主动性大大提升。

微信营销成为南昌 YS 教育营销的突破口，通过动态转发、直播公开课、"一对一"课程指导等为南昌 YS 教育招收了第一批学员，且学员数在短短两周内增加了近 100 名，为南昌 YS 教育的发展奠定了基础。

4. O2O

免费公开课能吸引的学生数量有限，但通过线上线下（O2O）模式，线下活动，线上推广，南昌 YS 教育一下子就实现了效能的级数提升。因此，南昌 YS 教育大胆地将所有活动全面实现 O2O 模式，如现场宣传活动、家长会、专家讲座、学员集体生日会、师生拓展营等，不仅线上能直播，且募集人员、报名、缴费、后勤服务等均可通过线上完成。这一模式的深入应用，为南昌 YS 教育带来的不仅是宣传推广方面的作用，更重要的是通过在线互动、线下活动的方式，拉近了与客户的距离，从而利用客户的传播作用建立了良好的口碑。

（二）人员配置策略

对于一家初创企业，通常是一人兼任数职，但通过经营过程的思考，专业的人员配置是事半功倍的前提。南昌 YS 教育在初期推广的不断摸索中，聘请专业的网络营销人员，负责南昌 YS 教育的营销推广，其中包括网站维护、微信推广、活动策划等。除此之外，为了提供优质的课程服务，为每一位客户配置对应的课程服务指导人员，要求所有的课程顾问必须具备良好的沟通能力、服务意识，且具备一定的中小学教育辅导经验，充分认同南昌 YS 教育的教育理念。课程顾问的职责主要是负责为客户提供课程指导、活动指导，提供教育咨询等相关服务，开展微信互动以及收集客户相关需求和反馈。

（三）企业特色和产品开发策略

教育培训机构的产品有其独特性，课程产品是基础，但更多的是内涵和外延更为丰富的服务性产品，南昌 YS 教育的核心价值观是：修身修心、快乐学习。将学习习惯、学习方法、学习能力的习得与养成看作第一要素，注重学习过程的体验和感悟，进而提升学生的学习素养，以达到学业成绩的提升，而不是将考试分数和成绩作为核心。基于这样的企业价值观，南昌 YS 教育也将课程产品的开发显著地区分于其他同行。

南昌 YS 教育根据不同学段、不同需求制定了不同的课程产品，其中以 Super Kid 少儿英语为小学阶段学生提供英语教学服务，且课程根据学生的具体需求开设个性化课堂；趣味奥数也从传统枯燥的应赛方式中跳脱出来，旨在提升学生对数学的兴趣，锻炼学生的数学思维，在课程开发时根据学生的具体能力开设不同难易程度的课程；此外为了提升中小学生的专项学习能力，开设了如课外阅读课程、诵读课程、中国传统礼仪课程、英美文化体验课程、拓展营等。而这些课程在其他教育培训机构中还较少出现。

（四）顾客服务策略

教育培训机构所提供的产品和服务是与众不同的，是教育和服务的综合体，且区别于学校教育和家庭教育，但有兼具学校教育和家庭教育的特点，因而，了解每一位学生，提供差异化的教育服务产品才符合教育培训机构的特性。南昌 YS 教育为了提升顾客服务，采用"一对一"的服务策略是最大的改变。利用网络、微信等工具实时提供顾客服务，分析学生的能力，设计和开设满足其需求的课程，跟踪学生的学习情况，为学生的学业和学习困扰进行分析和心理辅导，及时进行家校沟通，服务内容个性化，这也是网络营销未来发展的方向。

创新创业篇

创业，我一直在路上①
——记"芒果青年"姚智德的创业经历

摘　要：本案例主要描述了江西师范大学毕业生姚智德的创业历程。从在大学期间从事电脑维修，首创江西师范大学"品格"店，开办"洛可可西餐厅"，经营"芒果公寓"，到现在成立芒果青年有限责任公司，实现创业事业的再一次腾飞，姚智德为当下有志创业的大学生树立了典范，他的创业经历和他在该过程中体现出来的企业家精神、洞察力和坚持不懈的品质都非常值得学习。

关键词：创业；企业家精神；"芒果青年"

一、案例正文

（一）引言

姚智德，2010 年毕业于江西师范大学城市建设学院。在校期间，他一直从事各类创业活动，包括合伙经营电脑维修销售中心、开办格子铺和服装店，经营西餐厅及芒果公寓等。2013 年，他注册成立江西芒果青年实业有限公司并担任董事长一职，完成了从个体户到公司的华丽转型。目前，该公司主要专注于高校商业综合体的品牌设计、推广、管理（包括餐饮、酒店、商业、创业孵化园等）和"爱上蒸品"中餐连锁品牌经营，公司年产值近亿元，并为 600 多人次创造了创业机会，为 7000 余人次提供了工作岗位，为 2000 余人次在校大学生提供了安全、方便的社会实践平台。

可以说，姚智德为每一位有创业梦想的大学生树立了榜样，他的创业故事多彩纷呈，完美诠释了一个大学生从个体户到公司董事长的成长历程。下面就让我们走近他，探索他在创业路上留下的一个又一个脚印。

---

① 本案例由江西师范大学商学院的齐玮娜老师撰写，版权归作者所有。

（二）千里之行，始于足下

姚智德于 1985 年出生在有"珍珠之乡"、"贡米之乡"美誉的江西万年县的一个农村家庭。20 世纪 90 年代初，年幼的姚智德亲历了父亲辛苦创业、发家致富的奋斗过程。养珍珠、销贡米、生猪养殖，父亲的努力与勤奋潜移默化地影响着姚智德，也在他心里种下了创业的种子。考大学时，姚智德本希望能学习工商管理或市场营销之类的专业，但最后却被城建学院录取，学习工程管理。尽管如此，他依然没有放弃创业的梦想，也一直通过积极参加社团活动、旁听商科课程等途径提升能力、补充知识。有一天，他新买的 IBM 手提电脑被盗，为了能自己挣钱再买一台，他来到一个学长在学校长胜园开的电脑维修店里兼职帮忙。两个月后，他没有接受一分钱的兼职费，而是向学长提出了入股的想法。因为在他看来，电脑行业对大学生来说非常适宜做创业起步。最后，他的真诚和较高的入股价格打动了学长，以注资 10000 元购买维修店 50%股份的方式成为电脑维修中心的合伙人。做了老板后的姚智德内心很充实，无论大事小事他都亲力亲为，尽力给每一个学生最好的服务、最优惠的价格。在电脑故障高发的夏季，他经常要在没有空调的不通风的小店里泡上一整天，衣服几乎每半小时就要拧干一次。虽然经常感到苦累，但他还是咬牙坚持着。半年后，维修中心人气大涨，于是他以高价又将自己的股份转让，尝到了创业回报的喜悦。

（三）品格，不同凡响

2009 年上半年，姚智德在江西师范大学瑶湖校区内租到了一个 24 平方米的店面，面对不菲的租金，他冥思苦想如何能使店面得到最大化利用，从而获得最大利润。一个很偶然的机会，他在网上发现了一种可以把店面租给多个人的商业模式。茅塞顿开的他将"格子铺"这一销售模式改良后引入了自己的小店，并取名"品格"，寓意别具一格。他将店面有限的空间分割成 99 个格子，按视角审美的原则将格子分层定价，收取不同租金。通过海报等宣传方式，这 99 个格子很快被全部出租，每月租金高达万元。为了更有效地开发空间价值，他连中间过道也没放过，用来置办衣柜、衣架，甚至连店里的收银台也只有常规收银台的 1/4 大。

姚智德把"品格"定位于"杂"，99 个格子里陈列着各式各样的新奇玩意儿：布偶、首饰、化妆品、鞋、衣、袜等，让这个小小的店面成为一个小小的百货店，各类商品一应俱全，非常受女同学欢迎。他的格子铺充满创意，前所未有的实，前所未有的杂，也前所未有的火热。经营了一年后，他又以数倍的价格转让了格子铺，这一年挣的钱让他开上了属于自己的第一辆车。

（四）"洛可可"铸造青年创业典范

创办"洛可可"西餐厅是姚智德校园创业的一次新选择。他认为，大学里集聚着很多有文化、有思想的人，应该有一个环境优美、有独特文化特质的交流场所，开办一家具有独特风格的咖啡馆，为校园里飞扬的思想和创意提供平台，既是他回报母校的一种方式，更是他在创业途中追求有品质生活的继续。为了做好开办准备，姚智德跑遍了南昌大大小小几十家西餐厅，品味各种西餐、饮品的差异，汲取他们的长处。他将这个 300 余平方米的西餐厅取名"洛可可"，并通过有格调的装修使这里充满了艺术、休闲和小资的西式风格。西餐厅华丽又不失温馨，厨房、吧台等各种设备一应俱全，但其投资却只有同行们预计的 1/3。他解释到这都是他亲力亲为、"斤斤计较"、善于淘宝的结果。到建材市场货比三家，不断砍价，挑选每一件材料；和泥工、水工、电工一起动手装修；精心布局和挑选西餐厅里的一砖一石、沙发和灯具；到旧货市场淘来桌椅后再加以装饰；根据顾客消费的时段调整灯光；将油画镶嵌在吊顶上，一抬头便是别样的美丽……试想，阳光洒落在桌面，你手捧着书，静静地思考，细细地品味咖啡，远离尘世的浮华，思绪纷飞。这样的环境，不是思想交流、休闲的好去处吗？

怀揣着憧憬，"洛可可"于 2011 年正式营业，但是现实却给了姚智德冰冷一击。由于多方面原因，"洛可可"最初并不为学生所接受，生意的冷清、股东的撤离，让他一度非常苦恼。但他并未放弃，一直积极寻找和尝试各种方式让西餐厅走入学生和老师的生活。偶然的一次机会，商学院 2008 级创管班为提升班级凝聚力，想组织一次"光棍节单身舞会"，班长找到了姚智德，希望能提供赞助。年轻人的想法总是不谋而合，他二话没说，不仅全程提供赞助，还提供场地，吸引了众多学校单身男女参与到这次活动。这次活动的成功举办，也拉近了"洛可可"与学生的距离，并成为"洛可可"每年的特色活动。之后，姚智德逐渐开辟与更多学院合作组织各类活动的经营模式，通过提供活动场地，更好地进行口碑宣传，并每逢节假日，结合校园特色，做有针对性的促销，如针对学校女生居多的特点，在"女生节"期间给予女生特别优惠，推出惊爆价 19 元牛排套餐等活动，一方面培养学生的消费习惯，另一方面为自己的店赢得信誉。此外，为了吸引教师客户，他还提供了会员卡服务，有效锁定客户群。"洛可可"的成功使姚智德在校园的知名度和影响力不断提升，并成为校园青年创业的代表人物。

（五）积蓄力量，创业不止

随着创业项目的增多，姚智德开始不断吸纳新成员到他的团队。单身舞会项目的合作让还是大二学生的郭佳能和叶超走进了他的视线，这样他的团队就有了六个人。这六人共同拥有创业的抱负，一拍即合，组成了"七千瓦创业合作社"。前缀"千瓦"，蕴含能量，发光发亮，充满爆发力；六名成员，还差一名，期待更有能力的伙伴加入，故命名"七"。后缀"创业合作社"，与社团区分开，不是安排你做什么，更是希望你能带着项目、资金来，充分发挥你的主动性。这是一群有志在大学里不断寻找创业项目，通过多元化的项目练兵，找到真正适合依附大学而生的项目，并从 0 到 1 做成大学里的品牌，再从 1 到 100 实现发展壮大的不断历练中追求成长的年轻创业者。为了让团队有更强的实力，他们会发现一个个商业机会，只要有可行性，就动手去做。在江西师范大学附近的翰园小区，很多老师的住房长期闲置，而学生却存在租房或为前来的亲朋好友安排住宿的需求。为抓住这一机会，团队启动了"芒果公寓"项目，即通过与业主协商，采用整体管理、利润分成的方式，将老师的住房打造成不同价位和档次的 50 多间客房进行短租和长租业务。针对每年毕业季，毕业生都会存在摄影拍照等需求，团队通过与学院协商，又运营了拍照、摄像、文化衫制作等项目，开拓校园毕业生市场。在项目运营过程中，团队成员各司其职，配合默契，使团队能力和凝聚力得到了进一步的锻炼和提升。而团队的成立，也让姚智德将自己从具体事务中抽离出来，去思考更多关于个人与团队未来发展的问题。

（六）重回母校，再扬创业风帆

毕业后的姚智德虽然一直在做各种项目的探索，但与他对未来的美好憧憬依然有着较大的差距。"学生时代做生意是创业榜样，但一进入社会，自己与千千万万的'个体经营户'没什么区别"。一想到许多同学都在全国知名企业找到了工作，但他却还是守着几间小店，心里不免怅然。毕业后的两年，他曾因对行业定位以及对社会需求把握出现偏差让自己陷入困境，失去斗志。经过一段时间的挣扎，他沉淀下来重新梳理方向，决定重新拿起书本，攻读研究生学位。

2012 年，姚智德考入江西师范大学政法学院攻读研究生学位。入学后不久，江西师范大学第二食堂承包到期对外发出招标公告，敏锐的嗅觉让姚智德感到这是一个机会。"在母校摸爬滚打了四年，对高校运营体制与学生市场需求非常有把握，这些因素加起来让我几乎没有犹豫就决定把这个项目接下来运作。"而正是这没有想太多的一步，让姚智德开启了真正的事业起跑线。充满"鬼点子"和惯于出怪招的他在拿到食堂的经营权后，同样决定摒弃传统的食堂运营方式，因为他脑海中有一个更大胆的想法：用商业地产的方式来打造一个文化商业的综合体，简单说，就是打造成类似于大连万达、恒茂商业地产之类的商业街。这个想法让姚智德非常兴奋。在接下来的日子里，他利用一切人脉与机会进行招商。虽然过程艰辛，但他还是在短短两个月内就将三层商铺全部招满，这里有中西餐厅、咖啡厅、饰品店、大学生工作室，还有他自创的品牌"爱上蒸品"、"七千瓦咖啡"。与其他文商综合体不一样的是，他还开辟了"鹿鸣文化创意创业园基地"，专门为大学生创业提供场地、平台，为他们指引方向。实践证明，这个大胆的想法是可行的，而且非常成功！这个综合体当年即实现丰厚的盈利。这样的成功无疑给了姚智德足够的动力，他的扩张也开始了。2013年，他注册成立江西芒果青年实业有限公司，随后，他将这种综合体以"芒果青年"命名并进行复制，在江西科技师范大学红角州校区、枫林校区，江西财经大学南院、泰豪动漫学院等落地开花，营业面积近22000平方米。应该说，"芒果青年"项目的成功一方面得益于他多年创业积累的经验与能力，另一方面也借了国内高校后勤改革尤其是食堂改革的东风。目前，姚智德的业务已逐渐走出校园向社会拓展，他与外滩公馆、绿地双子塔签定了战略合作协议，在这些高端地产里设立餐饮机构，为业主提供后勤服务。他说："无论身处多么豪华的公寓或写字楼，中午还是免不了要操心午餐问题，这是很多城市CBD的真实写照：住宅高耸入云，配套设施却不太完善，穿着光鲜的小白领们不得不四处寻觅果腹之地。如果我们入驻这些高楼大厦，可以为他们提供很好的后勤服务，解决他们的后顾之忧。"

（七）尾声

每一个创业者背后都一定有一个精彩的故事，无论经历失败还是成功，都必然散发着泪水和汗水的光芒，也充满了常人难以体会的痛苦与寂寞、喜悦与满足。姚智德在自己的微信个人签名上，用了"农家孩子、硕士、创业者、实干派"四个词形容自己，其中他最喜欢的一个词就是"实干派"。梦想谁都有，但真正付诸实践和不懈追求的并不多，相较于其他选择，创业似乎更需要实干和坚持。从大学生到董事长，从个体户到充满潜力和前景的公司，姚智德不仅实现了自我的成长与蜕变，也实现了事业发展的飞跃。作为青年创业者的典范，他的身上有太多值得当下有创业梦想的大学生们学习的地方。他的成功不是偶然，但也不是神奇到只能仰视。目前，姚智德正在为公司上市的目标而竭尽全力，希望能让自己的事业惠及更多创业者，实现共同成长。这就是企业家不断实现自我、超越自我的过程，因为对他们来说，创业，永远在路上！

二、案例使用说明

（一）教学目的与用途

（1）本案例主要适用于创业学、管理学、职业生涯规划等课程。

（2）本案例是一篇描述创业者姚智德创业经历的教学案例，展示了姚智德从大学生个体户成长为公司董事长的历程。教学目的在于通过近距离地了解身边的创业者，使学生对创业活动、创业者群体及创业精神有更多感性的认知，并能从案例中提炼出描述创业精神的关键词，同时体会创意、创业团队以及商业模式在创业活动中的重要作用。

（二）启发思考题

（1）姚智德在创业过程中有哪些过人的品质？

（2）你如何看待姚智德对创业机会的识别和把握？

（3）你如何看待姚智德重新回学校深造的选择？

（4）你如何看待创业与专业的关系？

伟跃公司创业团队分析[①]

摘　要： 在创业引领就业的社会意识下，越来越多的大学生选择了创业。骆玮玮等人在创业梦想的激发与老师的指引下进入了网络创业行列，并且通过明确创业目标、制定创业计划、职权划分等流程组建成了创业团队。该创业团队虽然出现了问题，甚至经历了核心成员的离去，但其通过自身努力营造了共同的创业理念和共同愿景，并致力于将团队建设成学习型团队，使其创业有了新的突破。

关键词： 骆玮玮；创业团队；网络创业；速卖通

一、案例正文

（一）引言

自 1999 年高校开始扩大招生规模以来，高校毕业生人数逐年增加，大学生就业问题已成为当前一个较为敏感的社会问题。在"以创业带动就业"的思路指引下，大学生创业成为解决就业问题的一个较为有效的手段，因此大学生创业问题已成为当前社会关注的热点。江西师范大学商学院更是将创业积极融入教学中，创建了创业管理班，为有志于创业的学生提供扎实的理论基础。但是大学生选择自主创业难免会受到经济、时间、经验、学习等多种因素的影响与制约，个人单枪匹马创办企业显得尤为困难，大学生团队创业已成为大学生创业的主要形式，所以能否组建高效的创业团队对创业成败起着至关重要的作用。大学生创业团队由不同专业学生组成，拥有共同的创业理念，以团队目标为导向，强调自我管理，独立分工，相互配合，协作完成工作，专业或技能互补，团队结构保持一定的流动性。因此组建优秀的创业团队并加以优化将有助于提高创业项目的成活率，并推动应届毕业大学生创业活动的开展。

[①] 本案例由江西师范大学商学院的詹强南老师和喻林老师撰写，版权归作者所有。

（二）创业之初

义乌是全国乃至世界小商品集散中心，商品种类齐全，价格低廉，随着几年来电商的发展，义乌已经迎来新的机遇和挑战。2011 年 3 月，国务院正式批复义乌成为国际贸易综合改革试点，首次把义乌市场未来发展提升至国家战略高度。2011 年 5 月，江西师范大学工商管理创业管理班的十几名同学在创业中心老师的带领下来到了浙江义乌考察，这座充满创意活力的城市立马吸引住了骆玮玮等同学的眼球，并强烈地激发了他们早已深深埋藏在心中的创业梦想和激情。随即他们一行参观了义乌商贸城，见识到了"小商品海洋"之品种丰富程度后，又在老师的引荐下认识了一位靠卖孔明灯起家而后短短几年内便自己开公司的从九江学院毕业的学长。几天的考察、学习和交流之后，一颗要在义乌、要在电子商务行业进行网络创业、干一番事业的创业梦想之种子便深深地扎根于他们的心中和脑海中，只等待其发芽、成长、壮大的时机。

（三）创业起航"速卖通"

2011 年 6 月，快放暑假了，此时就是创业梦想的种子开始发芽的时候。骆玮玮等人经过深思熟虑之后来到了义乌，但他们并没有马上创业，而是各自找了份外贸工作。在上班的过程中，他们不计短期的得失，努力工作，奋发学习，尽他们的最大可能学习并掌握电子商务行业的知识与现状，熟悉公司的每一个流程，每一个细节……于是从开始的一无所知到慢慢地对业务的熟悉，外贸的流程也慢慢地清晰了，在日复一日的工作中几个年轻人并没有忘记自己的梦想，他们时刻观察着商机。

"您如果错过了 2005 年的淘宝，难道还想错过现在的速卖通吗？"——马云。马云的一句话让他眼前一亮，淘宝的发展速度和潜力是令人惊奇的，难道速卖通也有这样的潜能？带着好奇他开始关注这个平台。回家后骆玮玮跟另外几个同学说有几个小的外贸平台，如速卖通、敦煌、中国制造等他们都可以先了解了解。当他说出这几个平台的时候大家都用异样的眼神看着他，因为他们以前都没有听说过，抱着了解的态度，他们每个人都注册了一个免费的账号，上传 10 个产品后将店铺开起来了。在下班晚上的空闲之余，他们在自娱自乐的同时相互交流自己每天在公司接触到的东西及自己的想法。周末其他几个没有和他们住在一起的同学也会过来一起聚聚，分享一些自己的事情，日子就在这样的气氛中度过。突然有一个晚上骆玮玮的手机收到了一个短信：全球速卖通提示您收到了一个新的订单。当他们看到这个信息后，一时兴奋了，"开单了，我们终于开单了"，他们本来只是想上传几个产品试试，没想到也能开单，当时的心情真的无法用语言来形容。整个晚上几个人都在谈论着会是什么产品，能有多大的单子，同时也在憧憬着自己的账号什么时候也能开一单。第二天一大早他们就去公司打开电脑查看订单，虽然第一单只有 20 美元，但是对大家来说都是一种鼓励。

（四）在学习和实践中前行

几天之后骆玮玮那个开过单的账号又开了几单，而且最大的一单已经到了几百美元了，骆玮玮一下子成了另外几个人羡慕的对象，甚至有人把他捧为神一样的人物，虽然后来这个订单因体积原因形成抛货，快递费太贵而没发货，造成积压货物损失了好几百元，大家也就当成一个经验教训。而其他人每当自己的手机收到短信的时候，精神都很紧张，都期望是订单提示。后来陆陆续续每个人都开了自己的第一单，个个脸上洋溢着甜美幸福的笑容。速卖通在 2009 年推出，刚开始经营的人不多，所以他们接触速卖通也还算是早的，没有专业的人去教他们，他们自己也对外贸没多少了解，所以只能自己摸索，必然会碰到一些困难。就这样，他们边上班边经营着自己的账号，隔几天才会有一两个订单，即使这样他们也还是很兴奋，他们对这个平台还是充满希望的。考虑到大家能相互交流与学习，晚上能操作自己的账号，于是他们一起租了一个三室一厅的房子，拉起了网线，大家白天上班，下班后回家自己操作自己的店铺。

一次偶然的机会，速卖通讲师团来义乌讲课，这对他们了解速卖通是一个绝佳的机会，当天下午现场非常火爆，几百人的大厅容下了上千个速卖通的卖家。专业的讲师给他们讲解了一些基本的操作及他们研究的战略，还有大卖家的经验分享。更难得的是有个讲师约他们群里面的卖家单独见面，当时去的人不多，所以他们提问的机会就多了，那位讲师给他们讲解了如何上传产品、如何管理等一些很详细的方法，以及如何去选择与定位店铺的产品线，怎样做好售后服务和遇到纠纷他们又该怎么办，这些都是他们刚开始接触速卖通所不知道的，听了那位讲师讲后他们发现自己对于速卖通这个平台还没有真正入门。当时老师提到了一个蓝海战略，可以说"蓝海"跟"长尾"战略是小卖家的出路，这么说一点不假。在关键词跟标题里运用蓝海，能很快提高曝光，这个共识已经被大部分 B2C 卖家认可。

（五）创业团队初练兵

鉴于参加这次见面会让他们都有一些感触和想法，回去后大家讨论了一番，觉得可以重新开始速卖通的操作。当时有几个人觉得组成一个团队操作很有必要，因为大家白天都要上班，只能晚上才能操作，个人精力有限。于是，骆玮玮、李文平、张凯和刘俊四位同学便组建成了一个以骆玮玮为队长的创业团队，并决定由骆玮玮继续留在某知名外贸企业上班学习来积累经验，而李文平、张凯和刘俊则"躲进小楼成一统"，一心一意地做速卖通。这样骆玮玮在企业认真地学习，虚心地向每一位同事和领导请教，下班后把今天学到的知识向其他人传授。骆玮玮负责该团队速卖通的大战略方向和思路，而李文平、张凯和刘俊则贯彻和实施，负责速卖通的具体工作与实务，如物品的陈列、描述、搜索关键词、客户管理和回访服务等一系列工作。他们根据速卖通后台的数据纵横，及义乌的优势、定位与饰品行业，开始分工找产品，最后选定的产品是触屏手套和拖鞋，然后立即截图修图，及时上传产品。其操作模式是从淘宝上或者是阿里巴巴上找产品，开单后从淘宝购买，打包后用物流发货。刚开始的时候每个月也就几个订单，但是随着产品数量的不断增多，订单量也不断增加，有时候一天就有700美元的销售额，最高的一个月销售额能达到2000美元以上。有的产品订单单笔利润超过上千元，这让他们喜出望外，坚定了他们继续把速卖通做下去的信心。当然有时候他们四人也会出现意见不一的情况，但是该团队都会心平气和地进行头脑风暴式的大讨论，最终得出结论。在后来的数据统计中，他们发现主要客户是美国人和俄罗斯人，于是决定进一步优化物流选择以尽可能降低成本。就这样，他们每人每个月的收入在4500元左右。一路走来，该创业团队都在不断地磨合，不断地学习，因而他们日益分工明确、紧密合作，进而把速卖通事业推向了一个更高的层次。

（六）创业团队的优化方向

创业团队的建设和优化对该团队来说是至关重要的，他们决定从团队的执行力、团队成员的素质以及工作的氛围加以优化，并制定了创业团队规章。虽然该创业团队在创业路上没有遇到太大的挫折，但是其实他们还是背负了来自家庭的压力和对创业失败的后果的恐惧。因为父母多希望他们这些刚毕业的大学生能找份稳定的工作，家里的压力是不言而喻的。再加上创业失败后的个人出路问题。虽然也可以选择从头再来，但与自己的同学相比，不仅会损失数年的收入，还要重新寻找新的工作，这更是该团队所恐惧的。创业途中，出于对人生的重新认识和定位，张凯同学选择了回学校就业。但该团队化压力为动力，逆水而上，根据平台的数据和行业趋势，以及义乌小商品城的优势，不断调整他们的产品线。同时从长远利益出发，以大卖家和国内大型B2C卖家为基准，前期做好发展壮大的准备。以大卖家心理去操作，进而走专业化线路，以手表和玩具两个行业为突破口，打开国际市场，做成速卖通上这两个行业顶尖的卖家。

（七）骆队长创业团队的分析

团队创业如同拔河比赛，人心齐，泰山移；创业又如同赛龙舟，步调一致，不偏不倚，才能独占鳌头。创业团队对于创业成功起着举足轻重的作用，是新企业通向成功的桥梁。正所谓"三个臭皮匠赛过诸葛亮"，刚出校门的大学生要想创业成功，尤其在创业的起步阶段，如果没有一个成功的团队，再完美的创业计划也可能会"胎死腹中"。于是组建一支优秀的创业团队成为大学生创业成功的关键。

1. 骆队长创业团队组建成功的原因

①共同的目标：骆玮玮、李文平、张凯和刘俊四人都是有着创业梦想和激情的大学生，并且在大学期间都非常积极主动地进行了相关的创业活动实践。创业的这个目标他们从未忘记，更从未放弃，而且还积累了一定的创业经验和心得。②友谊的基础：骆玮玮、李文平、张凯和刘俊四人在大学期间因有共同的目标和兴趣而交流深刻，友谊深厚。于是当决定创业的时候都会想起彼此，再加上四人都在义乌，都是在陈文华老师的指引下进入电子商务行业的，因而自然而然地想到了由四人组成一个创业团队。③相同的精神：骆玮玮、李文平、张凯和刘俊四人都是积极乐观向上、心胸宽广、互相包容的人，具有不怕吃苦、不怕受累的精神，都是本着"工作先行一步，利益后退一步，困难抢先一步"的精神来进行团队合作的。④共同的创业想法：骆玮玮、李文平、张凯和刘俊四人都非常看好电子商务行业的广阔发展空间和发展前景，而且这个行业在资金、技术和资源等方面的进入壁垒相对较低，符合这些大学生的实际情况。再加上义乌是全球最大的小商品集散中心城市，在义乌从事速卖通事业有着其地理和相应配套产业链的优势。

2. 骆队长创业团队的组建程序

组建创业团队是个漫长负责的过程，创业项目的不同，所需的团队成员也会不同，团队组建的步骤也会不同。骆队长创业团队组建的主要程序：①确定创业目标。对于创业团队而言首先要确定总的目标，这里需要考虑在创业过程中涉及的市场、技术、管理、营销人员分工等各项工作的开展，要考虑实现企业从无到有、从起步到高速成长的现实。确定总目标后，为了推动创业目标的实现，就需要再将总目标分解，设定若干子目标。②制定创业计划。在确定了总目标和子目标后，就要分析和研究如何实现这些目标，要使目标较好地实现需要制定有效的创业计划。创业计划的制定必须要以创业目标为基础，以创业团队的实际来设定创业计划，创业计划需要把创业处于不同时期需要完成的任务都明确，创业团队只要通过逐步实现这些阶段性目标就可以实现创业总目标。③职权划分。创业计划制定好，要在团队中有效执行就必须要考虑如何在团队内部进行职权分工的划分。职权划分要考虑团队成员内部的情况，确定团队成员的分工，明确各自的权利和义务。团队成员间职权的划分要做到责、权明确，组合高效，该创业团队的分工是以骆玮玮为队长负责该团队的总体大战略和思路，而其他人则各自负责具体的执行和运作等工作。④团队的调整融合。完美组合的创业团队需要不断融合，随着该团队速卖通事业的发展以及团队的运作，肯定是会出现问题的，但是这些问题的出现只要得到该团队的整体解决，那么该团队会变得更加互补融合。

二、案例使用说明

（一）教学目的与用途

（1）本案例主要适用于管理学、创业管理等课程。

（2）本案例是一篇描述伟跃公司团队构建问题的教学案例，其教学目的在于使学生了解团队在创业中的重要性以及如何高效构建团队。

（二）启发思考题

（1）高效创业团队的特点是什么？

（2）影响团队构建的主要因素有哪些？

（3）分析伟跃公司创业团队构建时的主要成绩和存在的问题。